MICHAIL GORBATSCHOW
ÜBER MEIN LAND

MICHAIL GORBATSCHOW

ÜBER MEIN LAND

RUSSLANDS WEG
INS 21. JAHRHUNDERT

Aus dem Russischen von
Norbert Juraschitz

VERLAG C.H. BECK MÜNCHEN

Titel der Originalausgabe:
On my country and the world
© Columbia University Press, 1999

Die Deutsche Bibliothek – CIP-Einheitsaufnahme

Gorbačev, Michail S.
Über mein Land : Rußlands Weg ins 21. Jahrhundert.
Michail Gorbatschow. Aus dem Russ. von Norbert Juraschitz.
München : Beck, 2000
ISBN 3-406-46165-4

ISBN 3 406 46165 4

Für die deutsche Ausgabe:
© C. H. Beck'sche Verlagsbuchhandlung (Oscar Beck),
München 2000
Satz: Fotosatz Janß, Pfungstadt
Druck und Bindung: Franz Spiegel Buch GmbH, Ulm-Jungingen
Gedruckt auf alterungsbeständigem Papier
(hergestellt aus chlorfrei gebleichtem Zellstoff)
Printed in Germany

INHALT

Erster Teil

DAS ERBE DER OKTOBERREVOLUTION

Über achtzig Jahre sind seit dem Tag vergangen, an dem in Rußland die Große Sozialistische Oktoberrevolution, wie sie im Land selbst genannt wird, begann. Doch die Diskussionen um ihren Charakter, ihre Ziele und ihre Folgen sind keineswegs verstummt, im Gegenteil. Häufig hat es sogar den Anschein, als seien die Standpunkte heute ebenso unversöhnlich wie damals die der Teilnehmer an der Revolution selbst.

Das ist auch keineswegs erstaunlich. Seit der Französischen Revolution sind mehr als zweihundert Jahre vergangen. Dennoch wird sie bis heute kontrovers diskutiert und bewertet. Um so mehr gilt das für die Oktoberrevolution, und nicht etwa nur deshalb, weil sie uns näher ist, sondern weil die russische Revolution – genau wie die französische das 19. Jahrhundert – das ganze 20. Jahrhundert maßgeblich prägte. *Und dieses Jahrhundert ist für die gesamte Menschheit ein Zeitalter der Umwälzungen gewesen.*

Ein Augenzeuge der Revolution, der amerikanische Journalist und Autor John Reed, nannte seine Reportage *Zehn Tage, die die Welt erschütterten.* Unser Zeitgenosse, der nicht weniger bekannte englische Historiker Eric Hobsbawm, nennt die Oktoberrevolution eine «weltweite Konstante der Geschichte des 20. Jahrhunderts». Und sie haben beide Recht.

Heute wissen wir über die Oktoberrevolution viel besser Bescheid als ihre Teilnehmer, und wir wissen mehr, als deren Erben in der UdSSR wissen durften. Erst im

Verlauf der Perestroika und der Glasnost ergab sich die Möglichkeit, die eigentlichen Fakten der Revolution und der folgenden Jahrzehnte in Erfahrung zu bringen, von denen viele «unter Verschluß» oder verfälscht waren.

Die im Zuge der Glasnost begonnene Aufdeckung der Wahrheit wurde zum Anstoß einer moralischen Erneuerung der Gesellschaft, auch wenn diese Wahrheit viele schockierte und aus ganz unterschiedlichen Beweggründen Proteste provozierte.

Zur Zeit entsteht, nebenbei bemerkt, erneut ein Regime der Geheimhaltung in Rußland – nicht in bezug auf die Oktoberrevolution, sondern in bezug auf spätere, auch ganz aktuelle Ereignisse. Die Lüge und die Halbwahrheit werden wieder zu einem wesentlichen Bestandteil der Politik. Wie schon in der Vergangenheit ist dies ein Symptom für den moralischen Verfall dieses Regimes.

Durch die Glasnost der Perestroika-Ära und ihr nicht wieder umkehrbares Beharrungsvermögen erhielten wir die Möglichkeit, uns mit offenen Augen zu betrachten, und gelangten zu neuen Erkenntnissen über die Vielschichtigkeit der Oktoberrevolution und ihrer Folgen. Wir konnten nunmehr die verschiedenen Seiten der Entwicklung nach der Revolution in ihrem vollen Ausmaß und in ihrer eigentlichen Bedeutung erfassen.

Wie ist die Oktoberrevolution also aus heutiger Sicht zu bewerten?

Ein Fehler der Geschichte, Zufall oder Notwendigkeit?

Noch heute kursieren diese drei Urteile über die Oktoberrevolution und ihren Platz in der Geschichte. Varianten dieser drei Versionen gibt es in Hülle und Fülle! Es findet sich alles Erdenkliche – von der Behauptung, der Umsturz im Oktober sei lediglich der erfolgreiche Putsch eines kleinen, von Lenin angeführten Häufleins Revolutionäre gewesen, bis hin zu der Behauptung, er sei die Umsetzung eines geheimen Plans der deutschen Obersten Heeresleitung gewesen.

Aus heutiger Sicht, nach acht Jahrzehnten und auf der Grundlage des umfassenden Materials, das den Forschern mittlerweile zur Verfügung steht, läßt sich jedoch mit aller Entschiedenheit sagen: *Die Oktoberrevolution war in der konkreten Situation, die sich in Rußland und darüber hinaus ergeben hatte, historisch unvermeidlich.*

In Rußland lag seit Anfang des 20. Jahrhunderts eine Revolution geradezu in der Luft, was aber keineswegs heißen soll, daß diese Revolution auf eine derart zerstörerische, apokalyptische Weise verlaufen mußte.

An dieser Stelle ist ein kleiner Rückblick angebracht. Wie sah es in Rußland vor dem Ersten Weltkrieg aus? Noch heute wird die – unter der Sowjetmacht gleichsam offizielle – Meinung vertreten, daß Rußland damals ein unbeschreiblich un- oder halbzivilisiertes, riesiges und mächtiges, aber gleichzeitig bettelarmes Land gewesen sei. Das stimmt nicht, oder genauer gesagt, das ist nicht die ganze Wahrheit.

Das enorme Wachstum der russischen Industrie in den einenhalb Jahrzehnten vor dem Krieg, vor allem nach 1906, würde man heute ein «Wirtschaftswunder» nennen. Das Bruttosozialprodukt stieg um 220 Prozent. Alle wichtigen Fertigungsprozesse wurden rasch modernisiert. In der Konzentration der wichtigsten Wirtschaftszweige hatte Rußland den Westen überflügelt. Mit einer Verdreifachung des Grundkapitals wurden selbst amerikanische Zuwachsraten übertroffen. Bezeichnend war der Anstieg der Bareinlagen, die im Jahr 1914 eine Höhe von 1704 Millionen Goldrubel erreichten. Rasch weitete sich der innere Markt aus, und zwar nicht nur für Produktionsmittel, sondern auch für Konsumgüter (Zucker, Öl, Petroleum, Schuhe, Kleidung, usw.).

Die Genossenschaftsbewegung auf dem Land nahm hinter der in Großbritannien, wo diese Form der Organisation begründet war, den zweiten Platz ein. In Windeseile wurde Sibirien besiedelt. Die Bevölkerung dort verdoppelte sich in den neun Jahren zwischen dem russisch-japanischen Krieg und dem Ersten Weltkrieg. Die landwirtschaftliche Produktion stieg in dieser Zeit um mehr als das Dreifache, der Export von Agrarprodukten wurde sogar verzehnfacht. In Sibirien begann damals eine wahrhaft «amerikanische» Phase der wirtschaftlichen und kulturellen Entwicklung.

Das Schienennetz wurde in den acht Jahren vor dem Weltkrieg um 12700 Kilometer erweitert und erreichte damit einen Umfang von über 68000 Kilometern. Die Einnahmen aus dem Eisenbahnverkehr verdreifachten sich innerhalb von sechs Jahren (auf 449 Millionen Rubel im Jahr 1912).

Die Einführung einer Schulpflicht wurde vorbereitet. Zu Beginn des Krieges gab es in Rußland 122000 Volksschulen mit 8 Millionen Schülern. Die Lehrer hatten jedes Jahr im Sommer die Möglichkeit, Italien, Frankreich, Deutschland und andere europäische Länder zu besuchen, um Erfahrungen mit den dortigen Schulen der mittleren Bildungsstufe zu sammeln.

In den Vorkriegsjahren, insbesondere unter dem Einfluß des Aufstandes von 1905, organisierte sich die russische Gesellschaft immer stärker. Die Parteienbildung und die Dumawahlen trugen das ihre zur Stärkung des politischen Bewußtseins bei. Die Gerichte urteilten zunehmend unabhängiger und verschafften sich eine für Rußland außergewöhnliche Autorität. Die Möglichkeiten zur freien Meinungsäußerung und der Kritik an Obrigkeit und Politik hatten sich erheblich erweitert, ein Phänomen, das sich keineswegs auf die Duma beschränkte. Zeitungen schossen wie Pilze aus dem Boden.

Gewiß gab es immer noch zahlreiche Fälle von Willkür und Gesetzesverstößen. Aber in Anbetracht der gesellschaftlichen Bewegung hatte sich Rußland bereits erheblich verändert.

Und was die Kultur betrifft, so fiel in diese Jahre das gerühmte «Silberne Zeitalter», in dem sich Rußland auf dem Gebiet der Kunst und der Literatur als Pionier der Moderne hervortat und Schulen und Bewegungen begründete, die für Jahrzehnte bestimmend blieben.

In zahlreichen Zeitzeugenberichten ist die Rede davon, daß niemand an Krieg dachte, niemand ihn wollte – nicht einmal alle Mitglieder der Zarenfamilie. Und bis zum letzten Moment begriff niemand, wie sich die Regierung in Petersburg in dem Netz der Militärintrigen verstrickte. Selbst Zar Nikolaus II. schwankte einige Tage, ob er auf das Ultimatum seines «Freundes» und Verwandten Kaiser Wilhelm II. mit der Mobilmachung antworten sollte.

Dieser kleine Exkurs dürfte genügen, um die These zu bestätigen, daß Rußland den Krieg objektiv betrachtet nicht anstrebte und daß es sich ohne weiteres hätte heraushalten können – genau wie die Vereinigten Staaten, die erst im Jahr 1917 in den Krieg eintraten.

Daraus dürfen jedoch keine falschen Schlüsse über den Zustand Rußlands zu Beginn des 20. Jahrhunderts gezogen werden. Zur Zeit der Revolution war es noch längst kein Land, in dem sich der Kapitalismus voll entfaltet hatte. Gewiß, der russische Kapitalismus, der im Vergleich zu den westlichen Ländern sehr spät begonnen hatte, schritt geradezu mit Siebenmeilenstiefeln voran. Die Gesellschaft insgesamt war jedoch immer noch halbfeudal in einem archaischen politischen System organisiert, das extreme Klassengegensätze hervorgebracht hatte. Seit der Jahrhundertwende steckte das Land in einer anhaltenden, schweren Krise. Die Menschen in allen Gesellschaftsschichten spürten, daß Veränderungen unumgänglich waren. In den letzten Jahren des 19. und in den ersten Jahren des 20. Jahrhunderts waren in Rußland verschiedene Reformversuche unternommen worden, aber sie verliefen im Sand, weil ihre Protagonisten nicht an der Autokratie, der Selbstherrschaft der Zaren, rütteln wollten. Aus der Geschichte wissen wir jedoch: Wenn die Zeit für grundlegende Veränderungen reif ist, die Obrigkeit sich ihnen aber widersetzt oder nicht imstande ist, sie selbst durchzuführen, dann verfällt eine Gesellschaft entweder immer mehr oder es kommt zu einer Revolution.

Allerdings erreichte das Krisenpotential Anfang des 20. Jahrhunderts weltweit einen Höhepunkt. Die angespannte soziale Lage äußerte sich in einer Zunahme von Arbeiterstreiks, Bauerndemonstrationen und in einem starken Zulauf für die sozialdemokratischen Parteien. An der Peripherie der kapitalistischen Welt kam es zu ersten Aufständen gegen die Kolonialmächte. Auf außenpolitischer Ebene kündigte sich eine Neuaufteilung der Einflußsphären an. Wegen des sprunghaften Anstiegs des Wirtschaftswachstums in Deutschland, des unverhohlenen Ausbaus seines militärischen Potentials auch auf See sowie der zunehmenden Aggressivität der deutschen Außenpolitik folgte eine internationale Krise auf die andere.

Der Erste Weltkrieg legte dann das volle Ausmaß der internationalen Krise offen. Die Gegensätze, die sich gebildet hatten, prallten explosionsartig aufeinander und spitzten sich in den Kriegsjahren noch zu. In Rußland, das der Zar entgegen den nationalen Interessen in den Krieg stieß, obwohl es die Möglichkeit gehabt hätte, sich herauszuhalten, kam es zu Umwälzungen, die das ganze Volk erfaßten.

Zu Beginn des Jahres 1917 entlud sich die allgemeine Unruhe in der Februarrevolution. In unserem Land wurde diese erste Revolution lange Zeit nicht hinreichend gewürdigt, man betrachtete sie lediglich als einen Prolog der Oktoberrevolution. In Wirklichkeit war sie jedoch ein davon unabhängiges Ereignis. Gerade ihr haben wir den Durchbruch zu den seit langem schon heranreifenden, tiefgreifenden Umwälzungen im riesigen Reich der Zaren zu verdanken. Zudem war im Augenblick des Sieges dieser Revolution der Gang der Ereignisse keineswegs schicksalhaft vorherbestimmt.

Die Februarrevolution war eine wirkliche Revolution der Massen. Sie wurde von den Menschen Rußlands getragen, die nach Freiheit, Frieden und Brot verlangten. Die Hungerrevolten der Petersburger Frauen waren ihr Auslöser. John Reed schreibt: «Jeder weitere Schritt vorwärts war ein Anliegen dieser Massen – der Arbeiter, Soldaten und Bauern.»

Die politische Führung wurde völlig überrumpelt. Erst heute, da in Rußland Dokumente der russischen Parteien aus jener Zeit – vom linken bis zum rechten Rand des politischen Spektrums – veröffentlicht werden, zeigt sich, wie unvorbereitet die Massenaufstände die Politik trafen. Noch am Vorabend der Februarrevolution von 1917 sagte Lenin, der in Zürich im Exil lebte, in einem Interview, daß es in der aktuellen Lage nicht zu einer Revolution kommen werde. Die Parteizentren, die mit Fassungslosigkeit reagierten, traf die Situation völlig unvorbereitet.

Die Februarrevolution wurde zum Fanal der Freiheit. Die dreihundert Jahre alte Monarchie brach zusammen. Es bildete sich eine Republik, die Möglichkeit einer demokratischen Veränderung des Landes tat sich auf. Zeitgenossen zufolge wurde Rußland binnen kurzer Zeit das freieste unter den kriegführenden Ländern.

Aber der Elan der Februarrevolution verflog schnell. Diejenigen, die an die Stelle des Zaren getreten waren, erwiesen sich angesichts der Herausforderungen dieses historischen Momentes als hilflos, feige und eigennützig. Der von allen gehaßte Krieg wurde fortgesetzt. Die Menschen erhielten weder Frieden noch Rettung vor dem Hungertod. Selbst die demokratischen Freiheiten wurden rasch wieder beschnitten. Gegen die Regierung gerichtete Demonstrationen wurden mit Waffengewalt auseinandergetrieben. Unliebsame Zeitungen wurden verboten, politische Gegner verfolgt und inhaftiert. Armeeeinheiten, zuständig für die Getreidebeschaffung, beschlagnahmten – schon damals, und nicht erst nach der Oktoberrevolution – das Getreide der Bauern. Die russische Demokratiebewegung – mit ihren vielfältigen, aber unversöhnlich zerstrittenen Strömungen – war nicht imstande, die anstehenden Aufgaben zu lösen und das Land aus der Krise zu führen.

Mit einem Wort, die provisorische Regierung erwies sich als unfähig, die notwendigen Veränderungen durchzusetzen. Die Erwartungen waren jedoch hoch gesteckt. Unter den gegebenen Bedingungen war die Oktoberrevolution unvermeidlich. Gewiß lohnt es sich, die Revolution selbst, wie die folgende Entwicklung, weiter zu erforschen. Einige Schlußfolgerungen drängten sich aber auf.

Die wichtigste: *die Oktoberrevolution entsprach fraglos den dringenden Bedürfnissen breitester Bevölkerungsschichten.* Die Losungen dieser Revolution, die sich keineswegs Intellektuelle ausgedacht hatten, sondern die von unten kamen – Freiheit und Frieden für alle, die Fabriken den Arbeitern, das Land den Bauern, Brot den Hungernden –, bringen das eindringlich zum Ausdruck.

Es bleibt die Frage: Gab es eine Alternative zur Oktoberrevolution? Lag ein anderer Gang der Ereignisse im Bereich des Möglichen?

Die demokratische Alternative in Form einer positiven Weiterentwicklung der Februarrevolution war, wie gesagt, durch die Schwäche der provisorischen Regierung verspielt worden. Zu den ersten Tagen der Februarrevolution zurückzukehren, war nicht mehr möglich. Das Zarenregime hatte sich selbst diskreditiert. Folglich blieb – wie viele selbst im monarchistischen Lager eingestanden – nur die Möglichkeit einer neuen, noch radikaleren Revolution.

Im Gegensatz zur Oktoberrevolution lag aber auch eine andere Variante im Bereich des Möglichen: eine Militärdiktatur. Dies belegt beispielsweise die Aussage des Generals Anton Denikin, der im Bürgerkrieg zu einem der Führer der Weißen Garden aufstieg. Zu dem gescheiterten August-Putsch General Lawrenti Kornilows schrieb er: «Nach seiner festen und aufrichtigen Überzeugung und unter dem Einfluß der allgemeinen Meinung sah Kornilow in der Diktatur den einzigen Ausweg aus der Lage, die aufgrund der geistigen und politischen Kraftlosigkeit der Macht entstanden war.» Und weiter: «Kornilow und vor allem seine nächste Umgebung befürworteten eine Einmanndiktatur.» Es kommt hinzu, daß viele rechte und sogar ein Teil der liberalen bürgerlichen Politiker eine derartige «Lösung» als optimal ansahen. Die Bolschewiki setzten den hilflosen Plänen der Provisorischen Regierung ihr Modell entgegen und siegten am Ende.

Das aber hatte einen tiefen Riß durch die Gesellschaft zur Folge, was die Gefahr eines Bürgerkriegs in sich barg. Wäre er vermeidbar gewesen? Wenden wir uns Lenin zu, der die damalige Lage wie kaum ein anderer scharfsinnig analysierte. Er schrieb im September 1917: «Wenn es eine absolut unstrittige, durch die Tatsachen restlos bewiesene Lehre der Revolution gibt, so nur die, daß einzig und allein ein Bündnis der Bolschewiki mit den Sozialrevolutionären und den Menschewiki, einzig und allein der sofortige Übergang der ganzen Macht in die Hände der Sowjets einen Bürgerkrieg in Rußland unmöglich machen würde.» (Lenin, W. I., Werke, Bd. 26, Berlin 1961, S. 19.)

Ein solches Bündnis kam aber nicht zustande. Es ließe sich Tag für Tag und Stunde für Stunde rekonstruieren, wer dafür die Verantwortung trug. Ganz allgemein ist festzustellen: Alle von Lenin genannten Parteien, also

Bolschewiki, Menschewiki und Sozialrevolutionäre, trifft Schuld.

Hier drängt sich unwillkürlich eine Überlegung auf. Die Februarrevolution scheiterte, weil die russische Demokratie schwach und die Demokraten untereinander zerstritten waren. Die gegenseitige Rivalität und die ideologischen Gegensätze erwiesen sich als stärker denn das Bewußtsein, daß eine landesweite Vereinigung der Kräfte, die sich für den Frieden, eine Bodenreform und den Kampf gegen Hunger und Chaos einsetzten, erforderlich war. Aus diesem Grund brach nach der Oktoberrevolution auch der Bürgerkrieg aus. Hat sich nicht in den Jahren nach der Revolution – in anderen Ländern und unter anderen Umständen – herausgestellt, daß die linken demokratischen Parteien, einschließlich der Kommunisten, unfähig waren, sich zu einigen, und deshalb auch den fatalen Gang der Ereignisse nicht aufhalten konnten, wie beispielsweise in Deutschland vor Hitlers Machtübernahme?

Ich würde sogar noch weitergehen. War nicht in den Jahren der Perestroika die Zersplitterung der Demokraten – das Gezänk untereinander und die Versuche jeder Gruppierung, zu beweisen, daß sie demokratischer sei als die anderen – letzten Endes einer der Gründe für die Aushöhlung der demokratischen Errungenschaften und für den Abbruch der Perestroika infolge des August-Putsches (von 1991)? Genau dasselbe ereignete sich in Rußland auch nach 1991: Das Land setzte die Reformen Boris Jelzins nicht um. Es wünscht sich zwar nicht gerade die Rückkehr zur Vergangenheit, aber wegen der Zerstrittenheit der demokratischen Kräfte und der fatalen Rivalität unter den Führern der Splitterparteien im russischen demokratischen Spektrum kann sich keine ernstzunehmende demokratische Alternative herausbilden.

Das sollte all jenen eine Lehre sein, die sich ernstlich um die Zukunft des eigenen Landes und auch der internationalen Gemeinschaft Sorgen machen. Ideologische Scheuklappen, das Festhalten an spekulativen Mustern und gleichzeitig das egoistische Kalkül stehen auch heute in vielen Fällen einer wirklich demokratischen Entwicklung im Wege.

Kehren wir zum Bürgerkrieg in Rußland zurück. Er wäre zweifellos weniger grausam geführt worden und hätte längst nicht so lange gedauert, wenn das Ausland nicht militärisch interveniert hätte. In dem Bestreben, ein Ausbreiten der «bolschewistischen Seuche» (die damals übliche Bezeichnung auf seiten der Führer der Entente) zu verhindern, zögerte der Westen nicht, aus 14 Staaten Interventionstruppen nach Rußland zu entsenden. Das war die Antwort auf die Versuche der Bolschewiki, die Weltrevolution zu entfachen.

Der Westen machte damals kein Hehl aus seinem Ziel, die Sowjetrepublik im Keim zu ersticken. Aufgrund dieses Zieles, das auch über den Bürgerkrieg hinaus Bestand hatte, war es später Stalin und der ihm unterstehenden Regierung möglich, jeden Gegner seines Regimes, jegliche politische Opposition oder auch nur Andersdenkende in den Reihen der eigenen Partei als «ausländische Spione» zu diffamieren und den «patriotischen Volkszorn» auf sie zu lenken. Im Grunde kann man sagen, daß der Westen schon lange vor Churchills berühmter Rede in Fulton den «Eisernen Vorhang» herunterließ. Das hat die Stalinsche Diktatur letztlich unterstützt und gestärkt; Stalin hatte damit die Möglichkeit, nicht nur Fehler zu entschuldigen, sondern seine eigenen Verbrechen zu rechtfertigen.

Der Bürgerkrieg war zweifellos eine schreckliche Tragödie für das Volk und das Land. Die Verluste an Menschenleben waren immens. Mehr als zwei Millionen Staatsbürger emigrierten und schufen im Ausland ein «zweites Rußland». Doch die Frage: «War der Bürgerkrieg unvermeidlich?» ist noch nicht beantwortet.

Gewiß muß man Verständnis für die damalige Verbitterung haben. Gorki schreibt in seinen *Unzeitgemäßen Gedanken,* der Kampf habe «äußerst dunkle Instinkte» geweckt. Der größte Teil der Menschen verlor alles; Hunderttausenden blieb weder Haus noch Hof. Sie hatten nichts mehr zu verlieren. Andere machten den Krieg zu ihrem Gewerbe. Und das Ganze wurde – von beiden Seiten – ideologisch gerechtfertigt und mit Parolen angeheizt. Hinzu kam, daß durch den Krieg eine Unmenge von Waffen verfügbar war. Es wurde gang und gäbe, sie aus dem geringsten Anlaß sofort einzusetzen. Das Ergebnis waren nicht nur große physische Verluste. Am Ende stand auch ein gewaltiger moralischer Schaden, eine psychische Spaltung der Nation, die der gesamten folgenden Geschichte des Landes ihren Stempel aufdrückte.

Die «Roten», die die Sache der Revolution verteidigten, kämpften für Rußland, für seine Zukunft. Aber auch die «Weißen», die andere Ideale verfochten, kämpften für Rußland, für seine Rettung, wie sie meinten. Der patriotische Eifer vereinte in diesem Fall die Landsleute nicht, sondern spaltete sie. Im Grunde ging er in einem ideologischen Fanatismus unter. Dieser «doppelte Patriotismus» führte das Land an den Rand des Abgrunds und sollte das Volk über Jahrzehnte hinweg entzweien.

Ich zweifle hier keinesfalls die Beweggründe der Rotarmisten an – sie waren aufrichtig. Die Soldaten der Oktoberrevolution glaubten an die Wahrheit ihrer Sache. Ihre Siege verdienen es, daß die Russen sie im Gedächtnis bewahren. Aber auch die Soldaten der Gegenseite, die «Weißen», glaubten an die Wahrheit ihrer Sache.

In den Jahren des Großen Vaterländischen Krieges gegen Hitlers Armeen stellten sich viele «weiße Emigranten» entschieden auf die Seite der Sowjetunion. Tausende von ihnen ließen ihr Leben. Sie sagten sich (in der Mehrzahl der Fälle) nicht von ihrer Weltanschauung los, aber die Heimatliebe war stärker.

Läßt sich daraus womöglich eine Lehre für die Gegenwart – und die Zukunft – Rußlands ziehen? Intoleranz auf politischer Ebene zeitigt, auch wenn mit ihr die besten und aufrichtigsten Absichten verbunden sind, stets andere Ergebnisse als erwartet.

Der Ausgang des Bürgerkrieges ist bekannt. Die Bolschewiki trugen am Ende den Sieg davon. Warum? Hören wir dazu Leonard Schapiro, der alles andere als ein «Roter» war. In seinem Buch *1917. The Russian Revolutions and the Origins of present-day Communism* von 1984 schreibt er: «Das gesamte Volk zog, trotz der Unbeliebtheit der Kommunisten, die sowjetische Ordnung den anderen Alternativen vor. Die Bauern haßten beide Seiten und wollten vor allen Dingen, daß man sie in Ruhe lasse; als sie sich jedoch für eine Seite entscheiden mußten, da zogen sie die Kommunisten, die ihnen Land gaben, den Weißarmisten vor, die es ihm wieder wegnahmen oder drohten, es wegzunehmen.» Bei aller Einseitigkeit trifft diese Begründung den Kern.

Die Bolschewiki hatten ihren Sieg zum großen Teil den Verheißungen der Oktoberrevolution, vor allem denjenigen, die in den ersten Wochen Realität wurden, zu verdanken. Schon allein dieser Umstand zeigt, wie stark das allgemeine Verlangen nach tiefgreifenden Veränderungen war. Und dennoch führen alle Überlegungen über die Oktoberrevolution, über ihren Verlauf, ihre Errungenschaften und ihre Kosten – auch im Vergleich mit der Erfahrung anderer Revolutionen – zu dem Schluß, daß die Frage nach dem Platz der Revolution in der Geschichte noch längst nicht ausreichend geklärt ist.

Lange Zeit galt die berühmte Formel von Marx: «Die Revolutionen sind die Lokomotiven der Geschichte.» Es lohnt sich, über diesen Satz nachzudenken. Waren die historischen Revolutionen tatsächlich die Lokomotiven der Entwicklung der Gesellschaft entlang einer aufsteigenden Linie? Oder waren sie vielmehr der letzte, in gewisser Weise sogar *extreme Ausweg* aus Situationen, in denen die Regierungen nicht fähig waren, die bestehenden Probleme zu lösen, die Massen aber nicht länger die Not zu ertragen vermochten?

Revolutionen haben zweifellos vieles in der Gesellschaft verändert, aber sie haben auch einen hohen Preis. Revolutionen wurden zu Festtagen der ausgebeuteten Massen erklärt. Aber haben nicht gerade sie, die Massen, für ihren Sieg die größten Opfer bringen müssen? Oft folgen auf Revolutionen auch heftige Rückschläge. Der «Thermidor» ist als Inbegriff solcher – ebenfalls oft höchst gewalttätiger – Reaktionen in das wissenschaftliche und politische Vokabular eingegangen.

Auf dem Höhepunkt der Perestroika erklärte ich in meiner Funktion als Generalsekretär des ZK der KPdSU öffentlich im höchsten Gremium der Sowjetunion: «Ich lehne jede Revolution als Mittel der Lösung politischer Probleme ab, auch wenn die Tiefe der Veränderungen, für die das Land bereits reif ist, tatsächlich eine Revolution erfordern würden.» Unsere Aufgabe bestand jedoch darin, dafür zu sorgen, daß diese neue Revolution nicht zu ähnlichen Erschütterungen wie früher – oder im Atomzeitalter gar zu schlimmerem – führte.

Meiner Ansicht nach ist eine *evolutionäre Reformierung* der Gesellschaft die ideale Form der gesellschaftlichen Veränderung, da sie den Interessen der Menschen am meisten entspricht. Das Tempo der Reformen hängt, wie die Erfahrung gelehrt hat, von vielen Faktoren ab, hauptsächlich aber von dem Niveau der staatsbürgerlichen Reife der Gesellschaft, von dem Verantwortungsgefühl der regierenden Kräfte, von der allgemeinen Bereitschaft zur Absage an Intoleranz und jede Form von Extremismus.

Damit soll keineswegs die Bedeutung der Französischen oder Russischen Revolution geleugnet werden. Sie haben ihren festen Platz in der Geschichte. Die Hauptfrage lautet jedoch: Waren diese Revolutionen, in erster Linie die Russische, die ideale Lösung der zu ihrer Zeit herangereiften gesellschaftlichen Probleme? Brachten sie die Überwindung der existierenden Gegensätze? Und wurde das, was versprochen wurde, auch tatsächlich in die Realität umgesetzt?

Wurde in der Sowjetunion der Sozialismus aufgebaut?

Die Oktoberrevolution wurde eine sozialistische Revolution genannt, und die Sowjetunion zu einem mustergültigen sozialistischen Staat erklärt. Danach hieß es, daß in meinem Land ein «entwickelter Sozialismus» bestehe. Hat folglich im Oktober 1917 wirklich eine sozialistische Revolution stattgefunden? Und kann man die entstandene Gesellschaftsordnung sozialistisch nennen? Diese Frage ist durchaus berechtigt, und sie ist im übrigen nicht bloß historischer Natur, sondern hat auch für die Zukunft noch eine Bedeutung. Sie stellt sich allen, die sich auch weiterhin sozialistischen Idealen verbunden fühlen.

Eine Äußerung Lenins sei an dieser Stelle zitiert: «... hier war unsere Revolution ... bis zum Sommer, ja bis zum Herbst 1918 in beträchtlichem Maße eine *bürgerliche* Revolution.» (Werke, Bd. 29, S. 142.) Was meinte Lenin damit? Denn er hatte sich gewiß niemals von den sozialistischen Zielen der Revolution losgesagt.

Lenin bezog sich damit auf eine ganz simple Tatsache: Die Revolution, die im Oktober 1917 stattfand, mußte, objektiv gesehen, zunächst die Aufgaben bewältigen, die eigentlich einer bürgerlichen Revolution zugekommen wären. Noch im Jahr 1917 waren in Rußland beispielsweise Fragen wie der Aufbau der Regierungsmacht, die grundlegende Umgestaltung der Besitzverhältnisse oder die Nationalitätenfragen nicht gelöst, auch wenn in den letzten Jahren vor dem Krieg darin große Fortschritte erzielt worden waren. Ohne die Lösung dieser Fragen aber konnte die Entwicklung des Landes nicht weiter voranschreiten.

Im Oktober 1917 hatten sich die Sieger der Revolution mit einer Gesellschaft auseinanderzusetzen, die von den bislang noch nie dagewesenen Greueln des Ersten Weltkrieges bis in ihre Grundfesten erschüttert worden war. Nach der Revolution vertraten viele Sozialdemokraten, russische (beispielsweise Georgi Plechanow) und westliche, die Ansicht, daß eine Gesellschaft wie die russische vom Sozialismus noch nicht einmal träumen könne: Der erforderliche Ausgangspunkt und die vom Kapitalismus geschaffene Basis seien noch nicht vorhanden. Der Menschewik Nikolai Suchanow schrieb: «Rußland hat in der Entwicklung der Produktivkräfte noch nicht die Höhe erreicht, auf der Sozialismus möglich wäre.» In seinen letzten Arbeiten – dem sogenannten politischen Vermächtnis – antwortete Lenin seinen Gegnern, insbesondere auch Suchanow «Diesen unstrittigen Satz ...», stimmt er ihm zu (Werke, Bd. 33, S. 464), fährt aber fort: «Wenn zur Schaffung des Sozialismus ein bestimmtes Kulturniveau notwendig ist (obwohl niemand sagen kann, wie dieses bestimmte ‹Kulturniveau› aussieht, denn es ist in jedem westeuropäischen Land verschieden), warum sollten wir also nicht damit anfangen, auf revolutionärem Wege die Voraussetzungen für dieses Niveau zu erringen, und *dann,* schon auf der Grundlage einer Arbeiter- und Bauernmacht und der Sowjetordnung, vorwärtsschreiten und die anderen Völker einholen?» (Ebenda, S. 464 f.) Die Frage ist klug gestellt und trifft den Nagel auf den Kopf. Doch erst in den Jahren 1921–1923, während der Neuen Ökonomischen Politik, wurde dieser Ansatz in die Realität umgesetzt. Zu Beginn der Revolution hingegen verfolgten die Bolschewiki das Ziel, unverzüglich die Prinzipien des Kommunismus zu verwirklichen. Der Kronstädter Aufstand von 1921 und die

Bauernaufstände, vor allem 1921 im Gouvernement Tambow, kennzeichneten das Scheitern dieses Kurses. Nachdem Lenin das erkannt hatte, erklärte er: «Man darf sich nicht einfach über das Volk hinwegsetzen.»

Und dennoch muß hier betont werden: Die Aufgaben, die Lenin als die einer bürgerlichen Revolution bezeichnete, wurden im Zuge der Oktoberrevolution im wesentlichen gelöst. Die Revolution schaffte den autokratischen Regierungsapparat ab und setzte den Überbleibseln des Feudalismus auf dem Lande ein Ende. Sie schuf neue Möglichkeiten für die nationale Autonomie der kolonialen Grenzgebiete Rußlands, der sogenannten «okrainy». Die Genossenschaften blühten auf – und zwar nicht diejenigen, die später im Zuge der Kollektivierung auf dem Lande geschaffen wurden, sondern die, welche bereits vor 1917 entstanden waren. Mit dem Staatsplan zur Elektrifizierung Rußlands (GOELRO) wurden die Grundsätze des industriellen Aufbaus für das Land erkennbar. Natürlich war dies nur der Anfang, aber immerhin ein vielversprechender. Und was kam danach?

Nach dem Tod Lenins tobte in Rußland bis zum Ende der zwanziger Jahre ein Streit über den künftigen Kurs des Landes. Zu Beginn der dreißiger Jahre siegte dann der Stalinismus, der häufig als ein einförmiges Geschehen ganz und gar negativ dargestellt wird. Doch seine Geschichte war überaus vielschichtig und steckt voller Gegensätze.

Heute wird in Rußland und im Ausland über die Sowjetunion in historischer Perspektive diskutiert. Wie sah die in der Sowjetunion geschaffene Gesellschaftsordnung aus? Darauf werden sehr unterschiedliche Antworten gegeben. In meinem Land sagen die einen: Natürlich war die Sowjetunion eine sozialistische Gesellschaftsordnung, wenn nicht gar eine kommunistische und eine beinahe mustergültige Staatsform. Andere bestreiten dies grundsätzlich: Die Sowjetunion sei kein Sozialismus gewesen, sondern bestenfalls ein Staatssozialismus oder gar so etwas wie ein feudaler Kapitalismus. Die dritte Gruppe distanziert sich wiederum von beiden Sichtweisen: Ja, wir hatten eine sozialistische Ordnung, aber keine voll entwickelte, sondern eine verfälschte, unfertige.

Dieselben Ansichten werden auch außerhalb Rußlands vertreten. Allerdings läßt sich im Westen noch eine weitere Position ausmachen, auf die ich kurz eingehen möchte. Ihre Vertreter meinen, daß in der Sowjetunion fraglos der Sozialismus aufgebaut worden sei. Gerade deshalb aber wüßten wir heute, was den Sozialismus ausmache, und eben wegen dieser historischen Erfahrung sei er als unmenschliche Gesellschaftsordnung grundsätzlich abzulehnen und zu verwerfen. Das ist falsch. Meiner Meinung nach setzte sich in der Sowjetunion ein strenges und sogar grausames totalitäres System durch. Gewiß entwickelte sich dieses System nach Stalins Tod weiter, seine Grausamkeit wurde etwas gelindert, aber seinem Wesen nach blieb es gleich.

Die totalitäre Ordnung in der Sowjetunion kann natürlich nicht als Vorbild dienen. Aber die Tatsache, daß diese Ordnung im Laufe der dreißiger Jahre in der Sowjetunion triumphierte, taugt auf keinen Fall zur Widerlegung des sozialistischen Grundgedankens. Auf ihn komme ich später noch einmal ausführlicher zu sprechen.

Für mich stellt sich zuerst die Frage: Wodurch wurde der Triumph des Stalinismus ermöglicht? Diese Frage ließe sich nur mit einem ausführlichen historischen Rückblick beantworten, in dem man fast die gesamte Geschichte der letzten Jahrzehnte Revue passieren lassen müßte. Diese Aufgabe muß den Historikern überlassen bleiben. Einiges möchte ich jedoch ansprechen.

Von der Besonderheit der Entwicklung im zaristischen Rußland, von seiner sozioökonomischen und politischen

Rückständigkeit war bereits die Rede. Diese Rückständigkeit hatte aber zur Folge, daß das Volk nicht bereit war, wirklich demokratische Ideale zu übernehmen. Im Bewußtsein der Massen waren die Klischeevorstellungen vom «guten Zaren» und von der allwissenden Regierung, die ohnehin immer recht hat, noch tief verwurzelt. Dieselben Klischees machte sich die Führung übrigens in der Zeit des Stalinismus zunutze, sie bildeten ihre psychologische Grundlage. Und diese Klischees sind leider bis heute noch nicht überwunden.

Man darf nicht vergessen, daß die Bolschewiki das Land in einem chaotischen Zustand übernahmen, der nur durch harte Maßnahmen überwunden werden konnte; vor allem deshalb, weil nach dem Ende des Bürgerkriegs der Widerstand der ehemals herrschenden Klassen spürbar wurde. Gewiß spielten die Unerfahrenheit wie auch die Unwissenheit und der Fanatismus der Revolutionäre ebenfalls eine Rolle. Viele von ihnen hielten die errungene Macht für einen Freibrief, der ihnen nunmehr alles erlaube. Die Rolle der Persönlichkeit darf als wichtiger Faktor keinesfalls unterschätzt werden, an erster Stelle natürlich der Charakter Stalins, über den selbst Lenin sagte, er müsse aus der Regierung entfernt werden. In meinen Augen war Stalin ein heimtückischer, listiger, grausamer und unerbittlicher Mensch, der darüber hinaus von einem krankhaften Mißtrauen besessen war.

Heute hört man gelegentlich in Rußland: «Wir brauchen Stalin.» Solche Äußerungen veranschaulichen, daß unser Volk noch nie unter wirklich demokratischen Verhältnissen ein menschenwürdiges Leben geführt hat, und sie sind bezeichnend für die tiefe Enttäuschung über die heutigen Verhältnisse und für die Verzweiflung der Menschen. Dennoch unterstützt längst nicht die Mehrheit in Rußland solche Losungen. Die meisten Menschen sind für die Freiheit.

Eine der Ursachen für das Geschehene – und der Hauptfehler der Bolschewiki noch vor Stalin – liegt in dem Konzept, das schon vor der Revolution in ihren Köpfen – und Werken – entstanden war. Bekanntermaßen haben Karl Marx und Friedrich Engels keinen detaillierten Modellentwurf für einen künftigen Sozialismus hinterlassen. Das war kein Zufall, lehnten sie beide doch entschieden «Patentrezepte» ab und betonten, daß die spezifischen Rahmenbedingungen der jeweiligen Länder unbedingt berücksichtigt werden müssen und daß die Verwirklichung des Sozialismus nur auf verschiedene Weise erfolgen könne.

Es sei hier nur daran erinnert, daß sich die Ansichten von Marx und Engels auch weiterentwickelten. Beispielsweise gelangte Engels am Ende seines Lebens zu der festen Überzeugung, daß eine demokratische Republik die beste Staatsform für den Aufbau des Sozialismus sei.

Lenin schrieb am Vorabend der Oktoberrevolution in seinem letzten Versteck im Untergrund die unvollendet gebliebene Broschüre *Staat und Revolution*, die praktisch eine kommentierte, systematische Zusammenstellung einiger Auszüge aus den Gedanken seiner Lehrmeister Marx und Engels zur sozialistischen Gesellschaftsordnung war. Lenins System erwies sich jedoch als utopisch und wurde nach den Erfahrungen der ersten Jahre der Revolution wieder verworfen.

Im Frühjahr 1918 veröffentlichte Lenin dann *Die nächsten Aufgaben der Sowjetmacht*. Dies war bereits ein mehr oder weniger realistisches Programm, das auf die damaligen Verhältnisse zugeschnitten war. In diesem Artikel finden sich auch erste Hinweise auf die Neue Ökonomische Politik (NEP), die später zugunsten des sogenannten «Kriegskommunismus» fallen gelassen wurden.

Als Lenin später auf diese Gedanken zurückkam und das Programm der NEP ausarbeitete, gestand er ein, daß in den ersten vier Jahren schwere Fehler begangen worden waren. In meinen Augen liegt es auf der Hand, daß Lenin mit seiner außergewöhnlichen Intelligenz die nachrevolutionären Erfahrungen konsequent und unvoreingenommen analysierte, vieles verwarf und vieles in Frage stellte. Sein berühmter Satz aus dem Artikel *Über das Genossenschaftswesen* (1923), daß wir «zugleich zugeben müssen, daß sich unsere ganze Auffassung vom Sozialismus grundlegend geändert hat» (Werke, Bd. 33, S. 460), deutet an, in welche Richtung seine Suche ging. Allerdings blieb vieles noch rätselhaft.

Ganz offensichtlich wollte Lenin eine Versöhnung der Gesellschaft, eine Versöhnung der Gesellschaftsschichten und der Nationalitäten; er wollte die Versöhnung der Menschen, die wegen der begangenen Greueltaten gespalten waren, im Dienste einer allgemeinen Aufbauarbeit für die Zukunft des Landes. Es ist hervorzuheben, daß Lenin damals das Augenmerk nicht nur auf die wirtschaftliche Seite lenkte. Er schrieb auch über die Probleme der Demokratie. In seinem *Brief an den Parteitag* beginnt er seine Überlegungen mit folgenden Worten: «Ich würde sehr empfehlen, auf diesem Parteitag eine Reihe von Änderungen in unserer politischen Struktur vorzunehmen.» (Werke, Bd. 36, S. 577.)

Gewiß verfolgte er mit seinen Plänen ein taktisches Ziel, doch sie enthielten auch ein strategisches Konzept. Es gelang ihm aber nicht mehr, dieses umzusetzen. Ich vertrete, auf der Grundlage einer umfassenden Kenntnis von Lenins Werk, die Auffassung, daß diese Strategie eine Neuauflage eines wie auch immer gearteten «Kriegskommunismus» ausgeschlossen hätte, den Stalin dann dem Land aufzwang.

Meiner Meinung nach bedeutete die Neue Ökonomische Politik für Lenin keineswegs nur ein taktisches Abweichen vom Kurs, wie es häufig heißt. Im übrigen muß auch diese Frage noch ernsthaft erforscht werden. Offensichtlich ging es ihm darum, den Platz der Oktoberrevolution und Sowjetrußlands in der Geschichte der Zivilisation neu zu bestimmen. Eine ganze Reihe von Aussagen in seinen Werken zeugt davon, auch wenn sie unterschiedliche Tendenzen aufwiesen. Aber spiegeln sich in diesen Tendenzen nicht die innerparteilichen Diskussionen um die NEP wieder? Immerhin warfen damals viele Parteimitglieder Lenin Revisionismus, Abweichlertum und Verrat an der Sache der Revolution vor.

In den letzten Werken Lenins sehe ich einen anderen Menschen – einen Menschen, der, nachdem er das Land in die Revolution geführt hatte, erkannte, daß große Fehler begangen worden waren. Darin lag die Tragik der Revolution. Diese Erkenntnis hat tiefen Eindruck auf mich gemacht. Die Gedanken Lenins, seine Vorstellungen und die NEP wurden von Stalin dann vollends zunichte gemacht.

Was war eigentlich so verwerflich an dem bolschewistischen «Modell» des Sozialismus?

Zum ersten war es ein streng modellhaftes Konstrukt. Es gründete sich auf nie überprüfte ideologische Grundsätze und Normen. Durch deren Stalinsche Auslegung verstärkte sich die dogmatische Strenge noch. Es entstand eine halbreligiöse Glaubenslehre, die sich auf Intoleranz und auf gnadenlose Unterdrückung all jener stützte, die sich aus irgendeinem Grund nicht in das Prokrustesbett zwängen ließen.

Zum zweiten war der wichtigste und allgemeinste Grundsatz des bolschewistischen «Modells» die «Diktatur des Proletariats». Der bei Marx entlehnte Begriff wurde bis zur Absurdität gesteigert. *Vor der Revolution schrieb Lenin, daß das Proletariat nur über eine Demokratie die Macht erringen könne und daß es keine andere Gesellschaft aufbauen könne als eine demokratische. In Wahrheit bedeutete die Diktatur des Proletariats in Rußland beinahe von Anfang an, spätestens aber seit Stalin, einen vollständigen Bruch mit allen demokratischen Prinzipien.* Dennoch verstiegen sich die Bolschewiki dazu, die Diktatur des Proletariats die höchste Form der Demokratie zu nennen. Dabei handelte es sich noch nicht einmal um eine Diktatur des Proletariats, das ja immerhin eine breite Schicht der Bevölkerung ausmachte, sondern um die Diktatur einer kleinen Gruppe an der Spitze der Staatsmacht und ihres hierarchisch aufgebauten Apparates, der Nomenklatura.

Das Verbot der nichtkommunistischen Parteien nach der Revolution und die Abschaffung der Meinungsfreiheit zeigen unübersehbar den Bruch mit den demokratischen Prinzipien. Derartige Schritte mögen unter außerordentlichen Umständen und als eine vorübergehende Maßnahme gerechtfertigt sein. Doch die prinzipielle Einführung eines Einparteiensystems und der «Gesinnungsgleichheit» in das gesellschaftliche Leben führt unweigerlich zu einer Verzerrung des natürlichen Laufs der Dinge und zuletzt zur Willkürherrschaft.

Ganz gleich mit welchen Argumenten die Notwendigkeit begründet wurde, die anderen Parteien in Rußland nach 1917 zu zerschlagen, ich bin der Meinung, daß die endgültige Durchsetzung des Einparteienstaates einer der schwersten Fehler der Revolutionäre war. Vor allem diese Maßnahme war schuld daran, daß die Oktoberrevolution nicht zum Ausgangspunkt einer mächtigen demokratischen Entwicklung und einer wirklichen Blüte des Landes wurde.

Bis zum Ende der zwanziger Jahre war die sowjetische Gesellschaft von der Partei und ihrer Ideologie vollständig monopolisiert worden. Im ganzen Land festigte sich ein repressives, seinem Wesen nach totalitäres System. Über die Zahl der Staatsbürger, die ums Leben kamen und dem GULAG zum Opfer fielen, gibt es unterschiedliche Angaben genannt. Auf jeden Fall geht sie in die Millionen.

Häufig wird gefragt, ob die Sowjetbürger gewußt hätten, was die Stalinschen «Säuberungen» und der Terror der dreißiger und vierziger Jahre bedeuteten? Das läßt sich nicht so einfach beantworten. Über das volle Ausmaß dieser «Säuberungen» wußten nur wenige Bescheid. Sehr viele hielten sie für gerechtfertigt. Die Isolation unserer Gesellschaft, die aggressive antiwestliche Propaganda, der sich niemand entziehen konnte und die in den Köpfen die Auffassung verankerte, daß wir uns in einer «belagerten Festung» befänden – all das gestattete es der Führung, die Repressionen als eine notwendige Verteidigung gegen äußere und innere Feinde darzustellen.

Aber schon damals hatten andererseits viele Zweifel an der Propaganda und verurteilten die Repressionen – heimlich, versteht sich. An dieser Stelle muß ich einflechten, daß sich die meisten Sowjetbürger in den langen Jahren das sogenannte «Doppeldenken» angeeignet haben. Nach außen hin billigten sie die Handlungen der Regierung, zu Hause, unter sich oder im Freundeskreis äußerten sie jedoch Zweifel oder gar Empörung. Dieses Doppeldenken wurde erst durch die Perestroika abgeschafft.

Noch bemerkenswerter ist jedoch eine andere Sache. Die für nicht begangene Verbrechen verhafteten Menschen, unbeugsame Bolschewiki, die nicht nur einmal dem Tod ins Auge gesehen und für die kommunistische Idee gekämpft hatten, brachen in dieser Situation psychisch zusammen. Sie verleumdeten sich und ihre Genossen, bezeichneten sich selbst als «Feinde des Volkes», sogar als Verbrecher! Eine überraschende Wende der Ereignisse. Übrigens ist das bereits nicht allein ein – inzwischen weitgehend erforschtes – Problem der Historiker, sondern auch der Psychologen.

Stalin vernichtete praktisch die gesamte «Leninsche Garde». Außerdem gab er sich alle Mühe, sämtliche Verdienste der Väter der Revolution aus dem Gedächtnis auszulöschen, nachdem er durchgesetzt hatte, daß unsere ganze Geschichte seit der Oktoberrevolution bis zur Unkenntlichkeit umgeschrieben wurde. Dieser Aufwand wurde einzig und allein zur Festigung seiner absoluten, persönlichen Macht betrieben.

Von den Repressionen der dreißiger Jahre waren auch meine Verwandten betroffen. Wenn ich auch damals natürlich nicht alles wußte, was sich im Land abspielte, so wußte ich doch durch die Familie und deren Schicksal vieles. Mein Großvater mütterlicherseits beteiligte sich an der Revolution, wurde Kommunist und Begründer einer Kolchose. Niemals zog er die Regierung oder ihre Politik in Zweifel, vielmehr meinte er, daß die Sowjetmacht ihm, dem Bauern, Land verschafft und damit vielen Familienmitgliedern das Leben gerettet habe. Er wurde verhaftet und zum Tode verurteilt. Was er einmal (und auch nur einmal, später sprach er nie wieder darüber) von der Inhaftierung erzählte, war schrecklich: Im Verlauf von 14 Monaten wurde er immer wieder grausam gefoltert. Nur durch einen Zufall überlebte er. Ein Assistent des zuständigen Staatsanwalts einer höheren Instanz war offensichtlich ein Mensch mit Gewissen und konnte in seinem «Fall» nicht nur keinerlei Grund für eine Erschießung, sondern überhaupt keine Schuld entdecken. Der Großvater wurde entlassen. Seine Lebenskraft war jedoch gebrochen, er starb im Alter von 59 Jahren.

Mein anderer Großvater wurde wegen Nichterfüllung des Saatplanes verhaftet. Im Jahr 1933 herrschte in Stawropol, wie in der Ukraine und im ganzen Süden, eine schwere Dürreperiode. Ihre Folgen wurden durch die grausame Politik gegenüber den Bauern noch zusätzlich verschärft. Die halbe Familie des Großvaters kam ums Leben. Weil er den Saatplan tatsächlich nicht erfüllen konnte, schickte man ihn nach Sibirien. Später kehrte er wieder zurück, trat in die Kolchose ein und arbeitete noch bis ins hohe Alter.

Besondere Erwähnung verdient hier das tragische Schicksal der Russischen Orthodoxen Kirche. Die Bolschewiki betrachteten sie schon vor der Revolution als ideologischen Gegner. Sie übertrugen die Religion aus dem Reich des Glaubens und des Gewissens in das Reich der Politik. Das war der Ausgangspunkt für die späteren Ereignisse. Als die Gesellschaft in zwei Lager zerfiel und der Widerstand gegen die Revolution in den früher herrschenden Klassen zunahm, da wurde die Kirche aber andererseits auch zu deren Asyl und mischte sich in die Politik ein. Naturgemäß wurde sie dann von den Bolschewiki als politischer Gegner betrachtet, den es zu bekämpfen galt.

In jener Periode des inneren Konflikts konnte man dafür Verständnis haben. Aber als der Bürgerkrieg zu Ende war, wurden Kirchen geschleift, Geistliche verhaftet und liquidiert. Das läßt sich nicht mehr verstehen, geschweige denn rechtfertigen. Der Atheismus in unserer Gesellschaft nahm wildeste Formen an. Erst in den Jahren der Perestroika wurde entschieden auf die Realisierung der Religionsfreiheit hingearbeitet. Ich ließ mich von dem Grundsatz leiten, daß die Gläubigen Achtung verdienen. Der Glaube ist eine ganz und gar persönliche Angelegenheit, und jeder Bürger hat das uneingeschränkte Recht auf freie Entscheidung.

Das totalitäre Regime wurde natürlich mit demokratischen Institutionen kaschiert: Es gab eine Verfassung, diverse Gesetze und Repräsentativorgane. In Wirklichkeit wurden aber sämtliche Lebensfunktionen der Gesellschaft – von Anfang bis zum Ende – von den Parteistrukturen bestimmt und durch die Anordnungen, Beschlüsse und Weisungen der Parteifunktionäre gelenkt. In dieser Rechtlosigkeit gab es sogar legislative und exekutive Organe auf der Ebene der Unionsrepubliken, die laut Verfassung gleichberechtigte und souveräne Staaten waren. In der Geschichte ist vermutlich nur selten in anderen

Staaten eine solche Machtkonzentration und Zentralisierung anzutreffen. Das wichtigste war aber, daß den Bürgern der Sowjetunion praktisch jede Möglichkeit genommen war, auf die Regierungsmacht Einfluß zu nehmen und sie zu kontrollieren.

Das Machtmonopol stützte sich auf das staatliche Besitzmonopol. Die Kolchosen und Kooperativen waren ebenfalls praktisch verstaatlicht. Die Bauern und Mitglieder von Kolchosen durften ohne die Erlaubnis der lokalen und zentralen Behörden keinen Schritt tun. Da ich aus eigener Erfahrung mit den Verhältnissen vertraut war, machte ich mir die Besonderheiten des Systems in meiner Tätigkeit zunutze.

Das Rückgrat des in der Sowjetunion entstandenen Systems war die Kommunistische Partei. Die Parteiorganisation der Bolschewiki wurde unter schwierigen Bedingungen aufgebaut: im Untergrund und unter ständiger Verfolgung durch die zaristische Polizei. Das prägte damals nicht nur ihre Struktur, die an ein Überleben in der Illegalität angepaßt war, sondern auch die Formen und die Methoden ihrer Tätigkeit. In der Phase der Revolution und des Bürgerkrieges erwiesen sich diese Strukturen als überaus effizient. Nach Beendigung des Bürgerkrieges wurden sie praktisch unverändert beibehalten.

Zugegeben, in der Leninschen Phase existierten in der Partei noch starke demokratische Traditionen. Die Protokolle der Sitzungen aus jener Zeit dokumentieren scharfe Diskussionen, heftige Kritik, ungeachtet der Person, und sie belegen, daß damals über Entscheidungen offen abgestimmt wurde. Das alles ist später verschwunden. Statt dessen kamen Verschlossenheit, die Ausmerzung jeglicher abweichenden Meinung, Intoleranz, Geheimniskrämerei und eiserne Disziplin. Dies alles führte Stalin ein. Er nannte die Partei einen «Ritterorden» und verbarg damit seine eigentliche Absicht.

Gemeinsam mit dem bereits charakterisierten «Modell» der Gesellschaft fügte sich das Ganze zu einem System der totalitären Machtausübung, das als charakteristische Merkmale die Ablehnung des politischen Pluralismus, des «Parteistaats» und eine alles umfassende, strenge und zentralisierte Lenkung des Landes auf der Grundlage des Staatsmonopols auf Eigentum enthielt.

Nach Stalin hat sich vieles verändert, aber das Machtzentrum der Partei blieb unangetastet. Chruschtschows Versuch, den universalen Zugriff der Partei auf Staat und Gesellschaft, auf jeden einzelnen zu lockern, indem er die Bedeutung des Regierungsapparats stärkte, endete damit, daß er seinen Posten als Erster Sekretär verlor.

In der Zeit der Perestroika wurde eine grundlegende Neuorganisation der Parteitätigkeit, ihrer inneren demokratischen Struktur und anschließend eine Veränderung ihrer Rolle in der Gesellschaft angestrebt. Die Struktur der KPdSU, ihre Arbeitsmethoden und vor allem die Parteikader (die «Nomenklatura») waren so durchdrungen und zubetoniert von alten Gewohnheiten, Traditionen und Normen, daß sich ihre Reformierung und die Umwandlung in eine gewöhnliche politische Organisation als äußerst schwierige Aufgabe herausstellte. Das wirkte sich wiederum auf den Veränderungsprozeß aus, der wegen der heftigen Auseinandersetzung zwischen den Reformkräften und den Konservativen immer wieder ins Stocken geriet. Bei der Bewertung der Partei in den Jahren der Perestroika muß ich jedoch genau sein. Immerhin ist es eine Tatsache, daß die KPdSU die Reformen in die Wege leitete, als in ihrer Führung Politiker saßen, die Reformen befürworteten. Außerdem wären die Veränderungen sicher nicht in Angriff genommen worden, wenn die Initiative hierfür nicht von der KPdSU ausgegangen wäre. Dabei war das keineswegs nur eine Angelegenheit des kleinen Häufleins aus Reformern an der Spitze, auch ein großer Teil der einfachen Parteimitglieder sprach sich für Veränderungen in der Gesellschaft aus. Das Zentralkomitee der KPdSU stimmte immerhin für die Demokratie, für einen politischen Pluralismus, freie Wahlen, die Schaffung einer gemischten Marktwirtschaft, die Reform der Föderation. Im Jahr 1990 wurde dieser Kurs auf dem XXVIII. Parteitag dann bestätigt. Doch die KPdSU hielt die Zerreißprobe, ob sie eine Partei der Reform werden könne, nicht durch und brach über sich selbst den Stab, indem sie praktisch den August-Putsch von 1991 mittrug – zumindest in der Mehrzahl der Mitglieder des Zentral- und zahlreicher Parteikomitees.

Letzten Endes erwies sich das «Modell», das in der UdSSR geschaffen worden war, nicht als das Modell einer sozialistischen, sondern einer totalitären Gesellschaft. Über diese ernste Einsicht sollten alle nachdenken, die sich wirklich den Fortschritt im Namen der Menschheit zum Ziel gesetzt haben.

Selbstverständlich stellt sich hier gleich die nächste Frage: Wie haben denn die Leute all diese Grausamkeiten, den fast vollständigen Entzug jeglichen Besitzes und jeglicher Entscheidungsgewalt ausgehalten? Hatten sie Angst vor den Repressionen? Wurden sie durch diese Angst zum Schweigen gebracht? Ist es der Propaganda gelungen, die Bevölkerung davon zu überzeugen, daß alles mit rechten Dingen zugeht? Die Antworten auf diese Fragen decken den zutiefst paradoxen Charakter der früheren Sowjetgesellschaft auf.

Zweifellos war die Angst weitverbreitet. Vom GULAG hatten Millionen Menschen gehört. Und kaum eine Familie hat nicht mehr oder weniger intensiv den Arm der Verwaltung zu spüren bekommen. Die Propaganda konnte ihr Ziel dank der Abgeschlossenheit des Landes erreichen und feierte das bestehende System als die beste Staatsform der Geschichte. Daran hatte natürlich auch die gesamte sogenannte «Erziehungsarbeit» – vom Kindergarten bis zur Universität, in den Fabriken und Einrichtungen – ihren Anteil. Aber mit ihr läßt sich nicht alles erklären.

Für eine beträchtliche Zahl der Menschen, augenscheinlich für die Mehrheit, war die Sowjetgesellschaft ein Kind der «großen und ruhmreichen» Volksrevolution. Millionen glaubten an die von ihr verkündeten Ideale, hielten die Sowjetgesellschaft im Prinzip für richtig und waren aufrichtig überzeugt, daß sie besser sei als andere «bourgeoise» Gesellschaften. Sie bewahrten sich lange die Hoffnung auf die Verwirklichung der sozialistischen Ideen – in der Tat hoher und edler Ideale. So stellten sie sich uns in der Schule und in der Sowjetliteratur dar, so sahen sie im Kinofilm aus, der von allen Künsten die stärkste Breitenwirkung hat. Diese Hoffnung wurde von bestimmten Gegebenheiten des sowjetischen Lebens gestärkt.

Es wäre unsinnig, alle sowjetischen «Führer» und führenden Persönlichkeiten auf allen Ebenen zu dämonisieren oder sie als unverbesserliche Bösewichte und Schufte darzustellen, die sich einen Teufel um die Interessen des Volkes scherten. Gewiß gab es solche, und nicht wenige. Aber ein Großteil der «an die Macht gelangten» hatten tatsächlich die Absicht, den «werktätigen Massen» zu dienen, aus denen sie selbst hervorgegangen waren. Daß das System ihren Eifer und ihre Bemühungen zunichte machte und letzten Endes ihre aufrichtige Begeisterung erstickte, das steht auf einem ganz anderen Blatt.

Die herrschende Regierung gab sich alle Mühe, im Bewußtsein der Massen die Überzeugung wach zu halten, daß sie unbedingt weiter den Idealen der Oktoberrevolution folgen mußten und keinerlei Abweichungen von der Entscheidung zulassen durften, die im Jahr 1917 getroffen worden war. Darüber hinaus erkannten die Führungskräfte, daß eine Gesellschaft sich nicht allein mit Angst regieren läßt. Deshalb war in den Plänen für die Wirtschaft, die im Grunde nur eine Stärkung des stalinistischen oder poststalinistischen Regimes zum Ziel hatten, die Befriedigung der dringendsten wirtschaftlichen und sozialen Grundbedürfnisse vorgesehen. Die Sowjetmacht entfachte mit den Zielen, die sie als Ideal vorgab – in den dreißiger Jahren ebenso wie in den Kriegsjahren und in der Aufbauphase nach dem Krieg –, den Patriotismus von Millionen Menschen.

Das erklärt den Sprung der Sowjetunion nach vorn, und wie es das Land schaffte, innerhalb kürzester Zeit zu einer (für die damalige Zeit) starken Industriemacht aufzusteigen. Es entwickelte sich zu einem mächtigen wissenschaftlichen und kulturellen Zentrum. Das erklärt außerdem den historischen Sieg im «Großen Vaterländischen Krieg» gegen den Hitler-Faschismus, den nicht nur Hitler selbst, sondern auch die westlichen Demokratien nicht erwartet hatten.

Das alles sollte nicht übersehen werden. Zur historischen Wahrheit gehört aber auch die Tatsache, daß das Regime den Glauben der Menschen an hohe Ideale mißbraucht und bewußt ausgenutzt hat. Die wohlklingenden Worte Volksherrschaft, Gleichheit, Gerechtigkeit, sowie die Versprechen einer glücklichen Zukunft, all das wurde zum Erhalt und zur Festigung des totalitären Systems benutzt. Das Wesen dieser Methoden hat Alexander Solschenizyn in seiner – nicht gehaltenen – Nobelpreisrede treffend charakterisiert: «Die Gewalt läßt sich nur mit der Lüge verbergen, und die Lüge kann sich nur mit Gewalt erhalten. Jeder, der die Gewalt zu seiner *Methode* gemacht hat, muß zwangsläufig die Lüge zu seinem *Prinzip* erwählen.»

Unter den Sowjetmenschen herrschte immer eine gewisse Unzufriedenheit. Viele konnten sich mit dem aufgezwungenen strengen System nicht abfinden. Das blieb schon deshalb so, weil mit der Zeit das Bildungs- und Kulturniveau des Volkes anstieg. Das System benötigte qualifizierte Kader, aber gerade diese Kader widersetzten sich nach einiger Zeit einem System, das den Menschen so vieles vorenthält – in erster Linie die Freiheit.

Als sich die Ineffektivität der Gesellschaftsordnung zeigte und die Versprechen eines besseren Lebens unerfüllt blieben, verloren die Menschen das Vertrauen in die Obrigkeit und in die Partei. Die zunehmende Kluft zwischen der Staatsmacht und den Bürgern war einer der Hauptgründe für den Niedergang des Systems. Gewiß hätte der langsame Verfall noch Jahre dauern können, aber eine Entscheidung wäre unausweichlich gewesen. Es reiften die Voraussetzungen, nicht nur die wirtschaftlichen, sondern auch die politischen und psychologischen, für eine radikale Änderung der gesamten Entwicklungsrichtung des Landes heran, mit anderen Worten: für die Perestroika.

Keine Schwarz-Weiß-Malerei!
Eine Bilanz der Sowjetzeit

Die Diskussionen in Rußland über die Frage, ob die entstandene Gesellschaftsordnung nun eine sozialistische war, habe ich bereits angesprochen. Wenigstens ebenso scharf, wenn nicht gar noch schärfer wird jedoch die Frage diskutiert, wie die Bilanz der Jahrzehnte nach der Oktoberrevolution – der Schaffung des totalitären Systems – aussieht.

Hier könnten die Ansichten nicht gegensätzlicher sein: von der vollständigen Ablehnung («ein schwarzer Fleck» in der Geschichte des Landes) bis hin zu überschwenglichem Lob und zu Aufrufen, wieder zu vergangenen Zuständen zurückzukehren. In diesem Streit spiegelt sich die Vielschichtigkeit und die Schärfe der gegenwärtigen politischen Auseinandersetzungen über die Frage wider, welchen Weg das Land künftig einschlagen soll. Die bemitleidenswerte Lage der Menschen findet darin ebenfalls ihren Niederschlag. Der Weg, den das Land und das Volk bislang gegangen sind, war alles andere als geradlinig. Auch diese Jahre lassen keine eindeutige Tendenz erkennen. Je komplexer die Vergangenheit ist, desto vorsichtiger, sorgfältiger und unvoreingenommener muß man aber bei ihrer Bewertung vorgehen.

Am Vorabend der Revolution stand Rußland vor der Aufgabe, sich von den feudalen und absolutistischen Fesseln zu befreien, in der Entwicklung des Landes einen Sprung nach vorn zu tun und es aus der Rückständigkeit heraus auf den Pfad des Fortschritts zu führen. Die herrschenden Kreise des vorrevolutionären Rußlands glaubten nicht, daß die Lösung einer solchen Aufgabe möglich sei, und vertraten gar die Auffassung, sie stelle sich gar nicht erst. Beispielsweise erklärte Wladimir Kokowzow, der Chef der zaristischen Regierung, im Mai 1913 vor der Staatsduma: «Einmal angenommen, daß wir im Verlauf von etwas mehr als zwanzig Jahren Staaten mit einer jahrhundertealten Kultur einholen könnten, so schickt es sich nicht, eine solche Forderung aufzustellen.»

Noch im Jahr 1925 machte sich einer der großen Bankiers im zaristischen Rußland, A. Kamenka, in der Emigration daran, «den Typ der künftigen russischen Wirtschaft» nach seinen Vorstellungen zu skizzieren. Er schrieb: «Wenigstens über mehrere Jahrzehnte hinaus wird sich die Entwicklung unseres Wirtschaftslebens so gestalten, daß die Landwirtschaft und die Rohstoffe die Hauptexportquellen sein werden. Im Austausch dafür werden wir unseren verlorengegangenen Reichtum wiederherstellen; auf dem Gebiet der Industrie werden wir hingegen nur imstande sein, einfachste Aufgaben zu übernehmen.»

In Wahrheit wurde aber das ehemals zaristische Rußland während der Sowjetperiode, noch dazu innerhalb kürzester Zeit, in einen für damalige Verhältnisse fortschrittlichen Industriestaat umgewandelt. Ein zivilisatorischer Umbruch vollzog sich: *Aus dem rückständigen Agrarstaat Rußland wurde ein Agrar- und Industriestaat, der es mit den fortschrittlichsten Ländern aufnehmen konnte.* Das ist allgemein bekannt.

Aus heutiger Sicht dürfen wir jedoch einen anderen Umstand nicht außer acht lassen, wenn wir diese Leistung in ihrem vollen Ausmaß würdigen wollen. Die Modernisierung Rußlands kann man während der gesamten Sowjetzeit als eine nachgeholte Modernisierung beschreiben. Die offizielle Losung lautete denn auch: «Den Westen einholen und überholen.» Die Frage ist nur: wie und worin.

Richtet man sich nur nach den Produktionszahlen beispielsweise in der Stahlproduktion oder bei der Herstellung von Mähdreschern, so überholte die Sowjetunion tatsächlich sogar die Vereinigten Staaten. Doch ein großer Teil dieser ganzen Produktion war von minderwertiger Qualität. Die Produktivität war unvergleichlich niedriger, der Energie- und Materialverbrauch unvergleichlich höher als in den westlichen Ländern. Das wurde nach Möglichkeit verschwiegen. Ein offenes und öffentliches Gespräch über die reale Sachlage in Rußland fand erst im Sommer des Jahres 1985 statt, also nach dem Beginn der Perestroika.

Gewiß wurde in den siebziger Jahren davon gesprochen, daß man nun von einer extensiven zu einer intensiven Entwicklung der Volkswirtschaft übergehen müsse. Faktisch wurde aber nichts in dieser Richtung unternommen. Das Land setzte seine extensive Wirtschaft fort und hielt sich in den letzten Jahren vor der Perestroika in Wahrheit nur durch den Export von Erdöl und -gas über Wasser.

Durch die ideologischen Scheuklappen und Stalinschen Dogmen wurde die Entwicklung der Gesellschaft sehr stark gehemmt. Ich möchte hier zumindest an die

Verfolgung der Genetiker erinnern, sowie an die Ablehnung fortschrittlicher Methoden auf etlichen Gebieten der Wissenschaft und Technik. Die Kybernetik etwa wurde zu einer Pseudowissenschaft erklärt, obwohl sowjetische Wissenschaftler auf dem Gebiet der Grundlagenforschung und bei der Ausarbeitung praktischer Anwendungen bereits einige Ergebnisse vorzuweisen hatten. Das Land wurde gegen alle ausländischen Kontakte in der Wissenschaft und Technik abgeschottet, dabei lehrt uns die ganze historische Erfahrung: Jede Isolation führt langfristig zu Rückständigkeit.

Folglich darf man bei einer angemessenen Bewertung der sprunghaften industriellen Entwicklung weder deren Grenzen aus dem Auge verlieren, noch die unbegründete Verzögerung des Übergangs von einer extensiven zu einer intensiven Entwicklung des Landes.

Ein weiterer wichtiger Aspekt ist die Frage, zu welchem Preis das Ganze erreicht wurde. Selbstverständlich wäre es ohne außerordentliche Maßnahmen nicht möglich gewesen, innerhalb der kurzen Zeit, die uns verblieb, ein industrielles Potential aufzubauen, mit dessen Hilfe wir schon bald Krieg gegen Hitler-Deutschland überstehen konnten. Die Frage ist nur, welche Maßnahmen wirklich unverzichtbar waren.

In jenen Jahren herrschte zweifellos eine echte Arbeitsbegeisterung unter den Menschen. Sie opferten ganz bewußt und bereitwillig ihre Gegenwart der Zukunft. Vergebens versuchen heutzutage viele, das in Abrede zu stellen.

Aber leider war der Arbeitseifer nicht der einzige Faktor der Industrialisierung. Unter Stalin wurde die Industrialisierung mit Hilfe der Zwangsarbeit verwirklicht, der Ausbeutung von Lagerhäftlingen, und gleichzeitig mit der Vernichtung der Bauernschaft erkauft, für die die Kollektivierung de facto zu einer neuen Form der Leibeigenschaft wurde.

Die Kollektivierung läßt sich mit der Einhegung, dem sogenannten «fencing off», in England vergleichen, als die ersten kapitalistischen Beziehungen geknüpft wurden. Sie erfolgte keineswegs freiwillig, im Gegenteil, die Bauern wurden gezwungen, in die Kolchosen einzutreten – ja geradezu hineingejagt. Die Behörden vor Ort griffen mit äußerst grausamen Methoden durch und erfüllten damit die ihnen von der Zentralregierung gestellten Auflagen. Viele Bauern, die nach der Revolution Land erhalten hatten, waren zu bescheidenem Wohlstand gelangt. Sie wollten nicht ohne weiteres auf ihr ehrlich erarbeitetes Hab und Gut verzichten. Die Kollektivierung wurde mit einer schier unfaßbaren Brutalität durchgeführt. Menschen kamen ums Leben, die imstande gewesen wären, ihren Ertrag zu steigern, die tüchtiger und arbeitsamer als andere waren. Das russische Dorf erlitt damals einen schrecklichen Rückschlag, von dessen Folgen es sich noch heute nicht ganz erholt hat. Das läßt sich jedoch vom Leben des ganzen Landes sagen.

Es hätte damals durchaus Alternativen zur Zwangskollektivierung gegeben (beispielsweise die von Nikolai Bucharin vorgeschlagene Variante), aber sie wurden abfällig beurteilt und verworfen. Wie die Erfahrung in anderen Ländern zeigt, werden im übrigen durch die Modernisierung der Landwirtschaft die Mittel und die Voraussetzungen für eine Entwicklung der Wirtschaft insgesamt geschaffen.

Gleichwohl wurden die verhängnisvollen Maßnahmen in der Sowjetunion mit der Notwendigkeit, «das Produktionsniveau des Landes zu steigern», gerechtfertigt, sonst werde es, wie Stalin behauptete, «ausgelöscht». Aber wer sagt, daß ein Aufschwung des Landes mit anderen Methoden – auf demokratischem Weg und mit Achtung vor dem werktätigen Menschen – nicht möglich gewesen wäre? Der GULAG und die Kollektivierung zerstörten gleichzeitig das menschliche Potential unseres Volkes, ließen die wichtigste Basis unserer Wirtschaft, die Landwirtschaft, ausbluten und festigten das diktatorische Regime.

Vieles von dem, was sich später ereignete und noch heute in Rußland ereignet, hat seine Ursachen in der Stalinzeit. Mitte der zwanziger Jahre fiel die Entscheidung über den Weg, den die UdSSR künftig einschlagen sollte, doch selbst diese Entscheidung wurde ganz offensichtlich mit Füßen getreten. Das ist damals der Hauptfehler gewesen.

Der überaus hohe Preis der erzielten Erfolge ist durch nichts zu rechtfertigen. Aber andererseits geht es auch nicht an – und das ist von grundlegender Bedeutung –, durch Verweise auf diesen Preis die großen Taten des Volkes abzuwerten. Den Preis für das erreichte zahlten wir aufgrund unseres Systems. Die großartigen Resultate erreichten wir durch die aufopfernde Arbeit des Volkes.

Will man die Ergebnisse der Sowjetzeit bewerten, so darf man sich natürlich nicht auf die rein wirtschaftliche Seite beschränken. Das gilt um so mehr, als sich in der Sowjetunion auf sozialer und kultureller Ebene in den Jahrzehnten nach der Oktoberrevolution erstaunlich viel veränderte.

Seit Ende des Jahres 1930 herrschte in der Sowjetunion Vollbeschäftigung. Während der gesamten Existenz des sowjetischen Staates nach dem Bürgerkrieg, natürlich mit Ausnahme der Zeit des Vaterländischen Krieges, ging das Jahreseinkommen der Bürger nicht zurück. Die städtische Wohnfläche vergrößerte sich von 180 Millionen auf 2561 Millionen Quadratmeter im Jahr 1985. Vor der Revolution konnten drei Viertel der Bevölkerung Rußlands nicht lesen und schreiben. Mitte der achtziger Jahre hatten 70 Prozent der gesamten Bevölkerung und 88,3 Prozent der Erwerbstätigen die höhere und mittlere Reife.

Bildung war kostenlos. «Eine der größten Leistungen des kommunistischen Rußlands ist der Sieg über das Analphabetentum», stellt der amerikanische Historiker Melvin C. Wren fest.

George Z. F. Bereday, ein anderer amerikanischer Historiker, schreibt in seinem Buch *The Transformation of the Soviet Society:* «Die Gründung von Bibliotheken, der Fortschritt in Theaterleben und Filmindustrie, die Entfaltung des Sportes, die Aktivitäten der Jugendorganisationen – das sind einige der erfolgreichsten und auffälligsten sowjetischen Errungenschaften.» Dem ist noch hinzuzufügen, daß eine der herausragenden sozialen Errungenschaften der Sowjetmacht die Gründung eines staatlichen Systems der Gesundheitsversorgung und anderer sozialer Absicherungen ist.

Das alles sind unstrittige Leistungen, doch rein materiell betrachtet blieb der Lebensstandard in der Sowjetunion deutlich hinter dem der besser entwickelten Länder zurück. Der Arbeitslohn war sehr niedrig, die kostenlos oder gegen ein geringes Entgelt angebotenen sozialen Leistungen besserten das Einkommen der Leute nur geringfügig auf. Aber wie dem auch sei, die Sowjetbürger blickten zuversichtlich in die Zukunft: Schlimmer wird es nicht werden, und vielleicht wird es sogar ein bißchen besser.

Von den kolossalen Veränderungen, die im Land vor sich gingen, wurde nicht nur das eigentliche Rußland erfaßt. Auch die Republiken an seinen Grenzen machten gewaltige Veränderungen durch, vor allem im Kampf gegen den Analphabetismus auf den Gebieten der Bildung, Gesundheitsversorgung, des industriellen Wachstums, des Städtebaus, der Eingliederung in die Weltkultur. Es bildete sich eine eigene Intellektuellenschicht heraus. Für Dutzende Völker des ehemaligen russischen Reiches war das die Zeit der Nationsbildung und Eigenstaatlichkeit. Wie der amerikanische Historiker Frederick L. Schuman bemerkt: «Die unterdrückten Völker Transkaukasiens, Turkistans und des fernen Sibirien lernten nicht nur in

ihrer eigenen Sprache Lesen und Schreiben, sondern unterhielten fortan eigene Schulen, Bibliotheken, Krankenhäuser und Fabriken. Der Lebensstandard lag infolgedessen deutlich höher als der anderer Völker Asiens, die
außerhalb der Grenze der Sowjetunion lebten.»

Mit einem Wort: Die Oktoberrevolution förderte in
den riesigen Räumen Südeuropas und Asiens die Verbreitung der Zivilisation. Aber wie in den anderen Bereichen
des Gesellschaftslebens schritt auch die nationale Entwicklung dieser Völker äußerst widersprüchlich voran.
In dem Maße, wie im ganzen Land der Totalitarismus
gefestigt wurde, ging man auch daran, die kulturelle Besonderheit der jeweiligen Nation in ein fremdes ideologisches Korsett zu zwängen. Die revolutionären Veränderungen, die ihnen von Moskau aus aufgezwungen
wurden, waren in beträchtlichem Maße künstlich aufgesetzt und ohne Beziehung zu den örtlichen Traditionen.
Als Folge der Stalinschen «Theorie der Autonomisierung» wurden selbst Unionsrepubliken wie die Ukraine,
Kasachstan und Georgien als Teil eines unitaristischen
Staates angesehen, auch wenn sie formell nach den Verfassungen (der Union und der Republiken) als unabhängig galten: Schon allein der Begriff «Unionsrepubliken»
weist ja darauf hin, daß sie eine *Union* mit anderen eingegangen und nicht nur Provinzen des Zentrums sind.

Die Reformen in den Jahren der Perestroika zielten auf
eine qualitative Erneuerung der Gesellschaft, das totalitäre System sollte auf demokratischem Weg überwunden
werden. Unter äußerst schwierigen Bedingungen wurden
grundlegende Reformen eingeleitet, doch sie fanden 1991
durch den Putschversuch im August und das Komplott
von Belowesha am 8. Dezember, als sich die Republikchefs Rußlands, Weißrußlands und der Ukraine auf die
Gründung der GUS einigten, ihr Ende.

In der Phase des «Reformschocks», die 1992 begann,
wurden die historischen Errungenschaften der Sowjetzeit

weitgehend verspielt. Die sozialen Rechte wurden eingeschränkt. Das materielle Einkommen der Menschen verringerte sich beinahe um die Hälfte. Mehr als ein Drittel der Bevölkerung lebt heute unter der Armutsgrenze, und zahllose Menschen existieren am Rand dieser Grenze! Arbeitslosigkeit ist ein alltägliches Phänomen geworden, die Gesundheitsversorgung verfällt, die Bildung und die Wissenschaft werden vernachlässigt, weil zum einen kein Geld dafür da ist und, noch wichtiger, weil der Staat seine Verantwortung für die Zukunft des Landes nicht wahrnimmt.

Kehren wir jedoch zum Thema zurück: Auf wirtschaftlicher und sozialer Ebene wurde in der Sowjetunion sehr viel geleistet. Auf politischer Ebene hat sie sich immer mehr von den anfänglichen Idealen der Oktoberrevolution entfernt. Die Sowjetzeit war eine Zeit der systematischen Unterdrückung demokratischer Prinzipien. Zu diesem Schluß komme ich, obwohl ich die betreffenden Zahlen genau kenne: 2,3 Millionen Delegierte in den Sowjets der verschiedenen Ebenen, über sechs Millionen ständige Teilnehmer an sogenannten «Produktionsberatungen», fast acht Millionen aktive Gewerkschaftsmitglieder, mehr als zehn Millionen Mitglieder in den Komitees der Volkskontrolle. Die Liste ließe sich noch fortsetzen. Es wäre ein Fehler anzunehmen, daß diese Zahlen überhaupt nichts zu sagen hätten. Bestimmte demokratische Elemente, vor allem auf unterer Ebene, gab es in der Arbeit aller dieser Organisationen durchaus. Aber im Grunde hatte der Aufbau dieses gigantischen Apparats nur ein Ziel: die Festigung der Macht des Parteistaates. Diese Organe, die als Instrumente der Volksherrschaft bezeichnet wurden, hatten keine wirklich demokratischen Befugnisse. Sie waren lediglich Werkzeuge der Parteiführung. Niemand hatte die Möglichkeit, Entscheidungen zur Politik oder zur Machtausübung zu treffen, die von den «von oben erlassenen Anweisungen» abwichen. Ein Pluralismus des Denkens und der Entscheidungsfindung galt als Abweichung von den Prinzipien der sozialistischen Demokratie.

Tüchtige Leute hätte es in Rußland genug gegeben, sie hätten vieles erreichen können, wenn sie frei hätten entscheiden können. Sie wurden aber vom Diktat der Partei, von den strengen und engen Vorgaben der Parteidirektiven, den Regeln des Kommandosystems gelähmt. Ein jahrzehntelanges Dasein unter den Bedingungen des Personenkultes und des Totalitarismus führt zwangsläufig zu einer Apathie, zu einer Anämie, zum Verlust der Eigeninitiative, zur Erstickung der sozialen Energie der Gesellschaft.

Gewiß gab es in der Sowjetzeit auch Phasen, in denen sich die Gesellschaft gewissermaßen aufrichtete. Das gilt ganz besonders für die Zeit des Zweiten Weltkrieges, des «Großen Vaterländischen Krieges». Das war die wohl schwerste Prüfung für das Land. Später führten viele den Sieg auf die Geschlossenheit und Effektivität des Systems zurück. Das trifft nur insofern zu, als mit Hilfe der Methoden einer unerbittlichen Diktatur tatsächlich alle Ressourcen, vor allem die materiellen, des Landes konzentriert werden konnten. Der eigentliche Sieger aber war das Volk, in erster Linie das russische Volk, gemeinsam mit vielen anderen, die die Sowjetunion als ihr Vaterland betrachteten.

Dieses Volk zeigte in jenen schweren Tagen, zu welch großartigen Leistungen es fähig war. Trotz des Stalinschen Terrors, dem noch am Vorabend des Krieges aus den Reihen der Armee Tausende talentierter Generäle und Offiziere zum Opfer gefallen waren, siegte die Sowjetarmee. Aus den Gefechten des Krieges gingen erstklassige Kompanieführer hervor. Im Hinterland lernten die Arbeiter und Bauern, die Ingenieure und die Wissenschaftler, Frauen und Halbwüchsige innerhalb von kürzester Zeit, eine Militärtechnik zu entwickeln und aufzubauen, die den Waffen des Gegners in vieler Hinsicht überlegen war. Und das, obwohl ein großer Teil der Industrie um Hunderte oder Tausende Kilometer aus den besetzten Landesteilen in sicheres Gebiet verlegt werden mußte, obwohl die Militärproduktion im Grunde neu aufgebaut werden mußte.

Der große Sieg weckte in den Menschen große Erwartungen, die sich aber nicht erfüllten. Das Regime bekam geradezu Angst vor seinem Volk, das stolz auf den errungenen Sieg war und sich frei und souverän fühlte, und verstärkte den ideologischen und politischen Druck. Millionen Menschen sahen sich Repressionen ausgesetzt. Über das Land fegte eine neue Welle des Terrors hinweg. Als Instrument diente der Antisemitismus, eine groß angelegte, schändliche Kampagne gegen den Kosmopolitismus. Das totalitäre Regime zog sämtliche Register, um sich selbst gegen die kleinsten Angriffe abzusichern.

Nach Stalins Tod wurde anscheinend ein anderer Kurs eingeschlagen. Das war vor allem das Verdienst Nikita Chruschtschows, eines zweifellos herausragenden Staatsmanns. Die Abschaffung des «Personenkultes» als Folge des XX. Parteitages und andere Ideen, die er auf diesem Parteitag verkündete (etwa die Absicht, eine friedliche Koexistenz mit dem Westen anzustreben, der Verzicht auf die Doktrin, daß ein Krieg zwischen dem Sozialismus und dem Kapitalismus unvermeidlich sei, die Gleichberechtigung der Länder und der kommunistischen Parteien), schienen einen Umbruch im Leben des Landes wie auch in den internationalen Beziehungen zu verheißen. Umwälzungen wurden eingeleitet, die ganze Stimmung in der Gesellschaft wandelte sich. Der erste Schritt zur Befreiung vom Totalitarismus war getan. Man muß allerdings hinzufügen, daß die Beschlüsse des XX. Parteitages in der Gesellschaft keineswegs einhellig begrüßt wurden.

Chruschtschows Rede wurde zur Kenntnisnahme an alle Parteikomitees verschickt. Viele waren überrascht und übernahmen die Beschlüsse nicht. Ich weiß das aus eigener Erfahrung. Ich nahm an einer Darlegung der Beschlüsse in einem ländlichen Rayon bei Stawropol teil. Die Reden in den großen Sälen wurden einfach nicht verstanden. Ein Gespräch kam erst allmählich auf, als ich mich in kleinen Gruppen über das Mitgeteilte unterhielt. Aber auch da gab es noch viele, die sich in Schweigen hüllten, von einigen war sogar zu hören: «Stalin rechnete mit denjenigen ab, die gewaltsam Bauern in die Kolchosen getrieben hatten.» So sehr hatte sich die Verehrung Stalins in den Köpfen festgesetzt.

Im Grunde war eine solche Reaktion nicht verwunderlich, denn im Zuge des «Personenkultes» um Stalin war ja der Mythos geschaffen worden, daß er ein genialer Führer und Vater der Völker sei. Dieser Mythos hatte sich mit Hilfe einer niemals nachlassenden Propaganda, zu der es zudem keine Alternative gab, im kollektiven Bewußtsein verankert. Die Wirkung dieser Propaganda, die zusätzlichen Nachdruck durch die zahlreichen Repressionen erhielt, die Verbreitung der tief verwurzelten Irrtümer, die schon an eine Massenpsychose grenzten, wurden eindrücklich bestätigt durch die Erschütterung, die Stalins Tod bei Millionen Menschen hervorrief.

Zu jener Zeit studierte ich an der Universität und weiß noch, daß der Tod Stalins für die Mehrzahl der Studenten ein Schock war. Nie werde ich die mit großer Erregung hervorgestoßenen Worte meines inzwischen verstorbenen Studienfreundes Zdeněk Mlynař vergessen, später einer der Organisatoren des «Prager Frühlings»: «Mischa, was wird jetzt aus uns werden?» Lebend habe ich Stalin nie zu Gesicht bekommen, aber damals verspürten viele das Bedürfnis, von ihm Abschied zu nehmen. Lange Schlangen bildeten sich vor dem Kolonnensaal, wo sein Leichnam aufgebahrt war. Viele Menschen weinten.

Heute, nachdem wir so vieles über sein unbarmherziges Regime wissen, hat sich meine Einstellung zu Stalin natürlich geändert. Wenn sie sich nicht geändert hätte, dann hätte ich niemals die Perestroika eingeleitet. Sich zu Reformen bekennen, hieß vor allen Dingen, den Stalin in sich überwinden, aber nicht nur Stalin, sondern auch die spätere Erfahrung der Stagnation unter Leonid Breschnew. In den Jahren der Perestroika spürten wir sehr deutlich, daß in den Köpfen der Menschen immer noch eine Art Stalinismus herrscht. Selbst heute ist er noch zu spüren.

Chruschtschows Politik war voller Widersprüche, was wohl auf die Besonderheiten seines Lebenslaufes (politisch und ideologisch war er ein Funktionär der Stalinschen Schule, auf seinem Gewissen lasteten ebenfalls die Verbrechen des Stalinregimes) und seines Charakters zurückzuführen ist. Er machte einen Schritt vorwärts und zwei zurück. Er schreckte selbst vor den Auswirkungen seiner Rede zurück. Chruschtschow ließ die Gesellschaft einen Schluck Freiheit kosten, drehte dann aber selbst den Hahn wieder zu. Übrigens schreibt er in seinen Memoiren ganz offen, warum er das tat: «Als die Führung der UdSSR, darunter auch ich, eine Phase des Tauwetters beschloß und gezielt auf sie hinarbeitete, da fürchteten wir sie gleichzeitig auch: Wenn sich daraus nur keine Flut entwickelte, die uns mit sich riß und die wir nur schwer wieder würden zügeln können.» Die Angst vor der Demokratie ist eine notwendige Konsequenz des totalitären Regimes und ein Hemmnis für jeden wirklichen Fortschritt.

Dennoch sehe ich in Chruschtschow einen Vorläufer der Perestroika. Er brachte als erster einen Reformprozeß in Gang, der nur als demokratischer Prozeß fortgesetzt werden und erfolgreich enden konnte. Das war ein entscheidender Schritt in der Geschichte unseres Landes. Chruschtschows wichtigstes Vermächtnis war die Diskreditierung des Stalinismus. Alle in der Breschnew-Ära unternommenen Versuche, diese Dekreditierung rückgängig zu machen, scheiterten. Es gelang nicht mehr, die Stalinsche Ordnung wiederherzustellen. Das wiederum war eine wichtige Voraussetzung für den Beginn der Perestroika. Folglich muß ich zugeben, daß eine besondere Verbindung der Perestroika zu dem, was Nikita Chruschtschow tat, existiert. Überhaupt schätze ich sein historisches Verdienst sehr hoch ein.

Nachdem der revolutionäre Eifer verflogen war (was ganz natürlich ist), nach dem schnellen Entfachen einer patriotischen Begeisterung im Kriege, nach der Aufbruchstimmung nach dem XX. Parteitag der KPdSU, die der Initiator selbst rasch wieder erstickte, verknöcherte die Gesellschaft. Jeglicher Anreiz, eine Arbeit effektiv auszuführen, kam abhanden, ebenso jegliche bewußte Teilnahme der Menschen am Gemeinwesen, jeglicher Unternehmungsgeist mit Ausnahme verbrecherischer Instinkte. Eine fatalistische Psychologie und ein politischer Konformismus schlugen tiefe Wurzeln. Die Stagnation machte sich in allen Bereichen der Gesellschaft bemerkbar. Das Land trieb stetig auf einen Abgrund zu.

Nachdem ich einmal erkannt hatte, wohin der Totalitarismus das Land führen würde, entschied ich mich selbst endgültig und unumkehrbar für die Demokratie und für Reformen. Gewiß sind demokratische Führungsmethoden und Glasnost weit komplizierter als eine totalitäre Regierungsform. Die Führer agieren vor den Augen der Öffentlichkeit, die Presse sorgt für Transparenz. Die Politiker sind genauso der Kritik unterworfen wie jeder andere Bürger. Inzwischen ist es bereits ein Klischee geworden, daß die Demokratie bei all ihren Mängeln jeder anderen Regierungsform überlegen ist. Allerdings bedarf auch sie ständiger Erneuerung, doch dazu später mehr.

Ich möchte, zum Thema zurückkehrend, an dieser Stelle noch einige Worte zu den ausländischen sozialdemokratischen Führern in den zwanziger und dreißiger Jahren sagen: Sowohl gegenüber der Oktoberrevolution als auch gegenüber den sich anschließenden Ereignissen nahmen sie in der Mehrzahl eine feindselige Haltung ein. Die Spaltung der Arbeiterbewegung und die herrschende Feindschaft zwischen Kommunisten und Sozialdemokraten verhinderten ein gegenseitiges Verständnis, ja häufig sogar eine objektive Einschätzung der Lage. Alles in allem gaben sich jedoch die führenden Vertreter der Zweiten Internationale als Anhänger des Sozialismus alle Mühe, die Vorgänge in Rußland unvoreingenommen zu beurteilen. Wenn sie auch die Sowjetmacht kritisierten, so leugneten sie doch nicht ihre Leistungen. Der entscheidende Punkt ist meiner Ansicht nach die Tatsache, daß ihre Einschätzungen im Kern übereinstimmen: Der Mangel an Freiheit und Demokratie kann die Sache der Revolution zerstören. Oder hat sie bis zu einem gewissen Grad bereits zerstört.

Einer der führenden Theoretiker der Zweiten Internationale, Friedrich Adler, schreibt in «Das Stalinsche Experiment und der Sozialismus» (1932): «In der ersten Periode des Kriegskommunismus diente die Diktatur der Zerstörung des Feudaleigentumes, der Aufteilung des Bodens, der Ausrottung der Kapitalisten, kurz, der Vernichtung der ehemals herrschenden Klassen. Sie existieren nicht mehr ... Und doch herrscht die Diktatur mindestens ebenso stark, unerbittlich und grausam wie jemals vorher. Was ist ihre soziale Funktion? Sie hat nur mehr eine: Niederhaltung der Werktätigen selbst, um die ursprüngliche Akkumulation an ihnen zu vollziehen, um jeden Versuch des Widerstandes der Werktätigen gegen die Opfer, die ihnen auferlegt werden, im Keime zu ersticken ... Das, was in Rußland geschehen ist und geschieht, wird von uns niemals als ein experimentum crucis [unvermeidliches Experiment] für die Errichtung der sozialistischen Gesellschaftsordnung anerkannt werden.»

Bekanntermaßen distanzierte sich Karl Kautsky, der vor der Revolution die Bolschewiki unterstützt hatte, später entschieden von ihnen, in erster Linie wegen der Frage der Demokratie. Im Jahr 1930 schrieb er sinngemäß: Die letzte bürgerliche Revolution werde allem Anschein nach zur ersten sozialistischen, die einen gewaltigen Einfluß auf das revolutionäre Proletariat aller Länder ausüben werde. Dieses dürfe jedoch nur die *Ziele* übernehmen; die *Methoden* der Verwirklichung seien an die eigentümlichen Verhältnisse in Rußland angepaßt und könnten in Westeuropa nicht übernommen werden. Der Gegensatz zwischen den Methoden und dem Ziel müsse sich letzten Endes auf dieses auswirken. Heute, mehr als ein halbes Jahrhundert später, ist offensichtlich, daß Kautsky recht hatte. Der Totalitarismus hat sich mit seinen Methoden sein eigenes Grab geschaufelt.

Schließlich auch ein Zitat von Otto Bauer, dem Vater des «Austro-Marxismus». Er zählte zu den Führern der Sozialdemokratie, die sich aufrichtig Mühe gaben, sich in die Geschehnisse in unserem Land hineinzuversetzen. «Aber wenn das Sozialismus ist», schreibt er in seinem Buch *Bolschewismus oder Sozialdemokratie,* «so ist es doch ein Sozialismus besonderer Art: ein *despotischer* Sozialismus. Denn der Sozialismus bedeutet hier nicht, daß das arbeitende Volk selbst über seine Arbeitsmittel verfügt, seinen Arbeitsprozeß leitet und seinen Arbeitsertrag verteilt. Er bedeutet vielmehr, daß eine aus dem Volke herausgelöste, nur eine winzige Minderheit des Volkes repräsentierende, über den Volksmassen thronende Staatsgewalt über die Arbeitsmittel und über die Arbeitskraft, über den Arbeitsprozeß und über den Arbeitsertrag des Volkes verfügt und mit ihren Zwangsmitteln alle Kräfte des Volkes ihrem Arbeitsplan unterwirft, in ihre Arbeitsorganisation einspannt.»

Bauer, der die Entwicklung ganz aus dem sozialdemokratischen Blickwinkel betrachtete, gab jedoch nicht die

Hoffnung auf. Im selben Aufsatz äußerte er einen interessanten Gedanken: «Die Diktatur des Proletariats in Rußland ist nicht die Überwindung der Demokratie, sondern eine Phase der Entwicklung zur Demokratie ... sie ist vielmehr nur eine Durchgangsphase der russischen Entwicklung, die bestenfalls so lang dauern wird, bis die Masse des russischen Volkes kulturell reif wird für den demokratischen Staat.» Otto Bauers Optimismus hatte durchaus seine Berechtigung, wie die Geschichte gezeigt hat.

Gewiß bewegt sich Rußland selbst heute, nach dem Durchbruch der Perestroika, zu langsam auf eine demokratische Staatsform hin und muß noch etliche Schwierigkeiten überwinden. Hier zeigt sich die Vergangenheit, sie hält die Menschen noch fest im Griff. Es gibt keine andere Alternative, als jeden Tag zu lernen, wie man unter den Bedingungen der Demokratie lebt. Im Westen hat dieser Prozeß Jahrhunderte gedauert.

Wichtiger ist aber vermutlich folgendes: Das heutige autoritäre Regime bremst die demokratische Entwicklung in Rußland, weil die Demokratie für dieses immer mehr zu einer Last wird. Die politischen Kräfte, die während der Demokratisierung an die Macht gekommen waren, sind heute von der Macht entfernt oder haben sich selbst verabschiedet. Ein oligarchisches Regime mit einer Nomenklatura hat sich herausgebildet, das unter dem Deckmantel demokratischer Losungen der Gesellschaft einen neoliberalen Reformkurs aufgezwungen hat.

Um ihre Ziele zu erreichen, nehmen dessen politische Führer keine Rücksicht auf den Preis, den die Bürger zahlen müssen, und sie scheuen sich nicht, Hand an die demokratischen Errungenschaften der Perestroika zu legen. Das russische Parlament ist gelähmt und kann unter diesen Bedingungen nur wenig ausrichten. Die Massenmedien stehen unter der Kontrolle der Regierung und der Oligarchie. Die Gerichte und die Staatsanwaltschaft sind nicht mehr frei in ihren Handlungen. Ein weiterer Reformversuch wird zur Zeit unternommen, der aber nicht etwa das Wohl der Bürger zum Ziel hat, sondern die Interessen der Nomenklatura und des Finanzkapitals befriedigen soll.

Dennoch macht es für die künftige Entwicklung Hoffnung, daß die Bürger sich hinter die erkämpften Rechte und Freiheiten stellen. Eine Umfrage unter 12 000 Russen, die fast alle Regionen erfaßte, zeigte, daß 82 Prozent von ihnen angab: «Wir wollen in einem freien Land leben.» Menschen, die unter schwierigsten Bedingungen ihr Dasein fristen, sind also dennoch für die Freiheit. Ein großer Teil stimmte bei den Präsidentschaftswahlen von 1996 nur deshalb für Boris Jelzin, weil sie keinen Sieg der Kommunisten wollten. Die Menschen wollen keine Rückkehr zur alten Ordnung.

Folglich ist es heute bereits unmöglich, Rußland wieder in seine totalitäre Vergangenheit zurückzuversetzen.

Die Oktoberrevolution und die Welt

Die Spaltung der Weltgemeinschaft in die feindlichen Lager des Ostens und des Westens ist eines der prägenden Merkmale des 20. Jahrhunderts. Ich meine damit die Abgrenzung zunächst zwischen der Sowjetunion und dem Westen und später, nachdem auch andere Staaten den von der Sowjetunion vorgegebenen Weg eingeschlagen hatten, zwischen den Ländern des sozialistischen Lagers (so nannten sie sich zumindest) und den entwickelten Ländern der westlichen Welt.

Diese Spaltung bestimmte die Weltgeschichte seit 1917 grundlegend und wirkte sich auf beiden Seiten in vielerlei Hinsicht aus. Die negativen Folgen liegen auf der Hand und sind hinlänglich erforscht. Die positiven hingegen – auch die gibt es – sind bis heute Gegenstand des Propagandakrieges geblieben. Meiner Ansicht nach hat die Geschichtswissenschaft noch längst nicht alles getan, um wirklich objektiv und unvoreingenommen alle Wechselfälle des ausklingenden Jahrhunderts zu analysieren.

Natürlich kann es nicht darum gehen, Mutmaßungen anzustellen nach dem Muster: Was wäre gewesen, wenn in Rußland keine Revolution ausgebrochen wäre. Das ist keine Ausgangsbasis für eine wissenschaftliche Arbeit. Es wäre jedoch interessant und wichtig, abzuwägen, welchen Einfluß die Existenz der UdSSR auf die Entwicklung der internationalen Beziehungen tatsächlich hatte.

Stellen wir uns aber einmal die Frage: Wenn schon die Spaltung der Welt in zwei Systeme nach dem Sieg der Revolution in Rußland nicht zu verhindern war, hätten möglicherweise jene Folgen vermieden werden können, die letzten Endes zu einer endlosen Reihe von Konfrontationen und später zum «Kalten Krieg» führten?

Aufgrund von theoretischen Überlegungen könnte man zu dem Schluß kommen: Ja, das wäre möglich gewesen, wenn beide Seiten sofort nach dem Bürgerkrieg in Rußland und dem Scheitern der Militärintervention des Westens eingesehen hätten, daß beide Seiten ein Existenzrecht haben. Aber unter den damaligen, realen Gegebenheiten erwies sich das als unmöglich. Um so mehr, weil der Sieg der Oktoberrevolution nicht nur in Rußland, sondern in einem breiten, man könnte sagen, Volksbewußtsein als der Beginn einer «neuen Ära» aufgefaßt wurde. Die Spaltung der Welt in zwei unversöhnliche Gesellschaftssysteme wurde von kommunistischen Ideologen als etwas positives dargestellt. Lenin bezeichnete sie als endgültig und unumkehrbar. Das läßt sich durchaus nachvollziehen, wenn man sich jenes «Modell» der Gesellschaftsentwicklung vor Augen führt, das die Bolschewiki zu realisieren versuchten.

Sie gingen von der These aus: Die Oktoberrevolution ist der Beginn der Weltrevolution. Nach ihr werden in

Europa und später auch in anderen Ländern ähnliche Revolutionen siegen, und am Ende wird die ganze Welt sozialistisch werden.

Doch die Weltrevolution fand nicht statt. Die «Räterevolutionen» (oder Aufstände) in einigen anderen Ländern wurden niedergeschlagen. Am Ende seines Lebens gestand Lenin diese Tatsache ein und empfahl, sich auf eine lange Existenz des Sowjetstaates «in einer kapitalistischen Umgebung» einzustellen. Eine Politik des «friedlichen Zusammenlebens» (so bei Lenin) mit der kapitalistischen Welt wurde verkündet.

Aber erstens traute der Westen diesem «neuen Kurs» nicht. Obwohl er die UdSSR auf diplomatischer und wirtschaftlicher Ebene anerkannte, setzte er auf verschiedene Weise seine Versuche fort, die Bolschewiki zu stürzen. Zweitens unterstützte die sowjetische Führung ihrerseits weiterhin heimlich und offen die revolutionären Kräfte, die es sich zum Ziel gemacht hatten, den Kapitalismus zu stürzen.

Auf dem XX. Parteitag distanzierte sich die KPdSU von der Vorstellung, daß ein neuer Weltkrieg unvermeidlich sei, und sprach sich für eine «friedliche Koexistenz» aus. Aber schon fünf Jahre später wurde die «friedliche Koexistenz» im neuen Parteiprogramm, das auf dem XXII. Parteitag verabschiedet wurde, zu einer «Form des Klassenkampfes» erklärt. Diese Wendung wurde erst 1986 in der neuen, auf dem XXVII. Parteitag verabschiedeten Fassung des Parteiprogramms fallengelassen.

Bis zu diesem Zeitpunkt blieben die alten Direktiven in Kraft. Im Namen dieser Ideologie, die alle Völker der UdSSR in eine feindselige Opposition zum größten Teil der Welt brachte, vermehrte unser Land seine Anstrengungen in einem Wettrüsten, das unsere Ressourcen aufzehrte und den militärisch-industriellen Komplex zu einem die ganze Politik und das gesellschaftliche Bewußtsein bestimmenden Faktor aufsteigen ließ. Man hatte

Angst vor uns, und wir rechneten uns das als Verdienst an, weil der Gegner Angst haben muß. Das galt nicht nur für die gewaltige Anhäufung von Atomwaffen, sondern auch für das provokative Vorgehen der UdSSR, etwa beim Einmarsch in die Tschechoslowakei und in Afghanistan.

Die Verantwortung für die jahrzehntelang angespannte Lage darf jedoch nicht allein auf die sowjetische Seite abgewälzt werden. Von Anfang an verfolgte der Westen das Ziel, die russische Revolution zu ersticken.

Beispielsweise erklärte der italienische Minister Leonida Bissolati im Dezember 1917: «Der Einfluß der Bolschewiki hat bei uns nicht ungefährliche Ausmaße angenommen. Wenn die russische Regierung nicht innerhalb von kürzester Zeit fällt, dann wird es uns schlecht gehen. Oh, Herr, strafe die Bolschewiken!» Im März 1918 faßte Arthur Balfour die Ergebnisse der Londoner Konferenz der Regierungschefs und Außenminister Frankreichs, Italiens und Großbritanniens zusammen und sagte: «Die Konferenz ist der Ansicht, daß es nur ein einziges Mittel gibt: eine gemeinsame Intervention. Wenn Rußland sich nicht selbst helfen kann (!), dann müssen seine Freunde ihm helfen.» Anfang 1919 befand auch der amerikanische Präsident Woodrow Wilson ganz entschieden: «Wir müssen dafür Sorge tragen, daß diese (bolschewistische) Form der ‹Volksherrschaft› nicht bei uns oder an irgendeinem anderen Ort Fuß faßt.»

Diese «Sorge» fand ihren Ausdruck in der Entsendung von bewaffneten Expeditionstruppen nach Rußland. Es läßt sich aber nicht leugnen, daß dies keineswegs ausschließlich in der Absicht geschah, das Aufkommen von «Volksregierungen» in anderen Ländern zu verhindern. Wie aus den historischen Quellen hervorgeht, reichten die eigentlichen Absichten viel weiter.

Am 30. Oktober 1918 bestätigte Präsident Wilson ein (selbstverständlich nicht für den Druck bestimmtes) regierungsinternes Papier zu den bekannten 14 Punkten des amerikanischen Friedensprogramms. In diesem Dokument wird empfohlen, Rußland nicht als einen einzigen Staat zu betrachten. Auf seinem Territorium, heißt es dort, müßten selbständige Staaten entstehen, beispielsweise die Ukraine. Der Kaukasus wurde als «Teil der Probleme des türkischen Reiches» betrachtet. Ferner wurde vorgeschlagen, eine der Westmächte damit zu beauftragen, Zentralasien auf der Grundlage eines Protektorats zu regieren. Was die übrigen Landesteile Rußlands anging, so wurde in dem Dokument empfohlen, Großrußland und Sibirien den Vorschlag zu machen, «eine Regierung zu installieren, die hinreichend repräsentativ war, um im Namen dieser Territorien sprechen zu können».

Das alles liegt mittlerweile achtzig Jahre zurück. Aber wenn man gewisse leichtfertige Äußerungen und die höchst «selektive» Diplomatie einiger westlicher Länder betrachtet, könnte man meinen, daß noch heute «nichts vergessen worden ist».

Ich werde das nicht weiter ausführen. Die Quellen und Fakten sprechen für sich. Entscheidend ist für unseren Zusammenhang, daß sich beide Seiten während der ganzen nachrevolutionären Jahre heftig bekämpften, gelegentlich heimlich, meist aber ganz offen. Nach dem Zweiten Weltkrieg setzte sich das in dem, in erster Linie atomaren, Wettrüsten fort (obwohl keine Seite eine militärische Auseinandersetzung, noch dazu mit Massenvernichtungswaffen, wollte). Auch die Rivalität um den Einfluß durch Bündnispartner in anderen Kontinenten spiegelte den Antagonismus zwischen dem Westen und der Sowjetunion. Erst nach dem Beginn der Perestroika änderte sich die Lage rasch. Beide Seiten änderten ihre Betrachtungsweise und gingen bis zu einem gewissen Grad aufeinander zu, was sehr bald auch das Ende des Kalten Krieges zur Folge hatte.

Ich sollte allerdings darauf hinweisen, daß bis heute manche Elemente aus dem Zeitalter der Konfrontation überdauert haben. Im Westen haben sich mehr Ressentiments erhalten, aber auch in Rußland sind längst nicht alle Vorurteile und Gewohnheiten der Vergangenheit überwunden.

Es war allem Anschein nach nicht möglich, die jahrzehntelange Konfrontation und Spaltung der Welt zu verhindern. Doch es ist wichtig, aus der Vergangenheit Lehren für die Zukunft zu ziehen. Ein Konfrontationskurs auf beiden Seiten nützt niemandem, aber die Kosten haben alle zu tragen. Ein Gegensatz, eine feindselige Haltung der einen Seite gegen die andere wird beide Seiten nur noch stärker verbittern und die drohenden Gefahren verschärfen.

Mehr als siebzig Jahre Konfrontationskurs haben, den Gang der Weltgeschichte geprägt. Aber selbst unter diesen Bedingungen und ungeachtet aller Widersprüchlichkeiten der sowjetischen Vergangenheit, in der sich Tragik und Heroismus abwechselten und oft völlig unerwartete Situationen ergaben, hatte die Existenz und Entwicklung der UdSSR gewaltigen Einfluß auf die gesamte Welt. Nach außen zeigte sich diese Wirkung erstmals, als in den Jahren nach der Revolution in vielen Ländern Massenbewegungen entstanden. Die Oktoberrevolution weckte bei den Menschen, beim werktätigen Volk eine große Hoffnung – die Hoffnung auf eine Verbesserung ihrer beschwerlichen Lebensumstände. Damals entstand auch die kommunistische Bewegung, die von allen bekannten Massenbewegungen am besten organisiert war.

Gewiß darf man sich nichts vormachen. Sowjetrußland war zweifellos das Bollwerk und die Quelle, die diese Bewegungen massiv unterstützte. Aber die Hauptsache darf ebensowenig verschwiegen werden: Es handelte sich damals um spontane Reaktionen der Werktätigen auf das Beispiel der Oktoberrevolution. Auf deren Bannern standen die gleichen Parolen, für die sie in ihren Ländern schon seit Jahrzehnten kämpften.

Karl Kautsky schrieb 1920, der niedrige Stand der wirtschaftlichen Entwicklung Rußlands habe zwar zum damaligen Zeitpunkt eine Form des Sozialismus ausgeschlossen, die dem entwickelten Kapitalismus überlegen sei, aber die russische Revolution habe dennoch eine historische Tat vollbracht, indem sie die Bauern von allen Folgen der feudalen Ausbeutung befreit habe, die sie zuvor unterdrückt hätte. Ebenso wichtig sei der Umstand, daß sie das Proletariat der ganzen kapitalistischen Welt mit dem großartigen Bewußtsein seiner Kraft erfüllt habe.

Nach dem Zweiten Weltkrieg bildete sich eine große Gruppe von Ländern (das sogenannte sozialistische Lager) heraus, die beinahe ein Drittel der ganzen Menschheit umfaßte. Diese Länder übernahmen nicht nur die Ideen der Oktoberrevolution als Rüstzeug, sondern eigneten sich auch die Regierungsformen der Sowjetunion an. Es würde sich lohnen, das Wesen der Revolutionen in den Ländern Osteuropas und Südostasiens näher zu erforschen, insbesondere die Frage, wie das Verhältnis zwischen der Bedeutung der indigenen Volksbewegungen und dem Einfluß der sowjetischen Politik bei ihrem Aufkommen war.

Die Umwälzungen in den Ländern Osteuropas nach dem Zweiten Weltkrieg und die Schaffung der antifaschistischen, demokratischen Regime waren eine Folge des Krieges, des Zusammenbruchs des Faschismus und der völligen Diskreditierung jener Kräfte, die mit ihm kollaboriert hatten. Aber die nachfolgende Phase der Gründung von Einparteienstaaten nach sowjetischem Vorbild (oder etwas ihm ähnlichem) war bereits längst nicht so zwangsläufig. Sie war das Ergebnis offenen oder heimlichen Drucks aus Moskau, gelegentlich auch der direkten

Einmischung. Diese Phase ist außerdem mit Stalins Konzept vom proletarischen Internationalismus und von der ideologischen Einheit der kommunistischen Parteien verknüpft. Auch diese Parteien haben den Gang der Ereignisse damals wesentlich beeinflußt. Schließlich darf auch der Kalte Krieg nicht außer acht gelassen werden – und die Verantwortung des Westens für die Politik, die Moskau gegenüber seinen Bündnispartnern verfolgte.

Gleich nach den ersten Schritten der Perestroika erklärten wir: Es wird keine Einmischungen in die inneren Angelegenheiten unserer Bündnispartner mehr geben, die sogenannte «Breschnew-Doktrin» ist tot. Eine andere Haltung wäre auch widersinnig gewesen. Da wir selbst in Richtung Freiheit steuerten, konnten wir sie nicht den anderen versagen. Nicht selten bekomme ich heute den Vorwurf zu hören, ich hätte viel zu viel «aus der Hand gegeben». Wenn man diese Wendung hier gebrauchen will, so habe ich den Völkern nur ihr eigenes Land zurückgegeben. Ich habe das «aus der Hand gegeben», was uns nicht gehörte. Überhaupt halte ich die freie Selbstbestimmung, ihren Schutz und ihre Bewahrung – für alle Völker – für unabdingbar und für einen der wichtigsten Grundsätze der heutigen Politik.

George Kennan behauptete: «Die russische Revolution hat zweifellos den Zerfall der europäischen Kolonialreiche beschleunigt.» Dem stimme ich zu. Dabei ging es durchaus nicht um den «Export der russischen Revolution», sondern die Revolutionen gegen die Kolonialherren brachen als eine Reaktion auf die Befreiung der Völker in Rußland aus, auf die Umwälzungen, die in den ehemaligen zaristischen Grenzregionen begonnen hatten. Gerade der Anteil der UdSSR am globalen Gleichgewicht der Kräfte und die Attraktivität des sowjetischen Beispiels für die Kolonialvölker zwang die Kolonialmächte nicht selten, den Befreiungsbewegungen entgegenzukommen und Kolonien die Unabhängigkeit zu gewähren. Die Meinung eines Experten ist hier interessant, W. J. Cairnen, Professor an der Universität von Edinburgh. Er schreibt: «Die Befürchtung, daß Indien sich zu stark nach Moskau und dem Sozialismus zuneigen werde, erklärt in vieler Hinsicht die Entlassung in die Unabhängigkeit im Jahr 1947. Die Angst vor einer Ausweitung des sowjetischen Einflusses zwang den Westen letzten Endes, eine allgemeine Entkolonialisierung einzuleiten.»

Selbst in den Augen nüchtern denkender Betrachter aus dem Westen, die keine Sozialisten sind, kann dieser Aspekt der sowjetischen Erfahrung nicht hoch genug veranschlagt werden. Tatsächlich kann man von einer Beschleunigung des weltweiten gesellschaftlichen Fortschrittes sprechen.

Doch die Oktoberrevolution und die Existenz der Sowjetunion wirkten sich auch auf die kapitalistische Welt aus, auf ihren Alltag und ihre Gesellschaft. Viele Experten im Westen räumen ein, daß die soziale Praxis der Sowjetunion zu einer Triebfeder für die Einführung zahlreicher sozialer Errungenschaften wurde, die es dort vor der Oktoberrevolution nicht gab oder die als völlig unannehmbar galten. Hinter dem «Kommunismus» zurückzubleiben, erwies sich als schlicht unmöglich, sogar gefährlich.

Als Beleg möchte ich zwei Quellen aus völlig unterschiedlichen ideologischen Lagern zitieren: «Es läßt sich nicht bestreiten», schreibt die Zeitschrift der belgischen Sozialisten *Le Socialisme,* «daß die russische Revolution des Jahres 1917 und die allgemeine Erhebung der revolutionären Bewegung nach dem Ersten Weltkrieg die Kapitalisten zwang, den Arbeitern zahlreiche Zugeständnisse zu machen, Zugeständnisse, die ihnen sonst unter großen Schwierigkeiten hätten abgerungen werden müssen.» Dazu die Äußerung des bekannten Kolumnisten Walter Lippmann, der jahrzehntelang einer der führenden Meinungsmacher der amerikanischen Gesellschaft war: «Wir machen uns etwas vor, wenn wir glauben, daß die größte Macht der kommunistischen Staaten in ihrer Geheimdiensttätigkeit liegt, und nicht in der Kraft ihres Beispiels, insbesondere in der anschaulichen Demonstration dessen, was die Sowjetunion erreicht hat.»

Die beiden zitierten Äußerungen stammen aus der Zeit vor dem Zerfall der Sowjetunion. Hat sich diese Einschätzung heute geändert? Erst kürzlich hatte ich Gelegenheit, mit dem bekannten italienischen Publizisten und Autor Arrigo Levi zu sprechen. Unser Gespräch fand anläßlich des 80. Jahrestages der Oktoberrevolution statt und wurde später im Fernsehen gezeigt. Von dem damals Gesagten hat sich mir vieles ins Gedächtnis eingeprägt, insbesondere folgende Worte meines Gesprächspartners: «Der Kommunismus war zweifellos ein mächtiger Katalysator für den Fortschritt anderer Länder …»

Ja, das war er. Heute hingegen, da sich Rußland in einer Krise befindet und die Macht seines sozialen Beispiels verschwunden ist, gehen viele westliche Länder dazu über, die sozialen Rechte der Menschen zu beschneiden, und versuchen, die aufkommenden Probleme in erster Linie über eine Intensivierung des Konkurrenzkampfes im Rahmen der globalen Wirtschaft zu lösen. Meist geht damit eine Kürzung der sozialen Leistungen im eigenen Land einher. Die französischen Publizisten Jean François Kahn und Patrice Picard schreiben dazu: «Das beklagenswerte Fiasko der kollektivistischen Utopie zog zwangsläufig einen wilden und von Natur aus ungleichen Wettlauf nach dem eigenen persönlichen Erfolg nach sich. Wenn die trügerischen Erfolge des Kommunismus in den ersten Jahren einer Erneuerung des Kapitalismus dienten, so beschleunigte der Zusammenbruch des Sowjetsystems zweifellos das Aufkommen ultraliberaler Tendenzen.» Diese «Tendenzen» können sich am Ende als äußerst gefährlich erweisen.

An dieser Stelle scheint es mir angebracht, meine Eindrücke über die Erfahrungen verschiedener Länder mitzuteilen, gerade jetzt, da sich die ganze Welt vor unseren Augen verändert und intensiv nach Wegen in die Zukunft gesucht wird. Wir brauchen die Vergangenheit als eine Lehre, als eine Quelle, aus der wir das Beste schöpfen, was die Kraft der Menschen und Völker hervorgebracht hat. Die vergangenen achtzig Jahre seit der Oktoberrevolution haben das auf zwei unterschiedliche Weisen gezeigt. Ein fruchtbarer Austausch von Erfahrungen bereicherte tatsächlich das Leben, bereicherte jedes Volk, das an ihm teilhatte. Jede künstliche Selbstisolierung, jeder Verzicht auf die Nutzung der Erfahrungen anderer hemmte die Entwicklung und schränkte die Möglichkeiten jener Völker ein, die den isolationistischen Weg einschlugen. Gerade das Beispiel der Sowjetunion, die sich nicht nur gegen die soziale Erfahrungen des Westens, sondern auch gegen dessen wissenschaftliche und technische Entwicklung abschottete, macht dies deutlich. Das Gegenbeispiel bilden Japan und die Länder Südostasiens. Sie haben sich tatkräftig die Erfahrungen anderer Länder angeeignet, diesen eigene hinzugefügt und sind auf diese Weise imstande gewesen, sich innerhalb kürzester Zeit an die Spitze des zeitgenössischen Fortschritts zu setzen.

Die selbe Erfahrung lehrt aber auch etwas anderes: Ein mechanisches Kopieren fremder Errungenschaften, vor allem auf sozioökonomischem Gebiet, sowie die Ausrichtung des Landes an fremden – und seien sie noch so erfolgreichen – Mustern ist gefährlich und kontraproduktiv. Früher oder später muß dafür ein hoher Preis gezahlt werden.

Die Entwicklung Rußlands in den letzten Jahren zeigt das besonders eindrücklich. Die russische Regierung ist mehrfach vor einer blinden Nachahmung anderer und vor einer unüberlegten Befolgung keineswegs nur uneigennütziger Ratschläge von außen gewarnt worden. Nicht nur russische, sondern auch führende westliche Wissenschaftler und Experten haben auf die damit verbundenen Gefahren hingewiesen. Das im Jahr 1996 erschienene Buch *Reformy glasami amerikanskich i rossijskich utschonych* (Die Reformen in den Augen amerikanischer und russischer Wissenschaftler), das von zahlreichen Nobelpreisträgern auf dem Gebiet der Wirtschaft mitverfaßt wurde, richtet das Augenmerk unter anderem gerade darauf, daß keinesfalls irgendein «Modell» mechanisch den bestehenden Verhältnissen in Rußland übergestülpt werden darf.

Die Geschichte der vergangenen Jahrzehnte hat wohl eindeutig gezeigt, daß eine *Adaption* beliebiger Rezepte und «Modelle» von außen unweigerlich ins Verderben führt, und das gilt um so mehr, wenn dabei wirtschaftlicher oder politischer Druck angewandt wird. Genau das ereignete sich nämlich in den Ländern Osteuropas, denen die Sowjetunion ihr eigenes Modell überstülpte. Was daraus wurde, ist bekannt. Übrigens erging es den Staaten besser, in denen die einheimischen Führer sich Mühe gaben, die Ratschläge des großen Bruders ein wenig zu korrigieren und den nationalen Bedingungen und Traditionen anzupassen.

Heute ist die ganze Welt den Versuchen Washingtons ausgesetzt, die amerikanischen Vorstellungen zu wichtigen politischen, wirtschaftlichen und sozialen Problemen zum allgemeinen Maßstab zu erheben. Dabei übt die Regierung in Washington erheblichen Druck aus. Gewiß ist es notwendig, die amerikanische Erfahrung zu studieren, weil sie tatsächlich viele interessante Aspekte enthält. Aber einfach alles nachzuahmen, was jenseits des Ozeans gemacht wird, ist unproduktiv und gefährlich. Die europäischen Regierungschefs haben das bereits erkannt. Nicht zufällig zeigten sie auf dem Gipfel in Denver keinerlei Neigung, den Ermahnungen des amerikanischen

Präsidenten zur Konjunktur- und Sozialpolitik Folge zu leisten.

Ganz anders sieht es mit dem Austausch von Erfahrungen aus. Der offene Dialog ist nicht nur für den internationalen, sondern auch für den nationalen Fortschritt eine unabdingbare Notwendigkeit geworden.

In den letzten Jahren, vor allem nach dem Zerfall der Sowjetunion und den Umwälzungen in Europa, glaubten einige triumphierend verkünden zu können, daß alles wieder so sei, wie es sein solle, beispielsweise Francis Fukuyama in *Das Ende der Geschichte*, doch das ist ein großer Irrtum. Die heutige Welt ist ein komplexes solares System, in dem der Westen nur ein Planet ist. Die Oktoberrevolution hatte großen Anteil daran, daß sich die Welt so frappant und unumkehrbar veränderte. Dieser Prozeß historischer Veränderungen setzte im Oktober 1917 ein. Die Welt verändert sich immer noch, und niemand vermag, das Rad der Geschichte wieder zurückzudrehen. Aufgrund der Erfahrungen seit 1917 sind wir jedoch dazu in der Lage, umfassende Überlegungen anzustellen und aus der Vergangenheit Lehren für die Zukunft zu ziehen.

Noch eine Bilanz:
Es lohnt sich, darüber nachzudenken!

Ich erinnere mich gut an folgende Episode: Im Sommer 1991 fand in Prag eine turnusmäßige Sitzung des Rates der Konferenz für Sicherheit und Zusammenarbeit statt, einer Organisation, die Ex-Bundeskanzler Helmut Schmidt mitgegründet hatte und in der sich renommierte und erfahrene Politiker, ehemalige Präsidenten und Regierungschefs treffen. Mir wurde die auf der Sitzung verabschiedete Schlußerklärung zugeschickt. Da ihr Inhalt überaus interessant war, bat ich, sie in voller Länge in der *Prawda* abzudrucken. Das Echo in Rußland fiel sehr unterschiedlich aus, die meisten Leser nahmen jedoch Anstoß an der für uns ungewohnten Passage des Dokuments, die der These von der allseitigen Überlegenheit des Sowjetsystems widersprach. Dort hieß es: «Weder die kapitalistische Marktwirtschaft, noch die sozialistische Kommandowirtschaft haben den Beweis erbracht, daß sie die individuellen und kollektiven Bedürfnisse befriedigen, sowie eine gerechte Verteilung der Einkommen gewährleisten können.»

Diese Schlußfolgerung ist voll und ganz berechtigt. In der Tat vermochten weder das westliche System der sozialen Marktwirtschaft, noch das unter der Bezeichnung Sozialismus entstandene System viele grundlegende Probleme des 20. Jahrhunderts zu lösen. Der Feststellung des Rates ist noch hinzuzufügen, daß weder das eine noch das andere System von heftigen Gegensätzen, Krisen, sozialen und nationalen Unruhen verschont blieb. Unter anderem erwiesen sich beide Systeme als unfähig, die globalen Probleme zu lösen, angefangen mit den ökologischen Herausforderungen, die sogar den Fortbestand der gesamten Menschheit bedrohen.

Natürlich fällt die Bilanz der beiden Systeme unterschiedlich aus. Auf wirtschaftlicher Ebene erzielte der Westen unumstritten bedeutende Erfolge bei der Produktivität, der Zahl und der Qualität der gefertigten Produkte. In der Sowjetunion wurden in verschiedenen Sektoren, vor allem im militärtechnischen, der die Entwicklung und Anwendung hochtechnologischer Geräte erfordert, beeindruckende Erfolge erzielt – hier sei nur an die Erforschung des Weltraums erinnert. In den übrigen Sektoren, vor allem bei den Konsumgütern und bei der zivilen Technik, war der Rückstand gegenüber dem Westen in der Produktivität nach Menge und Qualität der Güter nicht zu übersehen. Zudem hatte sich bis Mitte der siebziger Jahre zwar die Kluft (vor allem bei den Produktionszahlen) etwas verringert, von da an vergrößerte sie sich aber wieder. Die allgemeine Stagnation wirkte sich immer stärker in unserem Land aus.

Eine Analyse dieser Gegenüberstellung führt unabweisbar zu dem Schluß, daß die Erfolge des Westens hauptsächlich auf die Nutzung der Vorteile der Marktwirtschaft zurückzuführen sind. Da die Sowjetunion diese Vorteile ignorierte, fehlte ihr ein wichtiger Motor für die Weiterentwicklung. Wegen des administrativen Kommandosystems und der zentralisierten Lenkung mangelte es der sowjetischen Wirtschaft an Flexibilität. Aufgrund eines solchen Wirtschaftsmechanismus ließen sich auch willkürliche, ökonomisch und ökologisch unsachgemäß getroffene Entscheidungen durchsetzen, die in vielen Fällen sogleich oder später großen Schaden anrichteten.

Die Erfahrung der vergangenen achtzig Jahre hat allerdings auch gezeigt, daß selbst die entwickelte Marktwirtschaft auf sozialer und ökologischer Ebene mit großen Problemen zu ringen hat. Die Effektivität der Marktwirtschaft resultiert aus dem Grundsatz der Gewinnmaximierung, aber sie reicht nicht aus, die Armut von Milliarden Menschen zu beseitigen. Als Folge entstand das globale «Nord-Süd-Gefälle», das für die gesamte Weltgemeinschaft eine schreckliche Gefahr darstellt.

In den am höchsten entwickelten Ländern trug die Marktwirtschaft zur Steigerung der Produktivität bei, aber sie drängte den Menschen auch eine zweifelhafte Konsumhaltung auf. Unerbittlich wächst das millionenstarke Arbeitslosenheer, mit allen dramatischen sozialen und moralischen Konsequenzen. Die Arbeitslosigkeit ist einer der grundlegenden Mängel marktwirtschaftlicher Systeme. Dieser Mangel muß behoben werden, oder zumindest müssen seine Folgen für die Erwerbstätigen möglichst gering gehalten werden. Wie läßt sich das erreichen? Mit Hilfe einer vernünftigen Sozialpolitik. Doch dafür ist die Überprüfung einer ganzen Reihe von Dogmen der heutigen Zeit nötig, die von vielen «Experten» in den Rang unbestreitbarer Entwicklungsgesetze erhoben werden. Wenn diese Entwicklung aber Massen von Menschen überflüssig macht und sie aus dem Arbeitsleben hinauskatapultiert, folgt dann nicht daraus, daß der Inhalt oder die Richtung der Entwicklung (oder auch beides) geändert werden müssen?

Dasselbe läßt sich auch über die ökologischen Auswirkungen der Marktwirtschaft sagen. Das heutige Wirtschaftssystem mit seinem Profitstreben zerstört die Natur. In den Ländern des Westens werden zwar Schritte zu einer ökologisch verträglichen Produktion unternommen. Doch das geschieht entweder erst dann, wenn die Lage es zwingend gebietet, oder aber unter dem Druck der Gesellschaft. Zudem wird in vielen Fällen versucht, die ökologischen Probleme zu «lösen», indem Schadstoffe in andere Länder exportiert werden. Letzten Endes wird also oft die Verbesserung der Umwelt an einem Ort auf Kosten einer Verschlechterung der allgemeinen ökologischen Lage erreicht.

Alle diese Umstände, die inzwischen unübersehbar geworden sind, haben dazu geführt, daß die Marktwirtschaft auch in den westlichen Ländern zunehmend in die Kritik geraten ist. In einem Bericht des Rates «Auf der Suche nach einer Weltordnung» heißt es: «Der Marktmechanismus hat gezeigt, daß er kein Allheilmittel ist, weder für die Lösung der dringenden Weltprobleme, noch für die Erreichung grundlegender sozialer Ziele. Auf der einen Seite gibt es zur Erzielung des Wirtschaftswachstums und des Wohlstandes kein besseres System als das marktwirtschaftliche. Auf der anderen Seite bringt der Markt allein keine zufriedenstellende Verteilung der Einkommen mit sich und führt zum Ausschluß der Schwachen, Nichtorganisierten und Verwundbaren aus der Gesellschaft ... Der Markt hat gezeigt, daß er nicht imstande ist, die grundlegenden Probleme der Umwelt zu lösen, die er als ‹äußere› Probleme behandelt. Auch für solche Probleme wie Armut, Hunger und Bevölkerungswachstum gibt es keine marktwirtschaftlichen Lösungen.»

Ebenso scharf äußerte sich auch der amerikanische Nobelpreisträger für Wirtschaft James Tobin: «Die unsichtbare Hand des ‹Marktes› verdient das Lob und den Beifall, die sie von ihren glühenden ideologischen Befürwortern erhält. Doch das Interesse des einzelnen kann nur dann für eine Handlungsmotivation sorgen, die der Gesellschaft zugute kommt, wenn es in die erforderliche Richtung kanalisiert und konsolidiert wird ... Das Theorem der unsichtbaren Hand muß in Fällen, wo es zu einem Widerspruch zwischen den Interessen des Individuums und der Gesellschaft kommt, mit Blick auf das Allgemeinwohl abgeändert werden. Dies verlangt das Eingreifen des Staates zum Schutz der gesellschaftlichen Interessen.»

Von den Vorteilen wie auch von bestimmten Mängeln der zentralen Planwirtschaft in der Sowjetunion war bereits die Rede. Ohne das Gesagte zu wiederholen, möchte ich festhalten: Bei all seinen Schwächen verschaffte das System, das sich selbst sozialistisch nannte, den Menschen (oder zumindest der Mehrzahl der Erwerbstätigen) das Mindesteinkommen, das sie zum Leben benötigten, und gab ihnen ein Vertrauen in die Zukunft, das im Westen in der Regel fehlt. Auf dem Gebiet der Ökologie hat allerdings auch dieses System die Probe nicht bestanden.

Die Schlußfolgerung scheint offensichtlich zu sein: Es müssen Lösungen gesucht werden, die eine aktive Nutzung der Marktmechanismen gewährleisten, doch diese bedürfen unbedingt der Ergänzung durch Maßnahmen zum Schutz der sozialen Sicherheit und der Umwelt. Soweit ich sehe, hat sich mit Ausnahme einiger linker Parteien noch niemand ernsthaft auf die Suche nach solchen Lösungen begeben.

Unterdessen steht der Marktwirtschaft, die sich auf der ganzen Welt durchgesetzt hat, eine neue Prüfung bevor. Die Wirtschaft ist global geworden, der Markt natürlich ebenfalls. Unter diesen Umständen werden auch alle Vorzüge und Mängel des Marktes globalisiert. Sie treten nun immer stärker hervor. Das gilt um so mehr, als die Marktwirtschaft inzwischen keinen «Rivalen» im Sinne eines entgegengesetzten Systems im Osten mehr hat. Der Wettbewerb der Systeme hatte den Westen stets gezwungen, die sozialen Aspekte der Wirtschaft in einem gewissen Umfang zu berücksichtigen. Es ist jedoch auch in Zukunft dringend erforderlich, soziale und ökologische Imperative mit der Marktwirtschaft in Einklang zu bringen.

Eine vergleichende Analyse der Ergebnisse des Wettlaufs der beiden Systeme kann noch viele Einsichten bieten. Es gibt eine Fülle von Material dazu, aber das wäre ein Thema für ein eigenes Buch. Hier möchte ich nur noch einige Überlegungen anstellen, wie wir aus der allgemeinen Krise der globalen Entwicklung herauskommen. Diese Krise konfrontiert die Weltgemeinschaft mit der Notwendigkeit einer radikalen Veränderung, und zwar im Zuge eines neuen zivilisatorischen Prozesses, von dem nicht nur einige profitieren, sondern der allen weiterhilft. Es stellt sich vor allem die Frage, welche Rolle der Staat dabei spielen wird.

Ich bin der Meinung, daß kein Anlaß besteht, den Staat ganz abzuschreiben, wie es etwa die heutigen Anhänger der «unsichtbaren Hand» des Marktes tun. Zahlreiche Autoren aus den verschiedensten Teilen des politischen Spektrums erkennen die wichtige Rolle des Staates als Regulator des Wirtschafts- und Gesellschaftslebens ausdrücklich an. James Tobins Meinung wurde bereits zitiert, daß der Staat intervenieren muß, wenn es zu einem Gegensatz zwischen den Interessen des Individuums und der Gesellschaft kommt. Tobin beendete seine Ausführungen mit der zutreffenden Bemerkung, daß selbst Adam Smith die Bedeutung des Staates klar anerkannt habe.

Es läßt sich auch nicht leugnen, daß selbst in den Ländern, in denen liberale und sogar ultraliberale Ansichten vorherrschen, der Staat keineswegs aufgehört hat, eine wichtige Rolle zu spielen. Die Art und Weise, wie er seine Funktionen definiert und ausübt, ändert sich natürlich. Beispielsweise verringert sich der Staatsbesitz als Folge etlicher Privatisierungswellen, und die direkte Einmischung der Staatsorgane in wirtschaftliche Belange nimmt ab, doch der Staat wird weiterhin ein wichtiger Auftraggeber bleiben, die Konjunktur mit Hilfe der Steuerpolitik und anderer finanzpolitischer Instrumente lenken und über den Haushalt einen erheblichen Teil des Volkseinkommens verteilen.

Die Geschichte der Sowjetunion hat gezeigt, daß der Staat zum Werkzeug einer uneingeschränkten Herrschaft der Bürokratie wird, wenn er das Recht auf Eigentum monopolisiert. Den Produzenten hingegen wird jede Möglichkeit zur Eigeninitiative und zur Entfaltung unternehmerischer Fähigkeiten genommen. Unter dem Diktat des Staates ist dafür schlichtweg kein Raum. Am Ende wird somit der Fortschritt gebremst, die für die Dynamik einer Volkswirtschaft unverzichtbaren Kräfte werden gelähmt, ihre Fähigkeit zur Modernisierung und zu Innovationen erstirbt. Nebenbei bemerkt gab es in einigen Ländern, die dem «sozialistischen Lager» angehörten (in Ungarn und der DDR), einen beachtlich entwickelten genossenschaftlichen Wirtschaftssektor, der seine Effektivität auch durchaus unter Beweis stellte. Gewiß spielten dabei auch nationale Traditionen eine Rolle, aber es bestätigt nur die These, daß schon eine begrenzte Beschränkung und Optimierung der Beteiligung des Staates am Wirtschaftsleben sichtbare Resultate zeitigt.

Die Suche nach dem richtigen Verhältnis zwischen dem Staat und den anderen «Akteuren» der Wirtschaft, nach der idealen Kombination der Rolle des Staates mit der Rolle des Marktes ist längst nicht abgeschlossen. Das gilt auch für das heutige Rußland, in dem der Gedanke, den Staat aus der Wirtschaft und dem sozialen Bereich weitgehend herauszunehmen, während der Transformationsphase geradezu katastrophale Folgen hatte. In jüngster Zeit unternimmt die politische Führung anscheinend erste Versuche, das notwendige Gleichgewicht zwischen Markt und Staat wiederzufinden. Aber bislang ist es bei Versuchen geblieben.

Ganz allgemein läßt sich sagen, daß eine ideale Lösung dieses Problems kaum möglich ist. In jeder Gesellschaft, in jedem Land und zu jedem Zeitpunkt wird es sich auf neue Art stellen und besondere Schwierigkeiten aufwerfen. Die Suche wird also allem Anschein nach anhalten. Ob sie jedoch erfolgreich ist, das hängt weitgehend von demokratischen Verhältnissen in Wirtschaft und Politik sowie in der ganzen Gesellschaft ab.

Das ist eine der wichtigsten Lektionen unserer Geschichte. *Die Sowjetunion machte ihre tragische Erfahrung vor allem deshalb, weil Demokratie generell und langfristig unterdrückt wurde.* Umgekehrt machten sich erste Anzeichen für ein Wiedererwachen des gesellschaftlichen Lebens, für die wiedergewonnene Fähigkeit der Bürger zu selbständigem Handeln und zu Eigeninitiative gerade nach der Wiederherstellung der Demokratie bemerkbar, die sich mit der Perestroika verbindet. Die letzten Jahre, vor allem seit 1993, nach der Auflösung des Parlaments, nach der Beschießung des Weißen Hauses in Moskau, nach der Annahme der neuen Verfassung, die dem Präsidenten praktisch autoritäre Machtbefugnisse einräumt, brachten uns jedoch eine Einschränkung der Demokratie, deren Verhöhnung und die Entwertung ihrer vitalsten Elemente. Das ist gefährlich. Dennoch macht es Hoffnung, daß sich die Mehrheit der Bürger Rußlands trotz aller Probleme bewußt und freiwillig für einen demokratischen Kurs entscheidet.

Heute wird die Entwicklung der westlichen Demokratien als Vorbild betrachtet. Ohne ihre Leistungen schmälern zu wollen, läßt sich jedoch nicht übersehen, daß die westliche Demokratie krank ist und in einer Krise steckt. Die demokratischen Einrichtungen bestehen noch, aber sie entfremden sich immer mehr von den Bürgern. Gravierende Entscheidungen werden nicht selten hinter dem Rücken der Bürger von der politischen Elite getroffen. So kommt es zu Kompromissen, die häufig nur den Interessen kleiner, aber einflußreicher Gruppierungen dienen. Infolgedessen sinkt das politische Engagement der Menschen, die Kluft zwischen der Staatsmacht und der Gesellschaft dehnt sich aus. Somit hat selbst die Demokratie in den entwickelten Ländern des Westens eine Erneuerung nötig, oder wenn man so will, eine Demokratisierung.

Natürlich stellt sich die Lage in jedem Land anders dar. Aber die Suche nach modernen Formen der Demokratie, unter Berücksichtigung der ungleichen Entwicklungsstadien der einzelnen Gesellschaften, stellt das entscheidende politische Problem der Gegenwart und der Zukunft dar. In meinem Buch *Das Neue Denken* habe ich mich mit dieser Frage eingehender beschäftigt.

Am Ende dieses Abschnitts muß noch eine auch für die Zukunft wesentliche Frage erörtert werden: Wer hat im Kalten Krieg gesiegt? Denn auch das gehört zur Bilanz der vergangenen achtzig Jahre. Das Ende des Kalten Krieges wurde durch das Zusammenwirken ganz unterschiedlicher Faktoren herbeigeführt. Aber wenn die Sowjetunion ihre Politik nicht geändert hätte, wenn es kein Neues Denken gegeben hätte, dann hätte der Kalte Krieg noch lange andauern können. Im Westen heißt es üblicherweise, der Westen sei als Sieger aus dem Kalten Krieg hervorgegangen, der Osten hingegen, also vor allem die

Sowjetunion, sei der Besiegte. Diese Sicht der Dinge paßt denjenigen gut ins Konzept, die dem «Besiegten» Bedingungen stellen und ihren Willen aufzwingen wollen. Gewiß gibt es auch in Rußland etliche Leute, die «eingestehen», daß sie die Besiegten seien, aber sie weichen nur einer ernsthaften Prüfung der Frage aus, was sich denn damals wirklich ereignet hat: Bei dem Wettstreit zweier Gesellschaftssysteme – dem in der Sowjetunion und in den mit ihr verbündeten Ländern und dem noch existierenden im Westen – zeigte sich, daß letzteres überlegen ist. In welcher Beziehung und weshalb, davon war oben die Rede. Schuld daran ist, wie ich bereits andeutete, das von den Bolschewiki geschaffene «Modell» der Gesellschaftsentwicklung und ihre Politik in den Jahren an der Macht, insbesondere nach dem Tod Lenins. Die von den Bolschewiki geschaffene Gesellschaftsordnung ist von der historischen Bühne verschwunden. Wenn ich dies hier betone, so muß ich aber nochmals daran erinnern, daß es ein großer Fehler wäre, zu glauben, das «russische Experiment» sei nutzlos gewesen und hätte keine Errungenschaften vorzuweisen.

Wenn dem aber so ist, dann müssen alle daraus ihre Schlüsse ziehen, also nicht nur die Nachfolgestaaten der Sowjetunion, sondern auch der Westen. Sowohl die Entwicklung der Sowjetunion wie auch die Entwicklung des Westens stellt uns vor zahlreiche, noch ungelöste Probleme, deren Lösung längst fällig ist. Bei der Suche nach Lösungen muß aber alles in Betracht gezogen werden, die Erfahrung der UdSSR und die ihrer ehemaligen Gegner. Einen Teil der globalen Erfahrung zu ignorieren wäre verantwortungslos.

Die Frage nach dem Sieger des Kalten Krieges muß meiner Ansicht nach anders gestellt werden: Wer hat von der Beendigung des Kalten Krieges profitiert? Hier liegt die Antwort auf der Hand. Alle Länder und alle Völker haben davon profitiert. Durch die Überwindung des Ge-

gensatzes sind wir alle der schrecklichen Gefahr einer drohenden atomaren Katastrophe entronnen. Erstmals seit vielen Jahrhunderten bietet sich uns die einzigartige Möglichkeit, die wirklich friedliche Existenz der Menschen verschiedener Nationen und Staaten auf dem ganzen Planeten zu erreichen. Wir können gemeinsam unsere Welt verbessern und fortentwickeln.

Wenn sich eine solche Möglichkeit bietet, so heißt das selbstverständlich noch lange nicht, daß die sich eröffnenden Perspektiven auch in die Realität umgesetzt werden. Bislang ist nicht viel erreicht worden. «Der Tote hält den Lebendigen fest», heißt es in einem russischen Sprichwort. Die Vergangenheit hat ein allzu schweres und vielschichtiges Vermächtnis hinterlassen, von dem sich die Welt noch nicht befreien konnte. Außerdem erwarten uns neue, noch unvorhersehbare Probleme.

Wenn wir aber aus der Vergangenheit eine Lehre ziehen können, so diese, daß wir uns von der Vergangenheit befreien müssen, damit wir die Zukunft wenn schon nicht zu einem «goldenen» Zeitalter, so doch wenigstens zu einer Zeit des humanen, allen Menschen dienenden Fortschrittes machen können.

Die Oktoberrevolution und die Perestroika

Seit geraumer Zeit wird in Rußland die Frage diskutiert, wann der Reformprozeß in unserem Land begonnen wurde. Politiker und Publizisten geben sich alle Mühe, den genauen Zeitpunkt zu ermitteln, an dem die großen Umwälzungen eingesetzt haben. Einige stellen gar die Behauptung auf: In Rußland sind erst von 1992 an Reformen durchgeführt worden.

Die Voraussetzungen für den Reformprozeß hat Chruschtschow geschaffen. Sein Bruch mit der repressiven Politik des Stalinismus war eine große Tat.

Chruschtschow versuchte darüber hinaus auch, in der Wirtschaft Veränderungen durchzusetzen, allerdings ohne großen Erfolg. Bedeutende Reformversuche wurden auch unter dem damaligen Ministerpräsidenten Alexej Kossygin unternommen. Darauf folgte die lange Zeit der Stagnation. Nach der Breschnew-Ära unternahm Generalsekretär Juri Andropow einen erneuten Anlauf, die Lage der Gesellschaft zu verberssern.

Die Tätigkeit der Dissidenten war ein eindeutiger Fingerzeig, daß das Land inzwischen reif war für große Veränderungen. Die Dissidenten wurden unterdrückt, aber ihre moralische Haltung und ihre Reformvorschläge (beispielsweise die Ideen Andrej Sacharows) hatten großen Anteil an der Schaffung der geistigen Voraussetzungen für die Perestroika.

Äußere Faktoren spielten allerdings ebenfalls eine wichtige Rolle. Beispielsweise wurde durch den «Prager Frühling» von 1968 in unserer Gesellschaft ein tiefgreifender Denkprozeß angeregt. Der von der Angst vor der «demokratischen Seuche» diktierte Einmarsch in die Tschechoslowakei war nicht nur eine grobe Verletzung der Souveränität und der Rechte des tschechoslowakischen Volkes. Über Jahre hinweg wirkte er wie ein Hemmschuh für Veränderungen, die in unserem eigenen Land und im ganzen «sozialistischen Lager» längst überfällig waren. Ich möchte an dieser Stelle nur noch politische Entwicklungen wie die Ostpolitik Willy Brandts oder die Suche der sogenannten «Eurokommunisten» nach neuen Wegen des gesellschaftlichen Fortschritts erwähnen. All diese Faktoren trugen in unserem Land zu einem Nachdenken über die Werte Demokratie, Freiheit, Frieden – und darüber wie man sie erreicht – bei.

Also wurden Veränderungen in Angriff genommen, und das nicht nur einmal. Aber kein einziger Versuch hatte Erfolg. Das ist auch nicht weiter verwunderlich, denn alle diese Versuche ließen das Wesen des Systems unangetastet: die Besitzverhältnisse, die Machtstrukturen, das Parteimonopol auf politische und geistige Betätigung. Auch die Unterdrückung Andersdenkender wurde fortgesetzt.

Ganz offenkundig reichten Einzelmaßnahmen nicht aus, und seien sie noch so großdimensioniert, wir brauchten eine andere Politik, einen ganz neuen politischen Weg. Seit Anfang 1985, vor allem seit dem April-Plenum des Zentralkomitees der KPdSU, begann die Gestaltung einer solchen Politik. Ein neuer Kurs wurde eingeschlagen.

Blickt man aus heutiger Sicht zurück, so muß man sich wundern, wie rasch und tatkräftig die Menschen diesen Kurs unterstützten. Sie überwanden die Apathie und die Gleichgültigkeit gegenüber dem öffentlichen Leben. Das überzeugte uns in der Führung, daß Veränderungen unbedingt notwendig waren. Die Gesellschaft erwachte zu neuem Leben.

Die Perestroika wurde aus der Einsicht geboren, daß die Probleme unseres Landes sich zugespitzt hatten und eine Lösung überfällig war. Wir benötigten neue Handlungsansätze und -modelle, um aus der Krisenspirale herauszukommen, das Leben wieder zu normalisieren und zu ganz neuen Möglichkeiten vorzustoßen. Mit anderen Worten, bis zu einem gewissen Grad war die Perestroika das Ergebnis einer kritischen Betrachtung der Entwicklung des sowjetischen Staates seit der Oktoberrevolution.

Auch andere Erwägungen ließen Veränderungen dringend geboten erscheinen. Die ganze Welt trat in ein neues Entwicklungsstadium ein – es wird manchmal postindustrielles, manchmal Informationszeitalter genannt. Die Sowjetunion hingegen hatte noch nicht einmal die industrielle Phase ganz erreicht. Sie blieb immer weiter hinter den Prozessen zurück, die auf eine Erneuerung der Lebensumstände der Weltgemeinschaft zuliefen. Nicht nur technologisch brauchten wir einen Sprung nach vorn.

Wir brauchten grundlegende Veränderungen im gesamten sozialen und politischen Leben.

Gewiß läßt sich nicht behaupten, daß wir bereits zu Beginn der Perestroika alles vorhergesehen, alles bedacht hätten. In der ersten Zeit erklärten wir, auch ich: Die Perestroika ist die Fortsetzung der Oktoberrevolution. Heute sage ich dazu: Dieser Satz enthielt viel Wahres, aber auch manche Illusion.

Er ist insofern wahr, als wir in der Tat danach trachteten, die Grundideen, die in der Oktoberrevolution ausgesprochen, dann aber nicht in die Realität umgesetzt worden waren, nun endlich zu verwirklichen: die Entfremdung der Menschen von der Macht und dem Eigentum zu überwinden, die Macht dem Volk übergeben (und der Nomenklatura zu entreißen), demokratische Grundsätze zu verankern, echte soziale Gerechtigkeit schaffen.

Als illusorisch stellte sich jedoch heraus, wie ich und auch die Mehrheit in unserem Land damals glaubten, das ließe sich durch eine Vervollkommnung des bestehenden Systems erreichen. Je mehr Erfahrungen wir sammelten, desto deutlicher wurde uns, daß sich Ende der siebziger, Anfang der achtziger Jahre nicht nur Teilbereiche in der Krise befanden, sondern das gesamte System. Also lautete der logische Schluß: Wir müssen nicht das System vervollkommnen, sondern Hand an dessen Fundamente legen. Damals sprachen wir bereits über einen allmählichen Übergang zu einer sozialen Marktwirtschaft, zu einer demokratischen Staatsordnung, die auf dem Prinzip der Rechtsstaatlichkeit basierte und die Menschenrechte achtete.

Dieser Übergang erwies sich als äußerst schwierig, weit schwieriger, als wir anfangs gedacht hatten. Das lag vor allem daran, daß dem totalitären System eine enorme Beharrungskraft innewohnte. Der Partei- und Staatsapparat oder die Nomenklatura, die den Kern des Systems ausmachte, setzte sich energisch zur Wehr, ja steigerte gar noch ihren Widerstand mit der Zeit. Das war aus Sicht der Nomenklatura durchaus verständlich. Immerhin hielt sie das ganze Land in ihrem Griff und sollte nun ihre uneingeschränkte Macht und ihre Privilegien aufgeben. Deshalb war die ganze Phase der Perestroika ein einziger Kampf, anfangs im verborgenen, später dann in aller Öffentlichkeit, zwischen den Reformkräften und denen, die sich ihnen widersetzten und sie vor allem in den ersten beiden Jahren schlichtweg sabotierten.

Dieser Kampf gestaltete sich außerordentlich schwierig, weil im Jahr 1985 die ganze Gesellschaft politisch, ideologisch und mental noch in den alten Gewohnheiten und Traditionen gefangen war. Dabei ist noch etwas zu berücksichtigen. Eine Zerschlagung des alten Systems wäre sinnlos gewesen, wenn sie nicht mit der gleichzeitigen Schaffung der Grundlagen für ein neues Leben einhergegangen wäre. Hier begaben wir uns aber auf völliges Neuland. Die sechs Jahre Perestroika waren Jahre der Suche und des Findens, der Errungenschaften und der Verluste, der Durchbrüche im Denken und Handeln, gleichzeitig aber auch der Fehleinschätzungen.

Der Putschversuch im August 1991 setzte der Perestroika ein Ende, danach folgte die Entwicklung bereits ganz anderen Regeln, und ganz andere Ziele wurden angestrebt. Innerhalb der vergleichsweise kurzen Zeit von nur sechs Jahren wurde aber einiges erreicht. Übrigens haben die Reformen in China bereits 1974 begonnen, und dem Land stehen die schwierigsten Aufgaben immer noch bevor.

Was wurde in den stürmischen Jahren der Perestroika alles erreicht? Das totalitäre System wurde abgeschafft. Tiefgreifende demokratische Umwälzungen wurden in die Wege geleitet. Erstmals wurden allgemeine, freie Wahlen abgehalten, bei denen die Bürger tatsächlich unter mehreren Alternativen wählen konnten. Die Pressefreiheit wurde garantiert und die Gründung politischer Parteien zugelassen. Repräsentativorgane der Macht wurden gebildet, erste Schritte in Richtung einer Gewaltenteilung getan. Die Achtung der Menschenrechte, die bis dahin bei uns immer pejorativ als «sogenannte» bezeichnet werden mußten, wurde zu einem strikten Grundsatz. Die Gewissensfreiheit wurde gewährleistet.

Wir bewegten uns auf eine komplexe gemischte Wirtschaftsform zu, auf die Gleichstellung aller Formen des Eigentums. Die wirtschaftliche Freiheit wurde gesetzlich verankert. Die unternehmerische Tätigkeit nahm deutlich zu, Aktiengesellschaften wurden gegründet, Staatsunternehmen wurden privatisiert. Im Zuge des Gesetzes über den Grundbesitz blühte die Bauernschaft wieder auf, Farmwirtschaften entstanden. Millionen Hektar Land wurden den Dorfbewohnern und Städtern übergeben. Erste Geschäftsbanken wurden eröffnet.

Die Völker und Nationen konnten frei über ihre weitere Entwicklung bestimmen. Die Bemühungen um eine demokratische Reform des multinationalen Staates, um eine Umwandlung des faktischen Einheitsstaates in eine echte Föderation wären beinahe mit dem Abschluß eines neuen Unionsvertrages gekrönt worden, dessen Grundlage die Anerkennung der echten Souveränität jeder einzelnen Republik und die Bewahrung der notwendigen, allen gemeinsamen wirtschaftlichen, sozialen und rechtlichen Bereiche, sowie einer gemeinsamen Verteidigung sein sollte.

Die Umwälzungen innerhalb des Landes hatten unweigerlich auch eine Wende in der Außenpolitik zur Folge. Der neue Kurs brachte einen Verzicht auf die Methoden der Vergangenheit mit sich. Nunmehr war es möglich, die wichtigsten Parameter der staatlichen Existenz neu zu überdenken.

Mit anderen Worten, die Grundlagen für eine normale, demokratische und friedliche Entwicklung des Landes und seine Umwandlung in ein normales Mitglied der Völkergemeinschaft wurden geschaffen.

Das waren die entscheidenden Errungenschaften der Perestroika. Betrachtet man jedoch heute das Geschehen im Licht der vergangenen Jahre und berücksichtigt man die aktuellen Tendenzen der globalen Entwicklung, so genügt es nicht, diese Ergebnisse einfach aufzuzählen. Heute richtet sich das Augenmerk offensichtlich nicht nur auf die Frage, *was* getan wurde, sondern auch *wodurch* in der Perestroika Erfolge errungen wurden und worin unsere Fehler und Irrtümer bestanden.

Die Perestroika wäre unmöglich gewesen, wenn zum einen die Probleme, vor denen das Land stand, nicht gründlich analysiert und zum anderen nicht alle Gegebenheiten, nationale wie internationale, berücksichtigt worden wären.

Die früheren Vorstellungen über die Welt und ihre Entwicklungstendenzen sowie, damit einhergehend, unser Land und seine künftige Stellung fußten, wie gesagt, auf ideologischen Grundsätzen, die im Grunde keine realistische Politik zuließen. Es war nötig, diese Vorstellungen aufzugeben und neue Konzepte auszuarbeiten.

Das erwies sich aber als eine schwierige Aufgabe. Dafür mußten wir aufgeben, was jahrzehntelang als unumstößliche Wahrheit galt. Wir mußten die Methoden und Prinzipien der Politik überprüfen. Die Rahmenverhältnisse mußten auf wissenschaftlicher Grundlage neu analysiert werden, und nicht nach traditionellen mit ideologischen Vorurteilen belasteten Mustern.

Das Ergebnis dieser Arbeit war das Neue Denken, das zur Grundlage der Innen- und Außenpolitik des Landes in den Jahren der Perestroika wurde. Das Neue Denken ging stets von der Überzeugung aus, daß die Interessen der Menschheit die oberste Priorität haben, und nicht etwa enge klassenspezifische oder nationale Interessen. Es versuchte die Welt und die wachsende Interdependenz aller Länder und Völker zu reflektieren. Es beruhte auf den humanistischen Werten, die sich im Laufe der Jahrhunderte herausgebildet haben.

Die Praxis der Perestroika war gleichbedeutend mit einer Absage an ideologische Stereotypen und an die Dogmen der Vergangenheit. Sie verlangte eine frische, unvoreingenommene Sichtweise der Welt und des eigenen Landes, sowie die Berücksichtigung der Herausforderungen der Gegenwart und der sich bereits ankündigenden Aufgaben des dritten Jahrtausends.

In den Jahren der Perestroika und selbst jetzt noch werden ihre Initiatoren häufig kritisiert, weil sie keinen «exakten Plan» für die Umgestaltungen hatten. Hier zeigte sich die in Jahrzehnten anerzogene Gewohnheit, in Plänen zu denken. Die Ereignisse jener und der folgenden Jahre haben aber eindeutig gezeigt, daß es in Phasen tiefgreifender gesellschaftlicher Umwälzungen nicht nur unsinnig, sondern sogar unmöglich ist, irgendein zuvor ausgearbeitetes «Modell» oder einen genauen Zeitplan für die notwendigen Veränderungen vorzulegen. Das heißt aber noch lange nicht, daß die Reformen kein klares Ziel oder kein Konzept gehabt hätten.

Das alles war Teil der Perestroika: eine tiefgreifende Demokratisierung des Gesellschaftslebens, die Garantie der freien, sozialen und politischen Entscheidung. Diese Ziele wurden verkündet und mehrfach bestätigt. Das heißt aber keineswegs, daß die konkrete Ausrichtung jeder Etappe im Laufe der Ereignisse nicht korrigiert und immer von neuem die optimale Lösung gesucht worden wäre.

Somit läßt sich eine außerordentlich wichtige Schlußfolgerung ziehen: Die Perestroika hat uns gelehrt, daß selbst in einer Gesellschaft, die sich unter den Bedingungen eines totalitären Systems herausgebildet hat, *auf friedlichem und evolutionärem Weg* demokratische Umgestaltungen möglich sind. Die Frage «Revolution oder

Evolution» ist eine ewige Frage der Geschichte. Nach ihrer inhaltlichen Zielsetzung zu urteilen, war die Perestroika natürlich eine Revolution, aber der Form nach war sie ein evolutionärer Reformprozeß.

Historisch betrachtet war die UdSSR lange vor Mitte der achtziger Jahre für eine tiefgreifende Umgestaltung reif. Aber wenn wir sie damals nicht, wenn auch mit Verspätung, begonnen hätten, dann hätte sich die Krise des Landes wahrscheinlich in einem Ausbruch zerstörerischer Gewalt entladen. Das wäre zweifellos eine Revolution genannt worden. Sie wäre allerdings das katastrophale Ergebnis der verantwortungslosen Führung des Landes gewesen.

Auch die Umgestaltungen während der Perestroika verliefen leider nicht ganz ohne Blutvergießen. Doch dieses Blutvergießen war lediglich die Folge des Widerstandes der Gegner der Perestroika in der höchsten Nomenklatura. Der Systemwandel verlief im großen und ganzen friedlich und auf evolutionärem Weg.

Das war nur deshalb möglich, weil der eingeschlagene Kurs von der Basis, von den Massen der Bevölkerung unterstützt wurde. Entscheidenden Anteil an der Mobilisierung und Gewinnung der Massen in unserem Land hatte die *Politik der Glasnost*.

Unter den Rahmenbedingungen der Sowjetunion konnten radikale Umwälzungen nur von oben, von der Führung der Partei und des Landes, eingeleitet werden. Das lag in der «Natur» des Systems selbst, der zentralistischen Lenkung des gesamten Gesellschafts- und Staatslebens, und es lag auch an der Trägheit der Massen, die sich daran gewöhnt hatten, die «oben» beschlossenen Anweisungen und Entscheidungen auszuführen.

Die Führung des Landes legte gleich zu Beginn der Veränderungen größten Wert darauf, daß der neue Kurs verständlich und offen den Menschen im direkten Gespräch erklärt wird. Ohne das Verständnis und die Beteiligung der Bürger hätte sich nichts bewegt. Aus diesem Grund wurde gleichzeitig mit der Politik der Perestroika auch die der Glasnost eingeleitet.

Genau wie die Perestroika stieß auch die Glasnost auf erhebliche Schwierigkeiten. Die Nomenklatura auf allen Ebenen betrachtete die Geheimhaltung und die Abschottung der Führung gegen jede Kritik von unten als Allerheiligstes des Regimes und widersetzte sich der Glasnost, wo sie nur konnte. Sie unterdrückte offen und auch hinter den Kulissen ihr erstes Aufblitzen in der lokalen Presse. Selbst unter den aufrichtigsten Anhängern der Perestroika machte sich gelegentlich die jahrzehntelange Tradition bemerkbar, aus allem ein großes Geheimnis zu machen. Aber eben die Glasnost weckte die Menschen aus ihrem Winterschlaf und trug dazu bei, daß die Gleichgültigkeit und die Passivität überwunden wurden. Glasnost klärte die Menschen über das Ziel des neuen politischen Kurses auf und schärfte das Bewußtsein für die neuen Realitäten. Kurz, ohne die Politik der Glasnost hätte es auch keine Perestroika gegeben.

Die Frage nach dem Verhältnis von Zweck und Mittel ist eine der Schlüsselfragen der Politik und der politischen Tätigkeit überhaupt. Stimmen beide nicht überein oder widersprechen sich gar, so ist das Resultat ein Rückschlag oder sogar ein Scheitern. Die Geschichte der Sowjetunion hat das eindeutig gezeigt. Nachdem die Perestroika als ein Prozeß demokratischer Veränderungen begonnen worden war, mußten wir zwangsläufig danach trachten, daß die Mittel ihrer Verwirklichung ebenfalls demokratisch waren.

Die Glasnost wurde zu eben jenem Mittel, mit dessen Hilfe die Menschen in die Politik einbezogen und an der Schaffung des neuen Lebens beteiligt wurden. Aufgrund der Glasnost wurden nicht nur die Rahmenbedingungen für die Realisierung der Perestroika geschaffen, mit ihrer

Hilfe war es zudem möglich, die Sabotage der Umgestaltungen einzudämmen.

Der Glasnost verdanken wir einen tiefgreifenden Wandel im gesellschaftlichen Bewußtsein, und zwar im Sinne der Demokratie, der Freiheit und der humanistischen Werte der Zivilisation. Dieser Wandel ist zugleich eine Garantie dafür, daß die Errungenschaften dieser Zeit nicht wieder rückgängig gemacht werden können.

Die Perestroika hat erneut bestätigt, daß eine normale, demokratische Entwicklung der Gesellschaft keine universale Geheimhaltung als Methode der Staatsführung zuläßt. Eine demokratische Entwicklung erfordert vielmehr Glasnost, Offenheit, kurz, die Informationsfreiheit der Bürger, die Freiheit, politische Ansichten und religiöse Überzeugungen zu äußern, die freie und uneingeschränkte Äußerung von Kritik.

Weshalb ist es der Perestroika dennoch nicht gelungen, die gesteckten Ziele zu erreichen? Das hängt in erster Linie mit der «Harmonisierung» politischer und wirtschaftlicher Veränderungen zusammen.

Die demokratische Dominanz der Perestroika hatte unweigerlich zur Folge, daß der Akzent auf die politischen Reformen gelegt wurde. Die Dialektik unserer Entwicklung in jenen Jahren bestand darin, daß ernsthafte Umgestaltungen auf dem Gebiet der Wirtschaft ohne die politische Freiheit der Gesellschaft, ohne die Abschaffung der totalitären Herrschaftsstrukturen nicht möglich gewesen wären. Genau das taten wir dann auch. Die wirtschaftliche Umgestaltung blieb jedoch hinter der politischen zurück, es gelang uns nicht, sie umfassend umzusetzen.

In jüngsten Jahren mußte ich wiederholt die Kritik zurückweisen, daß es möglicherweise klüger gewesen wäre, wie in China mit der Wirtschaft zu beginnen und die politischen Zügel fest in der Hand zu behalten. Wir haben keineswegs die Rolle der Wirtschaft unterschätzt oder gar mißachtet. Schon ein Blick auf die Chronik der Ereignisse der Perestroika zeigt dies. Von Anfang an hatte die Mehrzahl der ZK-Sitzungen die Umgestaltung der Wirtschaft zum Thema. Sie nahm beinahe drei Viertel der Zeit und Kraft meiner Tätigkeit als Generalsekretär in Anspruch, ähnlich war es bei meinen Mitarbeitern und den Regierungsinstitutionen. Dem Staatsmonopolismus, der seit Jahrzehnten in der Wirtschaft herrschte, der administrativen Kommandowirtschaft, die über das Personal der wirtschaftlichen Kader und der Parteiführung, der im wesentlichen Wirtschaftsfunktionäre angehörten, bestimmte, und selbst der langjährigen Funktionsweise des wirtschaftlichen Systems wohnte jedoch eine *unglaubliche Beharrungskraft* inne. Die Umlenkung der Wirtschaft auf ein neues Gleis, auf das Gleis einer echten Marktwirtschaft, wurde deshalb zu einer schier unlösbaren Aufgabe. Selbst wenn alle unsere wirtschaftlichen Ideen und Entscheidungen während der Perestroika richtig und fehlerlos gewesen wären, was ich leider nicht behaupten kann, so wäre diese Beharrungskraft geblieben.

Der Prozeß der Veränderungen begann, aber wir suchten den optimalen Weg für die Überführung einer totalitären Wirtschaft in eine demokratische. Diese Suche zog sich in die Länge. Bei den Menschen machte sich Enttäuschung breit, sie verloren ihr Vertrauen in die Perestroika und waren mit der sich verschlechternden materiellen Lage unzufrieden (auch wenn die damaligen Verhältnisse nicht zu vergleichen sind mit dem, was die «Schocktherapie» Jelzins inzwischen angerichtet hat). Die Unterstützung der Reformkräfte in der Gesellschaft sank rapide. Populisten nutzten das natürlich aus und versprachen, im Laufe eines Jahres die Sache in Ordnung zu bringen – eine glatte Lüge. Doch die Menschen wollten die Wende zum besseren sofort. Die Gegner der Reformen in der KPdSU wußten die Unzufriedenheit der Gesellschaft mit der wirtschaftlichen Lage auszunutzen.

Ein weiterer Faktor, der die Perestroika gefährdete, war die allzu späte Behandlung der nationalen Frage, die Umwandlung des Einheitsstaates UdSSR in eine echte, multinationale Föderation – letzten Endes mußte die reale Lage mit der Verfassung in Einklang gebracht werden. Nationalistische Elemente und Regierungskreise in den Republiken, die erkannt hatten, daß der Zeitpunkt für eine Schwächung der Zentralregierung günstig war, zogen daraus ihren Vorteil.

Die negativen Tendenzen verstärkten sich, nachdem die Gruppe um Jelzin in Rußland an die Macht gelangt war und die Russische Föderation ihre Souveränität erklärt hatte. Der eigentliche Zweck dieser Erklärung war praktisch die Auflösung der Union, auch wenn davon nicht ausdrücklich die Rede war. Dieser zerstörerischen Tendenz setzten wir anfangs erfolgreich den Versuch entgegen, die Union zu erhalten und sie von Grund auf zu reformieren. Bis zum Juli 1991 einigten wir uns mit vielen Republiken auf einen Unionsvertrag. Der Putsch der Reformgegner verhinderte aber die Unterzeichnung des Vertrages. Auch wenn die Putschisten eine Niederlage erlitten, so verliehen die Ereignisse vom August 1991 dem Desintegrationsprozeß eine gefährliche Stoßkraft, und die Stellung der sowjetischen Zentralregierung wurde massiv geschwächt. Die russische Führung, die ohnehin fortwährend versucht hatte, Entscheidungen auf Unionsebene zu treffen, machte sich das zunutze. Genau das verstärkte aber wiederum den Auflösungsprozeß. Die Entfremdung der Republiken untereinander hatte dann im Dezember 1991 das Abkommen zwischen Rußland, der Ukraine und Weißrußland und damit den Zerfall der Sowjetunion zur Folge.

Das sind einige Lehren der Perestroika. Diese Lehren haben aber nicht nur für Historiker eine besondere Bedeutung. Heute, da sich die ganze Welt in Bewegung befindet, da in vielen Ländern wegen der zahlreichen

Herausforderungen des neuen Jahrhunderts Veränderungen unumgänglich sind, kommt jeder Reformerfahrung eine Bedeutung zu, die unabhängig von staatlichen Grenzen ist. Die Erfahrung des Übergangs von einem totalitären System zu einem demokratischen in meinem Land hat bei all ihrer Singularität vieles gelehrt, was für die Reformkräfte und Demokraten in anderen Ländern von Interesse sein dürfte – vor allem mit Blick auf die erstarkenden Dezentralisierungstendenzen und die neue Welle des Nationalismus.

Und wie steht es mit Rußland selbst? Was kann für seine künftige Entwicklung von Nutzen sein? Die fortwährende Krise des Landes erklärt sich weitgehend daraus, daß es den Pfad evolutionärer Reformen verlassen und dem Druck der Anhänger einer «Schocktherapie» nachgegeben hat. Es ist von den wahrhaft demokratischen Werten abgekommen, hat den sozialen Aspekt vernachlässigt und die Probleme beim Aufbau föderaler Strukturen nicht gelöst. Mit voller Überzeugung kann ich behaupten, daß die Zukunft Rußlands als ein demokratischer, friedliebender und humaner Staat nur dann gewährleistet ist, wenn es den Weg einer wirklich demokratischen Erneuerung fortsetzt, den es in der Perestroika begonnen hat.

Zum Ende dieses Abschnitts sei nochmals an die Oktoberrevolution erinnert. Die Revolution des Jahres 1917 siegte mit ultrademokratischen Parolen. Diese waren nicht bloße Demagogie zur Erringung der Macht. Sie artikulierten eine durchaus tragfähige Grundlage für die Umgestaltung des Landes. Bolschewiki und später Stalin haben dem eigenen Land und auch der ganzen Welt dann nachhaltig vor Augen geführt, daß auf den Prinzipien des Argwohns und des Hasses, der Eliminierung des einen Teils der Gesellschaft durch den anderen, des einen Teils der Welt durch den anderen, keine Demokratie aufgebaut werden kann. Inzwischen sind wir in Rußland endlich zu der Erkenntnis gelangt, daß die Demokratie ein universeller menschlicher Wert ist. Unsere Aufgabe besteht nun darin, dafür zu sorgen, daß wir nicht wiederum zu einem «abschreckenden Beispiel» werden.

Zu den Überlegungen über die Perestroika gehört selbstverständlich auch der ganze außenpolitische, internationale Komplex des «Neuen Denkens». Der Weg zu einer neuen Außenpolitik war lang.

Das erste Dekret, das sofort nach dem Oktoberumsturz verabschiedet wurde, war das Dekret über den Frieden. Darin war die Rede von einer sofortigen Beendigung des Weltkrieges an allen Fronten – und nicht von einem Separatfrieden, wie es manchmal in der historischen Literatur heißt. Die Länder der Entente wiesen einen solchen Aufruf zurück. Daraufhin schied Rußland allein aus dem Krieg aus und schloß mit Deutschland den Frieden von Brest-Litowsk. Es war ein demütigender Diktatfrieden. Immerhin entließ er aber das geplagte Rußland aus dem weltweiten Gemetzel. Zugleich gab er einen Impuls, den Krieg insgesamt zu beenden.

Das friedliche Signal, das Rußland gesetzt hatte, zog die Masse der kämpfenden Soldaten und die Bevölkerung der kriegführenden Länder in ihren Bann. Damit wurde Rußland für die Regierungen der Entente zu einem noch gefährlicheren und verhaßteren Feind als selbst Deutschland. Sie waren jedoch gezwungen, aus den Geschehnissen in Rußland auch andere Schlüsse zu ziehen.

Der amerikanische Präsident Woodrow Wilson erklärte: «Die Bolschewiki haben großen Erfolg bei der Weltgemeinschaft, weil sie die wirkungsvollste Waffe eingesetzt haben die Friedenspolitik ... Wenn wir ihren Einfluß erfolgreich bekämpfen wollen, dann müssen wir ihnen unbedingt diese Waffe entreißen und selbst in die Hand nehmen.» Bald darauf folgten die berühmten «vierzehn Punkte» Wilsons, das amerikanische Friedensprogramm, das bis zu einem gewissen Grad auf den Aufruf zum Frieden durch die Oktoberrevolution und dessen Wirkung reagierte.

Die sowjetische Außenpolitik der ersten Jahre nach der Revolution war alles andere als unproblematisch. Schon allein die Versuche, den Gedanken der Weltrevolution in die Tat umzusetzen, und die Tätigkeit der von Moskau aus gelenkten Komintern reichten aus, das Mißtrauen des Westens gegenüber den Friedensinitiativen der UdSSR wachzuhalten. In Wirklichkeit hatten Sowjetrußland und die Sowjetunion bereits seit 1922 keinerlei Neigung mehr, einen Krieg zu entfesseln. Friedliche Beziehungen zum Westen und gute wirtschaftliche Kontakte wurden für Rußland zu einer Frage der Selbsterhaltung.

Die Bemühungen der sowjetischen Diplomatie im Zusammenhang mit der demokratischen Bewegung gegen den Faschismus und ihr Engagement im Spanischen Bürgerkrieg sind hinlänglich bekannt. Diese Politik wurde von den Interessen des eigenen Volkes diktiert, auch wenn der Kreml damit bestimmte Hintergedanken verfolgte. Die Annäherung an Deutschland im Jahr 1939 war meiner Ansicht nach ein schwerer Fehler Stalins, der Rußland und die Welt einen hohen Preis kostete. Die «westlichen Demokratien», die zu jener Zeit im Geiste des Münchner Abkommens handelten, begingen jedoch einen nicht weniger schweren Fehler.

Daß die UdSSR später an der Seite ihrer scheinbar unversöhnlichen ideologischen Gegner gegen Hitler kämpfte, war allerdings für den Gang der Ereignisse von welthistorischer Bedeutung. Damit war der Sieg in einem Krieg, der über das Schicksal der Menschheit entschied, vorherbestimmt. Und wenn die Allianz noch über den Krieg hinaus Bestand gehabt hätte, natürlich in anderen Formen, dann hätten wir möglicherweise schon früher jene Welt gehabt, auf die wir uns erst jetzt am Ende des Jahrhunderts zubewegen. Die ehemaligen Bündnispartner überwarfen sich jedoch im Kalten Krieg. Jede Seite trägt dafür ihren Teil der Verantwortung. Welche Seite die größere Verantwortung auf sich nehmen muß, diese Frage hat die Geschichtswissenschaft noch nicht gänzlich überzeugend beantwortet.

Man kann nicht sagen, daß die ganze sowjetische Außenpolitik nach dem Krieg dem Land nur geschadet und der Welt nichts Positives gebracht habe. Es genügt, an die Ergebnisse des XX. Parteitages zu erinnern, an einige konkrete Schritte Chruschtschows, an die Politik der Entspannung unter Breschnew, an die Versuche, das atomare Wettrüsten zu begrenzen. Die große Schwäche der sowjetischen Außenpolitik lag jedoch darin, daß sie ihre ganze Energie aus der Quelle der Ideologie schöpfte. Die Ideologie bestimmte am Ende das Verhalten der UdSSR in entscheidenden Fragen der internationalen Beziehungen und schürte die feindselige Haltung gegenüber dem Westen, die natürlich teilweise auch die Antwort auf die ebenso feindselige Politik des Westens gegenüber der Sowjetunion war. Nach reiflicher Überlegung bin ich zu dem Schluß gekommen, daß auf beiden Seiten die Außenpolitik von Angst und ideologischer Überzeugung diktiert wurde.

All das hatte zum Ergebnis, daß sich die Welt Mitte der achtziger Jahre einer Grenze näherte, hinter der die alles vernichtende, atomare Katastrophe drohte. Als wir die Perestroika begannen, erkannten wir, daß wir ohne eine Änderung unserer Außenpolitik auch bei den geplanten innenpolitischen Reformen scheitern würden.

Eine grundlegende Analyse der Weltlage und der internationalen Stellung der Sowjetunion wurde schon vor 1985 in Angriff genommen. Seit dem Beginn der Perestroika wurde diese Arbeit energisch vorangetrieben, inzwischen nicht mehr geheim, sondern vor den Augen der Öffentlichkeit. Worum ging es? Die realen nationalen Interessen des Landes, echte Parameter und Imperative für seine Sicherheit sollten neu definiert werden. Die Lage der Weltgemeinschaft und die Haupttendenzen ihrer Entwicklung sollten unvoreingenommen analysiert werden. Auf dieser Grundlage sollte ein wohl überlegtes Programm konkreter Maßnahmen auf den wichtigsten Gebieten unserer Außenpolitik ausgearbeitet werden.

Wir erkannten natürlich, daß all das nicht allein von uns abhing. Der Konfrontationskurs, die antagonistische politische «Kultur» war für beide Seiten vor und hinter dem «Eisernen Vorhang» charakteristisch geworden. Aber wir wurden uns darüber im klaren, daß sehr viel von uns abhängen würde. Während der Jahre der Konfrontation hatten wir mit unserer Atomstreitmacht und einer Reihe von politischen Handlungen nicht nur das Mißtrauen vieler Politiker des Westens, sondern auch beträchtlicher Teile der westlichen Gesellschaft hervorgerufen. Deshalb war es vor allen Dingen nötig, unser konkretes Verhalten gegenüber anderen Staaten zu ändern. Entscheidend war jedoch die Suche nach einer grundlegend neuen außenpolitischen Konzeption der Sowjetunion in der internationalen Arena.

Das Ergebnis dieser Arbeit war das «Neue Denken» – ein Programm neuer Herangehensweisen an weltpolitische Angelegenheiten. Es entstand nicht von einem Tag auf den anderen. Im Laufe der Generalrevision unserer ganzen Weltanschauung wurde es immer wieder korrigiert und vor dem Hintergrund unserer außenpolitischen Erfahrungen modifiziert.

Hat der Sozialismus eine Zukunft?

Bei uns in Rußland wie auch im Westen ist es zur Zeit große Mode, vom vollständigen Scheitern der sozialistischen Idee zu sprechen. Über den Sozialismus wird der Bannfluch verhängt, und er wird mit allen Übeln der

sowjetischen Gesellschaft und der anderer Völker gleichgesetzt, die ebenfalls jener Chimäre nachjagten oder denen sie aufgezwungen wurde. Diese Schlußfolgerung ist
aber falsch. Den Sozialismus, über den viele große Den-
ker der Menschheit schrieben, von dem Millionen Menschen träumten, hat es nirgendwo gegeben – weder in
der Sowjetunion, noch in Osteuropa, noch in Asien,
noch in Kuba. Genau aus diesem Grund ist es aber historisch falsch und widerspricht schlichtweg jeder Logik
zu behaupten, der Sozialismus hätte eine Niederlage erlitten. Es gab keinen Sozialismus.

Nichtsdestotrotz hat uns das, was sich in den Ländern, die sich lange Zeit sozialistisch und sogar kommu-
nistisch nannten, zugetragen hat, größere Einsichten in
den Sozialismus eröffnet als jede beliebige Theorie. Wir
wissen jetzt, womit der Sozialismus sich nicht vereinbaren läßt und was er keinesfalls zulassen darf. Und außerdem wissen wir, welche Anforderungen eine Politik
erfüllen muß, die eine Verwirklichung sozialistischer
Ideen anstrebt. Ich möchte betonen: Wir wissen das aufgrund der sowjetischen Erfahrung, aber auch aufgrund
der Erfahrung westlicher Länder, in denen die Prozesse
der Sozialisierung ebenfalls weit fortgeschritten waren.

Meine eigene Meinung ist klar: *Die sozialistische Idee
hat nichts an Bedeutung und historischer Aktualität ein-
gebüßt.* Und zwar nicht nur aus dem Grund, weil eine
Idee, die in sich Werte wie Gerechtigkeit, Gleichberechtigung, Freiheit und Demokratie vereint, niemals verbraucht sein kann. Sondern auch, weil die ganze Entwicklung der Weltgemeinschaft jeden Tag aufs neue be-
weist: Der Bedarf an Gerechtigkeit, Gleichberechtigung,
Freiheit und Demokratie, an Solidarität wird nicht gerin-
ger, sondern wächst von Tag zu Tag.

Sind die Volksbewegungen, die sich an den verschiedensten Orten der Erde erheben, denn nicht beredtes
Zeugnis hierfür? Worüber sind die Bürger des heutigen

Rußland unzufrieden? Über die soziale Ungerechtigkeit, über die krasse Spaltung der Gesellschaft in Arme (mehr als die Hälfte der Bevölkerung) und in Superreiche (weniger als zwei oder drei Prozent), über die Vertiefung des Grabens zwischen den Menschen. Die Russen sind unzufrieden über die Einschränkung der demokratischen Rechte, über Verstöße gegen die Menschenrechte und über die Kontrolle der Massenmedien durch ein paar Männer mit sehr viel Geld.

Was fordern denn die Bürger der Europäischen Union? Die Bekämpfung der Arbeitslosigkeit, die Verringerung der Zahl der verelendenden, aus dem Leben der Gesellschaft ausgestoßenen Menschen. Sie fordern die Stärkung der Rechte und Kompetenzen der Städte, Dörfer oder Regionen. Sie wollen, daß das politische System *die realen Interessen und Forderungen der Menschen zum Ausdruck bringt,* daß es ihre Identität unter den Bedingungen der Globalisierung schützt.

Und die übrigen Länder? Gehören ihre Forderungen nach Überwindung des Hungers und der Armut, des Analphabetismus nach einem besseren Leben etwa nicht in den Zusammenhang der sozialistischen Idee? Es geht dabei, wie ich ausdrücklich betonen möchte, nicht um Parteipolitik gleich welcher Art.

Gewiß gelten überall unterschiedliche Kriterien, der gemeinsame Nenner ist jedoch der gleiche: soziale Gerechtigkeit, Gleichberechtigung, Freiheit und Demokratie, und zwar überall, von der Politik über die Wirtschaft bis ins Alltagsleben.

Deshalb bin ich überzeugt: *Die sozialistische Idee ist unsterblich,* sie wird immer wieder Menschen zu Taten im Namen dieser Werte anregen, im Namen der natürlichen Rechte und Freiheiten des Menschen. Das ist Punkt eins.

Punkt zwei: Natürlich muß man auch die Frage, wie sich sozialistische Ideen realisieren lassen, aus heutiger

Sicht beantworten, also unter Berücksichtigung der realen Lage, der inzwischen gewonnenen Erfahrung, der realen Herausforderungen und Bedürfnisse.

Betrachten wir das einmal näher. Jeglicher Fortschritt ist nur möglich, wenn im Innern Vielfalt existiert. Wenn aber ein «Ideal» erreicht wird, indem eine in der Gesellschaft herrschende Tendenz und Strömung über die anderen triumphiert und diese beseitigt, dann ist das auf diese Weise geschaffene System unweigerlich zum Scheitern verurteilt.

Folglich waren die Unterdrückung des politischen Pluralismus in der UdSSR, die gewaltsame Beseitigung aller nichtkommunistischen Parteien und danach die Ausmerzung der Andersdenkenden innerhalb der kommunistischen Partei selbst die ersten Schritte zur Festigung des Totalitarismus. Sie führten zu einer zunehmenden Verzerrung der Prinzipien des Sozialismus bis hin zu ihrer völligen Leugnung.

Aus diesem Grund ist es in meinen Augen *unsinnig, wenn die Schaffung einer Gesellschaft diskutiert wird, in der die sozialistische Ideologie völlig dominiert, die ausschließlich sozialistische Züge trägt und in der ausschließlich sozialistische Kräfte herrschen.*

Die früheren (und in vielen Fällen selbst die noch heute bestehenden) Vorstellungen vom Sozialismus wurden als Antipoden des kapitalistischen «Modells» der Gesellschaft entwickelt. In unserer schnellebigen Zeit zeigt sich jedoch die Relativität jeglicher Gesellschaftsstrukturen. Sie sind alle vergänglich und veränderbar. Schon die Begriffe «Kapitalismus» und «Sozialismus» in ihrer üblichen, gewohnten Bedeutung taugen wenig zur Beschreibung der Realität. Die heutige Welt ist nicht bipolar, sie ist vielfältig. Auch die kapitalistische Gesellschaft ist in jedem Land anders strukturiert, und die künftigen Gesellschaften werden ebenfalls nicht einfach Kopien der vorangegangenen sein.

Ich denke, daß alle Versuche, ein allgemeingültiges «Modell» für die Realisierung sozialistischer Ideen zu «konstruieren», zum Scheitern verurteilt sind, wenn sie sich auf überall gleiche Konstanten stützen. Drängt sich denn nicht eine andere Betrachtungsweise geradezu auf, *die den Sozialismus nicht als eine abgeschlossene Gesellschaftsformation auffaßt, sondern als die Gesamtheit der Werte,* deren Realisierung die Bedingungen für die freie Entfaltung des Einzelnen und gleichzeitig die Bedingungen für die freie Entfaltung aller schaffen würde?

Der springende Punkt für die sozialistische Idee, in einem modernen Sinn, ist augenscheinlich in erster Linie die optimale Lösung zweier Aufgabenbereiche. Der erste betrifft die Effektivität der Produktion und die Sicherstellung der materiellen Grundlagen für eine gedeihliche Entwicklung aller Menschen. Der zweite Problemkreis betrifft die Frage, wie das Sozialprodukt so verteilt werden kann, daß alle, auch die ökonomisch, sozial und ökologisch benachteiligten Gruppen der Bevölkerung, ein menschenwürdiges Dasein führen können, ohne jedoch die Effektivität der Produktion zu beeinträchtigen. Durch die Lösung dieser beiden großen Aufgaben würden außerdem die Bedingungen für die Realisierung aller Elemente sozialistischer Ideen und natürlich auch eine verläßliche Grundlage für eine freie und demokratische, politische und geistige Entwicklung der Gesellschaft geschaffen werden.

Bei einer solchen wertorientierten Betrachtungsweise kommt man gar nicht erst in Versuchung, die bestehende Gesellschaft bis auf ihre Grundmauern einzureißen und dann nach einem spekulativen Schema gewissermaßen vom Reißbrett aus neu aufzubauen. Bei einer wertorientierten Herangehensweise stellt sich eine ganz andere Aufgabe: die Möglichkeiten für die Realisierung der Werte des Sozialismus in der gegenwärtigen und in der gegebenen Gesellschaft zu erforschen; die Kräfte vereinen, die an ihrer Verbreitung und Organisation arbeiten, angemessene Bedingungen, Mittel und Formen für Handlungen festzulegen. Mit einem Wort, wir brauchen keine maximalistischen Utopien, sondern einen konsequenten und zielstrebigen Realismus.

Es stellt sich natürlich die Frage: Wie ist das aber möglich, wenn wie heute in der Gesellschaft neo-liberale Ideen vorherrschen?

Der Liberalismus hat sozialistische Werte immer schon abgelehnt und tut das noch heute. Aber was hat er damit erreicht? Die Sozialisten und Kommunisten haben ihrerseits immer schon liberale Werte abgelehnt und lehnen sie noch heute ab. Aber was haben sie damit erreicht? Eine solche gegenseitige Ablehnung wird nur eine neue Bipolarität nach sich ziehen, eine neue Spaltung der Gesellschaft und der Welt in feindliche Lager. Ich meine, das führt zu nichts.

Sowohl der Sozialismus wie auch der Liberalismus haben historisch betrachtet einen gemeinsamen Ursprung: die humanistischen Gedanken der Epoche der Aufklärung. Der Unterschied liegt darin, daß der Liberalismus seine Werte auf das Individuum ausrichtet, während das sozialistische Konzept die Freiheit des Individuums und dessen Entfaltung in ein System kollektiver Beziehungen stellt. Beide Konzepte haben ihre Berechtigung, aber sind sie wirklich so unvereinbar?

Die Widersprüche des frühen Kapitalismus ließen die Grenzen der politischen Gleichheit zu Tage treten, die der Liberalismus zum Ziel hatte. Die Theorie des Sozialismus verknüpfte den Fortschritt mit der Stärkung der sozialen Gleichheit, was sich wiederum grundlegend auf die Entwicklung der kapitalistischen Gesellschaft auswirkte. Die Ausbeutung der Arbeiter wurde kontinuierlich gemildert, und zwar einerseits aufgrund heftiger Zusammenstöße, durch den Klassenkampf und andere Formen der Konfrontation, andererseits aber auch durch

Kompromisse, Übereinkünfte und eine sich daraus entwickelnde Gesetzgebung. Darüber hinaus wurde die Beteiligung der Werktätigen an der Lenkung der Wirtschaft und am politischen Leben unablässig ausgeweitet.

Als die Begrenztheit eines autoritären Kollektivismus erkannt wurde, der die Interessen des einzelnen ganz den Interessen der Gesellschaft und das Individuum ganz dem Kollektiv oder genauer den staatlichen und anderen Strukturen unterordnete, da war die Tatsache, daß die liberale Praxis erfolgreich die Rahmenbedingungen für die Freiheit der Person und ihre politischen Rechte geschaffen hatte, eine regelrechte Kampfansage an das sowjetische Experiment. Es zeigte sich: Weder ein egoistischer Individualismus noch ein autoritärer Kollektivismus zeitigen optimale Resultate.

So kam es zu dem historischen Wechselspiel zweier scheinbar entgegengesetzter Prinzipien. Man sollte meinen, daß der Wettbewerb zwischen ihnen uns bereichern und so zum gesellschaftlichen Fortschritt beitragen kann.

Was steht uns also bevor? Im Laufe der Zeit wird es neue Wertorientierungen geben. In der heutigen Zeit richten sich diese immer stärker nach den Interessen der gesamten Menschheit aus. Einerseits geht es um das Überleben der Menschheit. Im Lichte der drohenden Gefahren zeigt sich immer deutlicher *die Untauglichkeit sämtlicher traditioneller Ideologien,* wie auch die Kurzsichtigkeit einer Politik, die nur die jeweiligen Einzelinteressen, seien es klassenbedingte, nationale oder andere, verfolgt. Prüfstein jeder vernünftigen Politik muß heute das Interesse der ganzen Menschheit sein, unabhängig von der jeweiligen Staatsangehörigkeit, der Zugehörigkeit zu einer ethnischen Gruppe oder Konfession, oder der sozialen Stellung. Auf der anderen Seite geht es um die Kriterien und Ziele des Fortschritts. Zu den historisch bedingten Besonderheiten der Fortschrittsidee gehörte der Mangel an den notwendigen materiellen Voraussetzungen, die es ermöglicht hätten, die fundamentalen Probleme auf einer rein praktischen Ebene anzugehen: der Mensch als Sinn und Zweck des Fortschritts und nicht als ein Instrument im Dienst seiner Verwirklichung.

Eine solche Aufgabe, noch dazu auf der Ebene der ganzen Zivilisation, der globalen Gesellschaft, verlangt eine neue Wertorientierung.

Kurz gesagt, wir brauchen alle eine neue konzeptionelle Vision der Zukunft. Man könnte sie als einen *globalen Humanismus* bezeichnen. Ich verwende nicht als erster diesen Begriff, aber es ist meiner Ansicht nach eine gute Bezeichnung für diese, wenn man so will, «Metaideologie», die es uns vielleicht ermöglichen wird, für eine größere Zahl sozial verantwortlich denkender Menschen eine gemeinsame Sprache zu finden.

Kein Mensch und keine einzige parteipolitische Strömung hat das Monopol auf die Lösung der Probleme, vor denen die Menschheit heute steht. Und es dürfte kaum möglich sein, sie ein für allemal zu lösen. Die große Weisheit der Politik besteht darin, sich beständig in die angestrebte Richtung zu bewegen und dabei stets nach neuen Antworten zu suchen. Bei dieser Suche ist genug Raum für alle Strömungen des modernen demokratischen, sozialen Denkens.

Daß eine solche gemeinsame Suche in der Tat unabdingbar ist, zeigt sich darin, daß die moderne Zivilisation in eine Sackgasse geraten ist, daß sie allmählich die für eine Vorwärtsentwicklung nötigen Reserven aufzehrt und zu einem gewissen Grad bereits aufgezehrt hat. Die äußeren Manifestationen dieser Situation sind allgemein bekannt. Da sind die ökologischen Gefahren und die mit ihnen verbundenen globalen Probleme. Da ist die Krise der modernen Formen des Gesellschaftslebens, die Vielzahl von Gegensätzen zwischen Mensch und Gesellschaft, zwischen dem Menschen und der Macht. Da sind die ganz offenkundig immer noch labilen internationalen Beziehungen: Seit dem Ende des Kalten Krieges hat die Weltgemeinschaft bis heute nicht das Tor zu einer neuen, wirklich friedlichen Weltordnung gefunden. Da ist die zunehmende Komplexität der Weltwirtschaft. Da ist die moralische, sittliche und ideelle Krise, denn keine einzige der großen Denkschulen hat es vermocht, die Geschehnisse zu erklären, noch konnte eine von ihnen überzeugende Wege zur Überwindung der aktuellen Situation aufzeigen.

Die Krise ist da, das läßt sich nicht leugnen, aber wo liegen ihre tieferen Wurzeln? Wie mir scheint, haben wir inzwischen genügend Hinweise, um diese Frage beantworten zu können. Die Wurzeln des heutigen Zustands der Zivilisation liegen in dem falschen Verständnis der Wechselbeziehung zwischen dem Menschen und der übrigen Natur, das bis auf das Zeitalter der Renaissance zurückgeht. Damals wurde ein von Grund auf falsches Postulat aufgestellt: Der Mensch ist der Herr der Schöpfung – ein Grundsatz, nach dem wir lange Zeit handelten. Die Tatsache, daß wir das Hauptgewicht auf die technisch orientierten Faktoren des Wachstums legten, hat uns heute in eine globale ökologische Krise geführt.

Leider tauchen heute, an der Schwelle eines neuen Jahrhunderts, etliche Prognosen auf, die die Zukunft der Welt mit der technologischen Entwicklung und ihrer Perfektionierung verknüpfen. Dabei ignorieren ihre Vertreter völlig, daß es dringend notwendig ist, sich von dem technisch orientierten Fortschrittsmodell zu lösen und zu einem neuen anthropozentrischen, humanistischen Modell überzugehen. Wegen dieser Ignoranz laufen wir möglicherweise nicht nur Gefahr, die heutigen, ohnehin schon äußerst bedrohlichen Probleme nicht zu lösen, sondern sie noch zu verschärfen und zu multiplizieren.

Die tieferen Wurzeln der heutigen Krise der Zivilisation sind andererseits auch sozialer Natur. Die Früchte der wirtschaftlichen Entwicklung dienten seit jeher und auch heute noch dazu, die soziale Differenzierung einer Gesellschaft zu erhalten und sie in vielen Fällen sogar noch zu vertiefen.

Die herrschenden sozialen Beziehungen zeichnen sich nicht gerade dadurch aus, daß ein Interessenausgleich der verschiedenen sozialen und nationalen Gruppierungen angestrebt würde; in der Mehrzahl der Fälle stehen sich diese Gruppierungen vielmehr feindselig gegenüber. Leider dominieren unter den weitverbreiteten Zukunftsprognosen immer noch die gleichen, im Grunde verbrauchten Modelle für die soziale Struktur, in deren Rahmen sich nicht nur scharfe Gegensätze entwickeln können, sondern auch gefährliche Konflikte, und das nicht nur auf nationaler, sondern auch auf globaler Ebene.

Ganz offenkundig brauchen wir ein anderes Paradigma, das soziale Antagonismen und nationale Konflikte nicht festschreibt, sondern danach trachtet, sie zu vermeiden. Eine vollkommene gesellschaftliche Harmonie werden wir wohl niemals erreichen. Es ist jedoch unabdingbar und auch möglich, die Entwicklung der Gesellschaft, so gut es geht, zu harmonisieren und aus dem Teufelskreis – aus dem Kampf aller gegen alle – auszubrechen.

Eine weitere Ursache der Zivilisationskrise liegt meiner Ansicht nach in den internationalen Beziehungen. Die diplomatischen Beziehungen waren im 20. Jahrhundert von den gleichen entgegengesetzten Betrachtungsweisen beherrscht wie das soziale Leben. Das hatte die Spaltung der Menschheit in feindliche Lager zur Folge, welche beide ihre eigenen Zielsetzungen als unumstößliche Wahrheiten ausgaben und danach trachteten, das andere Lager zu überflügeln oder gar physisch auszulöschen.

Es gelang uns durch gemeinsame Bemühungen, die Konfrontation zu beenden. Aber was sehen wir heute?

Wenn Politiker und Ideologen über die internationalen Beziehungen im 21. Jahrhundert nachdenken, dann verfallen sie wiederum allzu häufig in die alten Betrachtungsweisen und kehren zu geopolitischen «Modellen» zurück, zu der Vorstellung, daß eine neue Spaltung der Welt in Einflußsphären oder die globale Hegemonie eines einzigen Staates – der USA – unvermeidlich sei. Was kann eine solche Sichtweise aber bewirken? Nichts, außer einer Wiederholung der tragischen Ereignisse vergangener Zeiten.

Wenn wir diese Überlegungen zusammenfassen, dann ergibt sich folgende Schlußfolgerung: *Die Wurzeln der Krise der modernen Zivilisation liegen in ihrem tiefen Gegensatz zu den wirklichen Interessen der Menschen und der Menschheit.* Die moderne Zivilisation folgt nicht humanistischen Beweggründen, sondern dem Selbsterhaltungsinstinkt, der gebietet, auf Kosten anderer einen Vorteil zu erlangen. Wenn dies aufgrund unserer Tatenlosigkeit so bleibt, so kann das negative Folgen nach sich ziehen.

Aus diesem Grund ziehe ich den Schluß: Wir brauchen neue Orientierungen für unser Denken und Handeln. Wir müssen zu einer neuen Zivilisation übergehen. Gelegentlich heißt es, die Zeit sei noch nicht gekommen für eine neue Zivilisation. Aber es behauptet ja auch niemand, daß von heute auf morgen diese neue Zivilisation beginnt, etwa so wie ein neuer Strompreis eingeführt wird.

Die Rede ist vielmehr von einem *Übergang* zu einer neuen Zivilisation. Niemand weiß, wie diese aussehen wird. Es ist aber wichtig, Orientierungshilfen zu geben. Heute verbraucht die Menschheit eine Unmenge von Ressourcen für den Lebensunterhalt, selbst für die elementar notwendigen Lebensbedürfnisse. Dieser Verbrauch wird noch wachsen, denn die Bedürfnisse steigen und werden sogar künstlich stimuliert. Das geht zu

Lasten jener Kräfte und Mittel, die immer stärker für die Lösung der anderen, von Tag zu Tag dringenderen Aufgaben gebraucht werden. Diese Entwicklung ist nicht normal. Im Grunde ist der moderne Mensch bereits über die Grenzen hinausgewachsen, die ihm vom Kampf mit der Natur und mit seinesgleichen vorgegeben waren.

Jetzt ist die Zeit einer normalen Entwicklung, ich möchte sagen, eines *humanistischen Fortschritts* angebrochen. Im übrigen muß auch die Einschätzung des Fortschritts selbst «fortschreiten», also sich weiterentwickeln. Der Aufstieg der Menschheit zu einer Höhe, auf der sie vielleicht den Sinn ihrer Geschichte erkennen wird, darf nicht länger durch einen nicht wiedergutzumachenden Schaden für den Menschen selbst und für die übrige Natur erzielt werden, auf Kosten einer erniedrigenden und zerstörerischen Ausbeutung von Menschen und ganzen Völkern, die unwiederstehliche, moralische und geistige Verluste mit sich bringt. Dieser Aufstieg kann nur in weltweiter, gleichberechtigter Zusammenarbeit, ohne Waffengewalt, in friedlicher *gemeinsamer Entwicklung* aller gelingen.

Ich stelle mir diese Zivilisation nicht gleichförmig und vereinheitlicht vor, sondern im Gegenteil differenziert und pluralistisch. Nur so kann sie sich leicht raschen Veränderungen, den Herausforderungen der Zeit, anpassen.

Ich bin überzeugt, daß die neue Zivilisation unweigerlich einige Züge annehmen wird, die aus dem sozialistischen Ideal hervorgegangen sind. Im Laufe der Jahrhunderte wurden jedoch im gesellschaftlichen Bewußtsein und in der Politik verschiedene Ansichten «erarbeitet»: konservative und radikale, liberale und sozialistische. Es gibt den Individualismus und den Kollektivismus. Das ist Realität, überall. Die Suche nach einer *Synthese* dieser Anschauungen, Trends und Phänomene, nach ihrem optimalen Zusammenwirken unter streng humanistischen Gesichtspunkten – genau das gewährleistet Vorwärtsschreiten zu einer neuen Zivilisation.

Ich will nicht weiter ins Detail gehen. Die Konstruktion spekulativer Modelle für die Zukunft bringt uns nicht weiter. Die Zukunft ergibt sich aus dem heutigen Tag, aus den Herausforderungen des morgigen Tages, auf die man eine Antwort finden muß, und aus den objektiv bedingten Tendenzen der Entwicklung des sozialen Organismus.

Die Gorbatschow-Stiftung steht natürlich nicht allein, sondern arbeitet mit denjenigen in der Weltgemeinschaft zusammen, die bereit sind, sich an der Suche nach gangbaren Wegen zu einer besseren Zukunft zu beteiligen. Zur Zeit befaßt sie sich mit der Erforschung der Probleme, die sich aus der *Globalisierung* der Welt und der Lebensweisen ergeben. Die Erforschung der globalen Probleme ist eine gewaltige Aufgabe. Wir stehen noch am Anfang unserer Arbeit. Einige erste Schlußfolgerungen drängen sich aber auf, die aber noch weiter überprüft werden müssen:

– Die Prozesse der Globalisierung bremsen nicht die weltweite Entwicklung, sondern beschleunigen sie. Sie machen alle ihre inneren Widersprüche und Probleme deutlicher spürbar und verschärfen sie noch.

– Folglich wird sich die Krise der heutigen Zivilisation nicht abschwächen; vielmehr zeigt sich immer eindeutiger, daß sie sich zuspitzen wird.

– Aus diesem Grund steigt die Dringlichkeit, mit der nach neuen Vorgehensweisen und Lösungen gesucht werden muß. Sie müssen die Überwindung der Krise zum Ziel haben oder für den Anfang zumindest ihre Verschärfung stoppen. Selbstverständlich sind dabei die unter der Globalisierung entstandenen Bedingungen zu berücksichtigen.

– Es liegt auf der Hand, daß sich die Wege zur Gestaltung der künftigen Zivilisation, da sie selbst global sein wird, und die möglichen Lösungsvorschläge für Probleme ebenfalls unbedingt an globalen Maßstäben orientieren müssen.

– Zusammengenommen heißt das: Sowohl die Erforschung der anstehenden Probleme, wie auch die Ausarbeitung von Vorschlägen und selbstverständlich auch deren Realisierung müssen das Ergebnis gemeinsamer Bemühungen der Wissenschaft und der Politik der Weltgemeinschaft sein. Mit Blick auf die reale Lage in den internationalen Beziehungen ist es keine einfache Aufgabe, eine Vereinigung dieser Bemühungen zu erreichen: Die Weltgemeinschaft ist noch nicht darauf vorbereitet.

Im Licht des Gesagten stellt sich die Frage: Bewegen wir uns tatsächlich auf eine neue Zivilisation zu? Ich meine, die Lehren der Geschichte, und vor allem die der Jahre der Perestroika, die, wenn man will, ein Praxis-Test für den humanistischen Weg der Umgestaltung der Gesellschaft waren, gestatten es uns, diese Frage mit Ja zu beantworten.

Welche Lehren sind das? Als erstes die Tatsache, daß selbst in einer Gesellschaft, die unter der Last eines totalitären Vermächtnisses stöhnt, die Ideen des Humanismus und der Demokratie tatsächlich Fuß fassen können. In der Sowjetunion spielten sich innerhalb von wenig mehr als fünf Jahren gewaltige Umwälzungen ab, von denen bereits die Rede war. Umso leichter lassen sich solche Umwälzungen in Ländern mit alten demokratischen Traditionen verwirklichen, so entstellt diese durch die Praxis auch sein mögen.

Zweitens ist die Politik aufgerufen, bei der Herbeiführung des Wandels eine entscheidende Rolle zu übernehmen, allerdings eine Politik, die nach Möglichkeit ihre Tätigkeit nach moralischen Grundsätzen ausrichten und dem Humanismus dienen muß. Die Perestroika hat gezeigt: Die Ausarbeitung einer solchen Politik und ihre Umsetzung sind selbst in einer Gesellschaft mit einem schweren historischen Erbe möglich; umso leichter sollten sie in Ländern möglich sein, die von keinem entsprechenden Erbe belastet sind.

Drittens bestätigen diese Lehren, daß wirklich fortschrittliche, demokratische Veränderungen nur dann möglich sind, wenn sie nicht nur eine Angelegenheit der politischen Klasse bleiben, sondern wenn das Volk und die Gesellschaft sie sich zu eigen machen.

Mit Blick auf die Lehren der seit der Oktoberrevolution vergangenen achtzig Jahre und auch mit Blick auf die Lehren der jüngsten Vergangenheit, beflügelt von den Ideen des Humanismus und der Menschenrechte, können wir meiner Ansicht nach zuversichtlich in die Zukunft blicken.

Fazit

Das oben Gesagte will keine Geschichte der Oktoberrevolution oder der seither vergangenen Jahre sein. Es sind ganz einfach Überlegungen anläßlich dieser Geschichte, und wenn es jemandem mißfällt, daß irgendwelche Ereignisse hier nicht erwähnt werden, so darf er mir das nicht übel nehmen. Ausgangspunkt für die vorliegenden Überlegungen war lediglich der Versuch, sich in die so vieldeutige und widersprüchliche Vergangenheit hineinzuversetzen und die Ergebnisse des durchlaufenen Weges objektiv zu betrachten, ohne sich von in der Gesellschaft verwurzelten Stereotypen oder Emotionen leiten zu lassen (obwohl es mir schwerfällt, mich von Emotionen freizumachen, denn ein großer Teil der Zeit nach der Oktoberrevolution spielte sich unmittelbar vor meinen Augen ab, in den letzten Jahrzehnten sogar unter meiner direkten Beteiligung).

Am Ende meiner Überlegungen zu diesem Thema will ich ein kurzes Fazit ziehen.

Die Oktoberrevolution war zweifellos ein Ereignis, das die Geschichte des 20. Jahrhunderts tiefgreifend geprägt hat. Das ist einfach eine Tatsache. Im Grunde beinhaltete der gesamte Gang der Ereignisse seit 1917 alle Aspekte, die positiven wie die negativen, unserer großen Revolution und der darauffolgenden Jahrzehnte.

Die Revolution mit all ihren Konsequenzen brachte Rußland, wie immer es damals ausgesehen haben mag, eine historische Erneuerung, befreite es von dem Vermächtnis der feudalistischen und absolutistischen Vergangenheit und ermöglichte die Modernisierung des Landes. All dies wurde durch den Willen und die Arbeit des Volkes erreicht. Es ist unredlich, diesen Umstand zu vergessen und die Jahrzehnte der Sowjetherrschaft fast schon als verlorene Zeit darzustellen. Es ist vor allem gegenüber den Menschen und Völkern unredlich, die in jener Zeit gelebt und gearbeitet haben.

Gewiß wurde ein außerordentlich hoher Preis gezahlt. Dieser Preis ist aber in erster Linie die Folge des totalitären Systems des Stalinismus gewesen. Eine der wichtigsten Lehren der Vergangenheit ist die uneingeschränkte Verurteilung und Ablehnung des Totalitarismus. Diese Gesellschaftsordnung tilgt das Menschliche im Menschen aus und macht aus Menschen Sklaven.

Auf der anderen Seite hat die sowjetische Geschichte auch gezeigt, daß ein totalitäres System, das scheinbar widerstandsfähig und stark ist, das Land letzten Endes zur Schwäche verdammt. Indem es die Menschen vom Staat entfremdet, sie vor Eigentum, von der Politik und der Kultur fernhält und versucht, auch das geringste Anzeichen von Pluralismus zu unterdrücken, raubt das totalitäre System der Gesellschaft jeden Anreiz, sich selbst weiterzuentwickeln, und führt damit unweigerlich seinen eigenen Untergang herbei. Daraus folgt ein Umkehrschluß: Lediglich eine demokratische Ordnung kann die Basis für eine gesunde und dynamische Entwicklung der Gesellschaft sein, für die Eröffnung und Nutzung all ihrer Möglichkeiten.

Alle diese Punkte sind nicht einfach nur Lehren aus der Geschichte. Es sind außerdem Ermahnungen, da in der Welt immer noch Politiker mit autoritären, wenn nicht gar totalitären Systemen liebäugeln, und die Demokratie keineswegs überall gesiegt hat. Dort, wo sie aber bereits siegreich war, ist eine grundlegende Anpassung an die neuen Herausforderungen und an die veränderten Bedürfnisse der Menschen und Bürger notwendig.

All das gilt auch für das heutige Rußland. In der durch einen schonungslosen neo-liberalen Radikalismus entstandenen Situation hat es die Orientierung verloren und seither keinen verläßlichen, demokratischen und wirklich freien Weg gefunden, der ohne autoritäre Elemente auskommt. Einen Weg, der Rußlands Bürger nicht zugrunde richtet, sondern bereichert, der ihre politischen und sozialen Rechte nicht verletzt, sondern sie voll und ganz garantiert.

Ich bin nicht nur deshalb weiterhin optimistisch, weil ich dem Volk dies wünsche. Ich glaube an mein Volk. Natürlich hängt vieles von dem ab, was zur Zeit vor sich geht. Schon zwei oder drei Monate können vieles verändern. Wenn jetzt die Absicht erkennbar wäre, den aktuellen Kurs zu ändern, die Reformen zu demokratisieren, ihre soziale Ausrichtung zu stärken, dann wäre das ein Anfang. Wenn dem nicht so ist, dann sieht die Situation ganz anders aus. Bislang erkenne ich keine einschneidenden Änderungen, aber ich habe die Hoffnung nicht aufgegeben. Sucht man aber nach der Wurzel aller Probleme, so ist es die Frage der Demokratie. In einer demokratischen Ordnung wird alles schneller und natürlicher vorangehen.

Als ich mich einmal als Staatspräsident der UdSSR zu Besuch in Japan aufhielt, fragte mich eine Studentin: «Sie sind für Demokratie, für freie Wahlen. Bei regulären Wahlen könnten Sie aber auch abgewählt werden? Was wird dann?» Ich antwortete, daß ich mich dennoch als Sieger fühlen würde. Ich wollte, daß die Menschen freie Wahlen bekommen, und das habe ich erreicht.

An dieser Stelle könnte man fragen: Und was ist mit der Oktoberrevolution? Sie ist und bleibt einer der wichtigsten und unvergeßlichen Meilensteine der Weltgeschichte. Ihre Lehren – wie auch die Lehren der auf sie folgenden Entwicklung – werden, so hoffe ich, meinem Land auf dem Weg in eine bessere Zukunft nützlich sein. Diese Lehren sind wichtig, und all jene sollten sie sich zu eigen machen und sorgfältig durchdenken, denen das Wohl der Menschen am Herzen liegt und die der Menschheit Glück und Frieden wünschen.

Zweiter Teil

DIE UNION WÄRE ZU RETTEN GEWESEN

Im ersten Teil des Buches habe ich bereits beschrieben, was die Perestroika den Bürgern der UdSSR gebracht hat. Allerdings leistete die Perestroika nicht alles, was sie hätte leisten können, da im Verlauf der Reformen einige Schwierigkeiten auftraten. Im Dezember 1991 wurde sie dann abgebrochen, und die Sowjetunion fiel auseinander.

Wie war das möglich? Was hat dazu geführt? Ich will versuchen, auf diese Fragen, die sehr viele Menschen interessieren, in diesem Teil des Buches eine Antwort zu geben.

Eine tragische Wende

Den Zerfall der UdSSR hat im Ausland niemand vorhergesehen, wie inzwischen sowohl die Wissenschaftler als auch die Politiker einräumen. Und allem Anschein nach hat mit Ausnahme einiger fanatischer Antikommunisten auch niemand einen solchen Ausgang gewünscht. Diese tragische Wende der Ereignisse hat die ganze Welt erschüttert.

Wie stehe ich heute zu diesem Ereignis? Noch genau so wie vor neun Jahren. Es war in der Tat eine Tragödie – eine Tragödie für die Mehrzahl der Bürger des Landes und für die zur Sowjetunion gehörenden Republiken. Ich konnte schon damals der Auflösung der Sowjetunion nicht zustimmen und glaube noch heute, daß sie ein schwerer Fehler war. Die Union wäre zu retten gewesen.

Ein beträchtlicher Teil der Probleme, mit denen die Völker der ehemaligen Union, auch die Russen, heute zu kämpfen haben, ist eine Folge des Zerfalls des gemeinsamen Staatswesens, der Zerschlagung eines gemeinsamen Wirtschafts-, Rechts- und Kommunikationsraums, eines politischen, wissenschaftlichen und schießlich militär-strategischen Raums.

Mit dem Zerfall der Union veränderte sich schlagartig die Lage in Europa und in der Welt, und das geopolitische Gleichgewicht wurde gestört. Viele weltpolitische Prozesse, die gegen Ende 1991 bereits erste Früchte trugen, konnten nicht mehr zu Ende gebracht werden. Ich bin überzeugt, daß die Welt heute friedlicher wäre, wenn die Union – natürlich in einer neuen, reformierten Form – noch bestehen würde.

Was hat ihr Ende herbeigeführt? Immerhin erweckte die Sowjetunion den Eindruck eines festgefügten mächtigen Staates, der Menschen aus mehr als hundert Nationen und Nationalitäten vereinte. Oder war das möglicherweise nur eine Täuschung?

Nein, das war nicht nur Schein. Die Sowjetunion war tatsächlich ein riesiger, multinationaler Staat, und ihr Zerfall war keineswegs unvermeidlich. Die Sowjetunion ist gelegentlich als ein Imperium bezeichnet worden, aber sie war alles andere als ein Imperium im herkömmlichen Sinne des Wortes.

Die Sowjetunion, bzw. vor ihr das russische Zarenreich, entstand im Verlauf vieler Jahrhunderte. In der Geschichte des Landes finden sich sämtliche Varianten des Gebietserwerbs wieder: die freiwillige Vereinigung mit Rußland ebenso wie die Eroberung durch die Feldzüge der Zaren. Es gab die gemeinsame Suche verschiedener Völker nach dem größtmöglichen Nutzen, und es gab Ungerechtigkeiten und Unterdrückung. Geschichte ist so. Am Ende stand ein Staat, der ein organisches Ganzes war – selbstverständlich mit einer außerordentlichen

Bandbreite von spezifischen Eigenheiten innerhalb seiner staatlichen Bestandteile. Dieser Staat durchlief einen langen Weg, auf dem es ernste Schwierigkeiten, stürmische Umwälzungen und tragische Ereignisse gab. Er überstand die Prüfung des Großen Vaterländischen Krieges. Selbst in jenen schweren Jahren fiel er nicht auseinander, sondern blieb bestehen.

Gab es in der Sowjetunion Nationalitätenprobleme? Gewiß gab es sie, ebenso wie es politische, wirtschaftliche und soziale Probleme gab. *Doch das waren keine Probleme des Landes als Ganzes, sondern Probleme des bestehenden Systems.* Das bürokratische und totalitäre System reagierte nicht angemessen auf die Probleme, die sich aufgestaut hatten. Es trug nicht nur nichts zu deren Lösung bei, sondern verschärfte sie sogar noch. Infolgedessen geriet das Land in den achtziger Jahren in eine schwere Krise. Um diese Krise zu überwinden, wurde dann auch die Perestroika eingeleitet.

Daß die Nationalitätenprobleme ein wichtiger Konfliktherd in unserem Land waren, weiß ich aus eigener Erfahrung, weil ich viele Jahre lang die Region Stawropol leitete. Damals wurde mir klar, daß ein gutes Verhältnis zwischen den Menschen der verschiedenen Nationalitäten eine unverzichtbare Voraussetzung für den Fortbestand unserer Gesellschaft ist. Und daß es notwendig ist, sich dieser heiklen Materie behutsam und sensibel zu nähern.

Gleich nach der Revolution von 1917 formulierte Lenin zwei Grundsätze: die Anerkennung des Rechtes der Völker auf nationale Selbstbestimmung, bis hin zur Abspaltung, sowie den Aufbau einer Föderation gleichberechtigter Republiken als Mittel, um den Vielvölkerstaat in seiner Gesamtheit zu erhalten. Auf dieser Grundlage wurde im Jahr 1922 die Union gegründet, auch wenn das nicht ganz ohne Gewaltanwendung abging.

Stalin änderte in den Jahren seiner Herrschaft jedoch

den Kurs um 180 Grad. Die Union wurde zu einem zentralistischen Einheitsstaat. In seinen Grenzen schaltete und waltete das «Zentrum», also im Grunde die Partei, wie es ihr gefiel. Willkürlich wurden Grenzen gezogen und schwere Verstöße gegen die Rechte etlicher Völker begannen. In den Kriegsjahren und unmittelbar danach hatten viele Völker unter brutalen Repressionen zu leiden. Sie wurden aus der Heimat ausgesiedelt und in weit abgelegene Teile des Landes deportiert. Zehntausende kamen damals ums Leben. Aber selbst unter diesen schweren Bedingungen gelang es gerade durch Annäherung und Verschmelzung vielen Völkern, ihre innere Entwicklung voranzutreiben. In allen Republiken blühte die nationale Kultur auf, es bildeten sich eine Arbeiterklasse und eine eigene Intelligenz heraus. Die Völker gewannen ein stärkeres Bewußtsein ihrer eigenen nationalen Identität.

Anders gesagt, dieser Prozeß steckte voller Widersprüche. Die weitere Entwicklung hätte die Aufmerksamkeit und angemessene Reaktionen des Zentrums erfordert, doch diese blieben aus. Dringende Probleme blieben ungelöst. Weshalb kam es so weit? Offiziell galt die Version, daß sich die Beziehungen zwischen den Nationalitäten im Land günstig gestalten würden und daß es im großen und ganzen keine ernsten Probleme gäbe. Die Fehler der Nationalitätenpolitik wurden ignoriert, und es war unerwünscht, über sie zu reden.

Gleich zu Beginn der Perestroika kamen wir nicht umhin, unser Augenmerk auf diesen außerordentlich wichtigen Bereich der Gesellschaft zu richten. Genau aus diesem Grund wurde auf dem XXVII. Parteitag, auf dem das Programm der vorausliegenden Periode formuliert wurde, ausdrücklich hervorgehoben: «Aufgrund unserer Errungenschaften darf keinesfalls der Eindruck entstehen, es gebe keinerlei Probleme bei den nationalen Prozessen. Widersprüche sind in jeder Entwicklung enthalten und auch in diesem Bereich unvermeidlich. Wichtig ist es jedoch, ihre sich ständig verändernden Aspekte und Facetten zu erkennen, ehrliche Antworten auf Fragen, die uns das Leben selbst stellt, zu suchen und rechtzeitig zu geben.»

Diese Erklärung war richtig und zeitgemäß. Aber bei den Versuchen, die Nationalitätenprobleme zu lösen, erlitten wir dennoch schwere Niederlagen. Das hing damit zusammen, daß wir das Problem verspätet angingen und sich einige Lösungsansätze als falsch erwiesen. Dies ist nicht schwer zu erklären, denn wir mußten einen langen Weg von den traditionellen Positionen bis hin zur Gestaltung einer neuen Politik zurücklegen, welche den Umbau der bürokratischen, einheitlichen Union in eine demokratische Föderation unabhängiger Staaten zum Ziel hatte.

Im übrigen gab uns der Gang der Ereignisse, das Leben selbst, zu verstehen, daß die nationale Frage unbedingt gelöst werden mußte. Ein erstes Alarmsignal waren die Zusammenstöße zwischen russischen Jugendlichen und jakutischen Studenten an der Jakutischen Staatlichen Universität, die sich bereits im März/April 1986 ereigneten. Im Dezember kam es dann im Zusammenhang mit dem Wechsel in der Führung Kasachstans auf den Straßen Alma-Atas zu Massenunruhen. Damals bekämpften sich lokale Klans gegenseitig. Die Ordnung mußte wiederhergestellt werden, und das konnte nur ein Mann, der zu keinem Klan engere Verbindungen unterhielt. Zum Nachfolger des Kasachen Dinmuchamed Kunajew, des ehemaligen ersten Sekretärs des Zentralkomitees Kasachstans, wurde (übrigens auf Vorschlag Kunajews selbst) der Russe Gennadi Kolbin ernannt, der bereits in Georgien Erfahrung gesammelt hatte. Wir rechneten damit, daß es dadurch zu einer Beruhigung kommen werde, um so mehr als in Kasachstan viele Russen, Ukrainer, Deutsche und Angehörige anderer Nationalitäten lebten. Das erwies sich jedoch als Irrtum. Die Ernennung Kolbins wurde vom kasachischen Volk als Zeichen des Mißtrauens und der Mißachtung gewertet. Die Menschen gingen in der Hauptstadt und in anderen Städten Kasachstans auf die Straße.

Wie reagierten wir auf dieses ernstzunehmende Signal, daß die Beziehungen zwischen den Nationalitäten gestört waren? Ich muß gestehen, wir reagierten auf die althergebrachte Weise. Und alle diejenigen, die Gorbatschow seine Unentschlossenheit vorhalten, sollen wissen, daß ich die Entschlossenheit sehr bedauere, die ich während der Ereignisse in Kasachstan 1986 an den Tag gelegt habe. Leider war das nicht der einzige Fall. Erst danach erkannte ich, daß das nicht der richtige Weg ist und daß wir nicht mit zweierlei Maßstäben messen können.

Der Beschluß, den das Politbüro damals traf, diente weniger dem Ziel, die Ursachen der Vorfälle zu klären und Lehren daraus zu ziehen, sondern der Republik Kasachstan und damit auch anderen eine Lektion zu erteilen. Wir ließen uns von der überlieferten Vorstellung leiten, daß alles in Eintracht und Freundschaft zu lösen sein würde und daß Ausbrüche des Nationalismus kaum eine Gefahr darstellen würden.

Erst einige Zeit später wurden der Beschluß des ZK-Sekretariats zu Jakutien und der Beschluß des Politbüros zu Kasachstan wieder aufgehoben. Aber schon damals gaben mir diese Vorfälle zu denken. Erste Überlegungen äußerte ich auf dem Januar-Plenum (1987) des ZK der KPdSU: «Wir sind verpflichtet, uns ein realistisches Bild von der Entwicklung der nationalen Beziehungen zu machen, und dürfen vor den realistischen Perspektiven nicht die Augen verschließen. Heute, da die Demokratie und die Selbstverwaltung immer weitere Kreise ziehen, da das Nationalbewußtsein aller Völker und Nationalitäten rasch zunimmt und sich die Internationalisierung vertieft, heute kommt einer zeitgemäßen und gerechten Lö-

sung der aufkommenden Konflikte auf der einzig möglichen Grundlage besondere Bedeutung zu – auf der
Grundlage der Prosperität für jede Nation und jede Nationalität, der Interessen der gesamten Gesellschaft ...
Die Ereignisse in Alma-Ata und das, was ihnen voraus-
ging, müssen sorgfältig analysiert werden, und wir müssen ihnen auf den Grund gehen.»

Mitte Februar 1987 reiste ich nach Lettland und Estland und spürte dort ebenfalls die Brisanz der nationalen
Frage. Mitte desselben Jahres befaßten wir uns dann mit
dem Problem der Krimtataren, eines der Völker, die
zwangsweise in Lagern im Ural, in Sibirien und in Mittelasien angesiedelt wurden. Seit den sechziger Jahren
forderten die Krimtataren ihre Rehabilitierung und die
Rückkehr auf die Halbinsel Krim. Als die Perestroika
begann, spürten sie, daß sich nunmehr die Möglichkeit
auftat, ihre nationale Souveränität in vollem Ausmaß
wiederherzustellen. Im Juli verschärften die Tataren ihre
Proteste: Drei Tage lang demonstrierten sie unter der Pa-
role «Heimat oder Tod» vor der Kremlmauer.

Das Thema wurde auf der Politbürositzung vom
9. Juli diskutiert. Ich zitiere im folgenden einen Auszug
aus dem Sitzungsprotokoll:

«Gorbatschow: Bis heute hält sich bei uns die Ver-
leumdung, sie (die Tataren) seien im Vaterländischen
Krieg Verräter gewesen. Aber wo gab es keine Verräter?
Denken wir nur an die Gefolgsleute von Wlassow. (Der
ehemalige sowjetische General Andrej Wlassow kämpfte
Ende 1944 mit einer Armee aus russischen Kriegsgefan-
genen an der Seite der Wehrmacht.)

Lukjanow: Es gab eine tatarische Division in der
Wehrmacht.

Gorbatschow: Es gab auch eine kalmückische Division. Sie operierte um Stawropol, aber Kalmückien wurde wieder Republik. War an dem Verhalten der Tataren
vielleicht etwas Besonderes? Gewiß, ein Teil kollaborier-

te mit den Deutschen, aber andere kämpften gegen die Deutschen, wie alle anderen Völker auch. Seit dem Jahr 1944 haben sich 250 Bände mit Unterschriften und Erklärungen angesammelt, in denen Gerechtigkeit gefordert wird. Nach den Volkszählungen gibt es heute 132000 Tataren, in Wirklichkeit jedoch 350000. Könnte man sie denn nicht in Usbekistan ordentlich unterbringen? Was hältst du davon? (Frage an Tschebrikow.)

Tschebrikow (der KGB-Chef) berichtet, daß sie sich bereits seit zwanzig Jahren mit dieser Frage herumplagen würden. Vermutlich müsse man auf der Krim ein autonomes Gebiet einrichten, sonst würden wir uns immer wieder mit diesem Problem auseinandersetzen müssen. Schtscherbizki (Erster Sekretär der Republik Ukraine, zu der die Krim gehört) sei jedoch dagegen.

Gorbatschow: Das gehört auch zur Demokratie.

Tschebrikow: Und was wird dann aus der Südküste der Krim? Die Tataren werden zurückkehren und sagen: Das ist mein Haus, gib es zurück. Zugleich müssen wir aber auch das Problem der zwei Millionen Deutschen lösen. Wir kommen nicht darum herum, dieses Problem zu lösen, und wenn wir es noch so oft verschieben. Seine Lösung ist überfällig.

Solomenzew (Vorsitzender des Komitees für Parteikontrolle): Die Frage muß gelöst werden, auch wenn sie nicht einfach ist. Und sie muß gleichzeitig mit dem Problem der Wolga-Deutschen gelöst werden. Wir haben ja bereits eingeräumt, daß die Aussiedlungen nicht gerechtfertigt waren. Und wir haben die Inguschen, die Kalmücken und die Karatschaier (weitere im Zweiten Weltkrieg deportierte Nationalitäten) zurückkehren lassen ... Fast alle bis auf die Wolga-Deutschen und die Krimtataren. Ich bin aber gegen ein autonomes Gebiet. Die Zusammensetzung der Nationalitäten auf der Krim hat sich erheblich verändert. Vor dem Krieg waren es 13 Prozent Ukrainer, heute sind es 26 Prozent, Russen waren es 49 Prozent, heute sind

es 68 Prozent ... Ein autonomes Gebiet wäre eine Misch-
lösung. Mag sein, daß ich Maximalist bin. Aber wir haben ein geeignetes Dekret, das seiner Zeit Lenin selbst
unterzeichnete. Da wir ohnehin versuchen, Lenins Grundsätze zu verwirklichen, könnten wir uns auch auf dieses
Dekret berufen. Und niemand könnte daran Anstoß nehmen, weder die Russen, noch die Ukrainer. Die Völker
würden lernen, miteinander zu leben.

Gorbatschow: Du meinst also, daß die Krim wieder
ein Teil der RSFSR werden soll, wie nach Lenins Dekret?
Weißt du aber auch, daß Podgornyj (ehemaliger Vorsitzender des Obersten Sowjet, Ukrainer) verlangt hat, daß
Krasnodar und Kuban der Ukraine zugeschlagen würden? Weil die Kosaken seiner Meinung nach Ukrainer
sind. Historisch betrachtet wäre es vermutlich richtig, die
Krim an Rußland zurückzugeben. Aber dann würde es
in der ganzen Ukraine zu einem Aufstand kommen.

Worotnikow (Ministerpräsident der RSFSR): Laßt uns
doch die Frage vertagen. Wie können wir es vermeiden,
ein weiteres gewaltiges Problem in der Ukraine zu schaffen? Ich bin für ein autonomes Gebiet, aber vorläufig
müssen in Usbekistan die erforderlichen Rahmenbedingungen geschaffen werden. Ich bin dagegen, im gleichen
Zuge das Problem der Deutschen zu lösen.

Schewardnadse: Ich bin dafür, in Usbekistan die erforderlichen Rahmenbedingungen zu schaffen und nach
und nach allen, die wollen und können, den Umzug auf
die Krim zu gestatten.

Jakowlew: Legen wir doch eine Übergangsfrist von
beispielsweise 15 bis 20 Jahren für den Umzug auf die
Krim fest. Vorläufig bleiben sie aber in Usbekistan.

Dolgich (Kandidat im Politbüro) unterstützt den Vorschlag.

Gromyko: Weshalb haben wir es so eilig? Es ist doch
nichts passiert. Was macht es schon, wenn die Delegation
ständig zum Präsidium des Obersten Sowjets und zu an-

deren Instanzen fährt? Soll sie doch fahren. Wurde die Entscheidung, sie auszusiedeln, etwa nicht durch die Kriegsereignisse gerechtfertigt?

Die Übergabe (der Krim an die Ukraine) war zweifellos ein Willkürakt. Aber läßt sich das denn jetzt wieder rückgängig machen? Ich bin dafür, das Problem einer Überprüfung durch das Leben und die Geschichte zu überlassen. Es sollte kein Gebiet gegründet werden. Die Tataren sollten in Usbekistan untergebracht werden. Wenn das Problem damit auch nicht ganz gelöst ist, so entschärft es zumindest die Frage der Zugehörigkeit der Krim. Ich schlage vor, die Sache noch einmal zu überdenken und keine endgültige Entscheidung zu treffen.

Lukjanow spricht sich für ein autonomes Gebiet auf der Krim aus.

Gorbatschow: Einer Entscheidung können wir nicht länger ausweichen. Wir müssen alles gründlich durchdenken. Der Gedanke, die Autonomie der Krim im Sinne von Lenins Dekret wiederherzustellen, ist heute unrealistisch. In 45 Jahren hat sich auf der Krim vieles verändert ... Eine Rückgabe der Krim an die Tataren ist inzwischen bereits unmöglich ... Die Rückkehr der Krim in die RSFSR wird gerade dort für Unruhe sorgen, wo wir sie zur Zeit am wenigsten brauchen können – im slawischen Kern des ‹sozialistischen Reiches›. Vor der Revolution war das russische Volk der Garant für die Unabhängigkeit des Landes. Jetzt sind das aber auch alle anderen. Wir müssen den Tataren in Usbekistan ein menschenwürdiges Dasein ermöglichen und uns um sie kümmern. Wer bereits auf der Krim aufgetaucht ist, mag dort bleiben. Auch denen muß geholfen werden. Aber es müssen Schritte unternommen werden, um die Umsiedlung auf die Krim zu stoppen. Man muß die Leute anhalten, auf dem Boden der Realität zu bleiben.

Eine Kommission mit folgenden Mitgliedern wird gebildet: Schtscherbizki, Worotnikow, Usmanchodshajew

(bis 1988 Erster Sekretär der KP Usbekistans), Demit-
schew (Kandidat), Tschebrikow, Lukjanow, Rasumowski
(Leiter der ZK-Abteilung für Organisation), Jakowlew.

Gorbatschow: Das Problem der Wolgadeutschen werden wir vorläufig nicht angehen. Wenn die Kommission
ihre Fähigkeiten bei der Frage der Tataren unter Beweis
stellt, dann teilen wir ihr auch die Deutschen zu. Die
Kommission soll auch auf die tatarischen Delegationen
zugehen und in der Presse auftreten. Mit einem Wort, an
diese Sache muß man im demokratischen Geist heran-
gehen.»

Als die Kommission ihre Arbeit bereits aufgenommen
hatte, kam man dann gemeinsam mit den ukrainischen
Behörden zu dem Schluß: Eine Rückkehr eines Teils der
Tataren an ihre früheren Aufenthaltsorte ist möglich. Ein
Schritt des Entgegenkommens wurde getan, aber damit
war das Problem nicht gelöst. Im Jahr 1989 wurde bereits
allen Krimtataren das Recht eingeräumt, auf die Krim
zurückzukehren. Die Kommission lehnte es aber erneut
ab, der Krim wieder wie vor dem Zweiten Weltkrieg den
Status einer autonomen Republik der Krimtataren zu
verleihen.

Ich habe das Protokoll der Politbürositzung zitiert, um
zu veranschaulichen, wie damals über vergleichbare Probleme diskutiert wurde. Nach der Mitte des Jahres 1987
stand die Frage der Beziehungen zwischen den Nationalitäten nahezu ständig auf der Tagesordnung des Politbüros.

Im August 1987 traten erste Anzeichen nationaler Unruhen in den baltischen Republiken auf. Übrigens hatte
es dort immer schon gegärt, nur spielte sich früher alles
im Verborgenen ab. Die Hauptursache für die Unruhen
war die Unzufriedenheit über die Russifizierung der Region. Es gab jedoch keinerlei Vorkehrungen für dieses
Problem. Diskussionen darüber blieben ergebnislos. Im
übrigen bemühten sich die lokalen Behörden um Investi-

tionen für den industriellen Aufbau, für den sie wiederum Arbeiter und Spezialisten benötigten. Da vor Ort keine aufzutreiben waren, wurden Russen und andere Nationalitäten angeworben. So war das in Wirklichkeit.

Das Verschweigen der wahren Geschichte, wie das Baltikum der UdSSR angegliedert worden war, spielte bei dem ganzen Problem eine wichtige Rolle. Forderungen, der Wahrheit zu ihrem Recht zu verhelfen und die wahre Geschichte zu offenbaren, wurden seit 1987 laut. Anfangs ging es nur um die historische Wahrheit, dann aber kam die Forderung hinzu, den Zustand von vor 1939 wiederherzustellen. Zu diesem Zeitpunkt waren wir uns noch nicht über den Ernst der einsetzenden Entwicklung im klaren und versäumten es, rechtzeitig angemessen auf die Geschehnisse zu reagieren.

Seit Oktober 1987 meldete sich in Berg-Karabach die Bewegung zur Wiedervereinigung mit Armenien zu Wort. Die Folge war eine wahre Flut von Protestveranstaltungen und Versammlungen sowie die Auswanderung vieler Aserbaidschaner aus Karabach. Als Antwort darauf wurde in Aserbaidschan eine Kampagne mit der Losung «Karabach ist unveräußerlicher Teil Aserbaidschans» gestartet.

In Karabach kam es sehr rasch zu direkten Zusammenstößen zwischen Angehörigen beider Nationalitäten und wenig später sogar zu einem offenen Krieg zwischen Armenien und Aserbaidschan. Die Unionsführung war deshalb gezwungen, die nationale Frage neu zu beurteilen. Auf dem Februar-Plenum des ZK der KPdSU im Jahr 1988 wurde folgende Erklärung abgegeben: «Wir müssen uns mit dem Nationalismus in der gegenwärtigen Etappe sehr gründlich befassen und zwar auf allen Ebenen – in Theorie und Praxis. Das ist eine prinzpielle, lebenswichtige Frage unserer Gesellschaft.»

Am 26. Februar 1988 wandte ich mich direkt an die Völker Aserbaidschans und Armeniens und rief die Bürger der Republiken auf, stets auf dem Boden des demokratischen Prozesses und der Rechtsordnung zu bleiben. Sie sollten das Schicksal ihrer Völker nicht in die Hände von Anarchie und blinder Leidenschaft legen. Es gelang mir aber nicht, eine Eskalation zu verhindern. Noch im Februar kam es zu ersten blutigen Zusammenstößen, das Massaker von Sumgait bildete den traurigen Höhepunkt.

Ich erinnere mich noch gut, mit welcher Schärfe auf der Politbürositzung vom 3. März über diese Ereignisse diskutiert wurde. Ich faßte die Ergebnisse der Diskussion zusammen und rief alle Beteiligten auf, Ruhe und Prinzipientreue zu bewahren: «Macht nicht die Menschen zu Feinden ... Handelt auf politischem Weg. Die Regierung muß selbstverständlich auch weiter die Regierung sein. Das Gesetz muß siegen.» Dem fügte ich noch hinzu: In einem Konflikt könne es keine Sieger geben, man müsse miteinander verhandeln. Es war dringend notwendig, eine sorgfältig ausgewogene *politische* Herangehensweise an das Nationalitätenproblem zu formulieren.

Nicht nur unter den Bürgern, sondern sogar im Politbüro wurden damals Forderungen laut, militärische Gewalt anzuwenden. «Laßt die Armee in den Straßen aufmarschieren, und sofort wird wieder Ordnung herrschen», sagte der Vorsitzende des Präsidiums des Obersten Sowjets Andrej Gromyko am 4. Juli. Wir stimmten ihm nicht zu, doch der Gedanke blieb im Raum. Die alten Sichtweisen, die seit Jahrzehnten das Denken bestimmten, machten sich bemerkbar.

Waren wir uns damals wirklich darüber im klaren, daß es im Grunde gar nicht so sehr um die Lösung der dringlichsten Probleme ging, sondern eigentlich um einen Wandel eben dieses Denkens? Also um die Ausarbeitung einer grundlegend neuen Politik in der Nationalitätenfrage?

Um diese Zeit reifte jedenfalls der Gedanke heran, daß eine ganz neue Politik notwendig war. Bereits auf dem

Februar-Plenum des ZK im Jahr 1988 hatte ich angeregt, sich auf einem der folgenden Plena ausschließlich mit dem Nationalitätenproblem zu befassen.

Auf der XIX. Unionsparteikonferenz der KPdSU legte ich die Haltung des Politbüros dar: «Bei allen Schwierigkeiten, die auf unserem Weg lagen, ... hat die Union doch die Prüfungen der Zeit bestanden. Sie wird eine entscheidende Voraussetzung für die weitere Entwicklung aller Völker unseres Landes bleiben.»

Doch es blieb nicht bei bloßen Worten. Ein Programm praktischer Maßnahmen wurde formuliert. Wir setzten umfassende Maßnahmen zur weiteren Entwicklung und Stärkung der Union ganz oben auf die Tagesordnung. Vorschläge zur Abgrenzung der Kompetenzen der Sowjetunion und der Unionsrepubliken sowie zur Übertragung einer Reihe von Regierungsfunktionen auf die Republiken wurden ausgearbeitet; optimale Varianten für einen möglichen Übergang der Republiken und der Regionen zu einer finanziellen Selbständigkeit wurden formuliert; die direkten Kontakte unter ihnen sollten gestärkt werden, wobei ihr jeweiliger Beitrag zu den die Union betreffenden Programmen klar festgelegt wurde.

Die Ereignisse führten uns die Notwendigkeit vor Augen, die Gesetzgebung zu den Unionsrepubliken sowie den Autonomen Republiken, Regionen und Gebieten zu erneuern und die Rechtsgarantien für die Verwirklichung der kulturellen Bedürfnisse aller Minderheiten auszuweiten, die außerhalb der Grenzen ihrer nationalen Territorien lebten. Vordringlich war dabei die Verabschiedung eines Unionsgesetzes über die freie Entfaltung und gleichberechtigte Verwendung aller Sprachen der Völker der UdSSR. Somit erörterten wir die nationale Frage im Rahmen der gesamten Perestroika. Die Achtung der Rechte der verschiedenen Nationen, Nationalitäten und Republiken einerseits, sowie andererseits die Stärkung der Union und ihre Umwandlung in eine echte Föderation waren dabei unsere Maßstäbe. Es ging um die nächste Etappe der politischen Reformen. Und die politischen Methoden zur Lösung der anstehenden Probleme mußten in den Vordergrund gestellt werden.

Tiflis – Baku – Wilna

Gelang es uns denn, den Gang der Ereignisse in diesem Rahmen zu halten? Schließlich kam es zu den Vorfällen in Tiflis, Baku und später in Wilna, auf die ich im folgenden ausführlicher eingehen möchte, denn im Zusammenhang mit diesen tragischen Vorfällen wurden zahlreiche falsche Beschuldigungen erhoben.

Zunächst zu Tiflis. Dort hielten seit dem 4. April 1989 Menschenansammlungen vor dem Regierungsgebäude ein nichtgenehmigtes, mehrtägiges Treffen ab, bei dem Parolen wie «Unabhängigkeit für Georgien!» und «Nieder mit dem Russischen Reich!» skandiert wurden. Die lokalen Verantwortlichen betrachteten politische Methoden, etwa ein direktes Gespräch mit den Menschen, als Zeichen der Schwäche (das galt damals für viele Kader des «alten Schlages») und zogen es vor, Gewalt anzuwenden. Am 7. April schlugen sie vor, in Tiflis den Notstand auszurufen. Am selben Tag wurde auf der ZK-Sitzung der KPdSU (der 2. ZK-Sekretär Jegor Ligatschow, KGB-Chef Wiktor Tschebrikow und andere) vereinbart, Truppen zu entsenden. Es war aber nicht die Rede davon, sie auch einzusetzen. Die Anwesenden gingen davon aus, daß schon die bloße Präsenz von Soldaten die Lage wieder normalisieren werde.

Ich hielt mich am 7. April in London auf. Nach meiner Rückkehr nach Moskau am späten Abend wurde ich noch auf dem Flughafen über die Ereignisse informiert. Unter Abwägung aller damals bekannten Tatsachen beauftragte ich Außenminister Eduard Schewardnadse und

ZK-Sekretär Georgi Rasumowski, unverzüglich nach Georgien zu reisen. Am Morgen des 8. April meldete jedoch die georgische Führung, daß es nicht notwendig sei, sofort Vertreter aus Moskau zu entsenden, da die Lage sich normalisiere. Ich vermute, daß der Erste Sekretär der KP Georgiens, Dshumber Patiaschwili die Anreise Schewardnadses nicht wünschte, zu dem er ein denkbar schlechtes Verhältnis hatte. In der Nacht zum 9. April wurden jedoch die Truppen eingesetzt, um die Demonstranten von dem Platz abzudrängen. Dabei kamen 16 Menschen ums Leben, viele andere wurden verletzt.

Wer gab den Befehl, Gewalt anzuwenden? Das ist offensichtlich ein ganz großes Rätsel, das weder der Kongreß der Volksdeputierten lösen konnte, noch eine der zahllosen Kommissionen, die sich mit den Ereignissen in Tiflis befaßten. Ich denke, daß die Führung vor Ort in Georgien zum Opfer irgendwelcher politischen Intrigen geworden ist, von denen sie selbst keine Ahnung hatte. Allem Anschein nach konnten schon damals diejenigen auf das Verhalten der Truppen Einfluß nehmen, die im August 1991 den sogenannten Putsch provozierten. Was kürzlich Armeegeneral Igor Rodionow auf die entsprechende Frage eines Journalisten geantwortet hat – daß er von dem damaligen Verteidigungsminister Marschall Dmitri Jasow die Genehmigung erhalten habe –, bestätigt diese Vermutung. Rodionow hatte seinerseits angenommen, daß Jasow die Einwilligung der höchsten Führung des Landes erhalten habe.

Dieser Dolchstoß traf uns tief. In einem Radio- und Fernsehauftritt unmittelbar nach den Ereignissen erklärte ich: «Was sich in Tiflis zugetragen hat, schadet zweifellos den Interessen der Perestroika, der Demokratisierung und der Erneuerung des Landes. Die Beschlüsse und Taten verantwortungsloser Personen hatten zur Folge, daß die angespannte Lage in der Republik sich noch zuspitzt. Antisowjetische Parolen wurden verbreitet, Aufrufe, das sozialistische Georgien von der brüderlichen Familie der Sowjetvölker loszureißen. Die falschen Orientierungen verdrehten einem Teil der Menschen den Kopf. Unordnung entstand. Menschen kamen ums Leben, unschuldiges Blut wurde vergossen. Den Müttern und den Verwandten wurde unermeßlicher Schaden zugefügt, unsere Trauer ist groß.»

Einige Tage später, nach Schewardnadses Reise nach Georgien, wurde im Politbüro über die Vorfälle heftig diskutiert. Zur Veranschaulichung der Atmosphäre zitiere ich die Worte des Regierungschefs Nikolai Ryschkow, die er bei dieser Sitzung äußerte: «Wir waren während dieser Tage in Moskau, aber was wissen wir, hier im Kreml? Ich bin der Chef der Regierung, und was wußte ich? Aus der *Prawda* habe ich erfahren, daß in Tiflis Menschen umgekommen sind. Die ZK-Sekretäre wußten Bescheid. Aber wir in der Regierung, die Mitglieder des Politbüros, hatten keine Ahnung ... Wir brauchen eine zeitgemäße und wahrheitsgemäße Information. Wo führt denn das hin? Der Befehlshabende in dem Gebiet dort handelt, und wir in Moskau wissen von nichts. Er verhaftet kurzerhand das ganze Politbüro Georgiens, und wir erfahren das wiederum aus der Zeitung. Wie sich herausstellt, wußte nicht einmal Michail Sergejewitsch (Gorbatschow) Bescheid. Was geht denn hier im Land vor? Wir setzen die Armee ein, der Generalsekretär erfährt das aber erst am nächsten Tag. Wie stehen wir denn da vor der sowjetischen Gesellschaft, ja vor der ganzen Welt? Überhaupt ist es bei uns soweit, wohin man auch blickt, überall werden ohne Wissen des Politbüros Schritte unternommen. Das ist schlimmer, als wenn das Politbüro eine falsche Entscheidung trifft.» Ryschkow hatte recht.

Auf dieser Sitzung sah ich mich gezwungen, in scharfer Form die Frage nach dem Wahrheitsgehalt und der Genauigkeit der erhaltenen Informationen aufzuwerfen.

Ich mußte daran erinnern, daß die Einrichtungen, die uns die Informationen zukommen ließen, im vollen Bewußtsein ihrer Verantwortung zu handeln hatten. Und natürlich mußte ich nach der Rolle der Armee und von Verteidigungsminister Dmitri Jasow fragen: Von da an durfte die Armee bei solchen Vorfällen nicht ohne den Beschluß der höchsten Führung des Landes eingreifen.

Nach den Ereignissen von Tiflis erteilte das Politbüro nur noch ein einziges Mal die Genehmigung, die Armee einzusetzen: Sie sollte umfassende Unruhen und ein größeres Blutvergießen in Baku verhindern. Das geschah im Zusammenhang mit der Zuspitzung des armenisch-aserbaidschanischen Konfliktes Anfang 1990, der in dem Pogrom von Baku an den Armeniern und der Vertreibung der Armenier aus der Stadt gipfelte. Die örtlichen Organe versuchten, die Ordnung wiederherzustellen, aber interne Streitigkeiten lähmten ihre Handlungen und ihre Fähigkeit, die Lage in den Griff zu bekommen. Die Unruhen weiteten sich auf einen großen Teil der Republik aus, destruktive Elemente stachelten die Menschen dazu an, auf einer Strecke von mehreren hundert Kilometern die Grenzanlagen einzureißen. Jewgeni Primakow, damals Mitglied des Präsidialrates, und Andrej Girenko, ZK-Sekretär, wurden als Repräsentanten der sowjetischen Führung in das Gebiet entsandt. Sie stellten fest, daß die Lage äußerst kritisch war. Am 19. Januar wurden dann gleichzeitig der Aufruf des ZK der KPdSU, des Präsidiums des Obersten Sowjets und des Ministerrats der UdSSR «An die Völker Aserbaidschans und Armeniens» sowie der Erlaß des Präsidiums des Obersten Sowjets veröffentlicht, über Baku den Ausnahmezustand zu verhängen. In der Nacht vom 19. auf den 20. Januar marschierten Truppen des Innenministeriums und der Sowjetarmee in Baku ein. Bei ihrem Einmarsch wurden die Soldaten immer wieder provoziert und ihnen alle möglichen Hindernisse in den Weg gelegt. Die Aufständischen der Aserbaidschanischen Volksfront eröffneten auf sie das Feuer, und die Militäreinheiten waren gezwungen zurückzuschießen. In jener Nacht kamen 83 Menschen in Baku ums Leben, darunter 14 Militärangehörige.

Am 20. Januar gab ich im Fernsehen eine Einschätzung der Lage und eine Erklärung ab: «Die Führung hofft, daß die ergriffenen Maßnahmen von den Völkern unseres Landes verstanden und unterstützt werden.» Doch die damaligen Ereignisse und unsere Maßnahmen wurden unterschiedlich bewertet (auch heute noch). Die einen sagten, wir wären wiederum zu spät gekommen, der Ausnahmezustand hätte schon viel früher ausgerufen werden müssen. Aber hatte die Unionsregierung denn gemäß der Verfassung der UdSSR überhaupt das Recht, über die Köpfe der Führung der Republiken hinweg zu handeln? Die Zentralregierung mischte sich erst dann unmittelbar ein, als sich zeigte, daß die Organe der Republik handlungsunfähig waren.

Andere haben uns schon die Ausrufung des Ausnahmezustands zum Vorwurf gemacht. Ihnen läßt sich nur eines entgegenhalten: Wenn wir nicht zu einschneidenden Maßnahmen gegriffen hätten, dann hätten die Ereignisse einen völlig unvorhersehbaren Verlauf nehmen können. Es tut mir aufrichtig leid, daß dabei Blut vergossen wurde. Aber gerade das Blutvergießen im Land mußte um jeden Preis gestoppt werden. Das war unser Ziel.

Ich habe über die Geschehnisse lange nachgedacht und aus dieser ganzen tragischen Geschichte folgende Lehre gezogen: Die Regierungsmacht kommt in extremen Situationen nicht umhin, Gewalt anzuwenden. Aber dieses Handeln muß durch absolute Notwendigkeit gerechtfertigt sein und sich auf ein sorgfältig erwogenes Maß begrenzen. Eine wirkliche Lösung der Probleme ist hingegen nur mit politischen Mitteln möglich.

Schließlich gab es die Ereignisse von Wilna, in Litauen. Damit sind wir bereits im Jahr 1991, wiederum im Januar. Ich sagte bereits, daß sich die Lage im Baltikum, und insbesondere in Litauen, seit Mitte 1987 ständig zuspitzte. Doch ab Mitte 1989, als in der Republik faktisch die Bewegung «Sajudis» an die Macht kam, überstürzten sich die Ereignisse geradezu. Ich weiß noch gut, daß diese Bewegung anfangs mit den Losungen der Perestroika auftrat und sie sogar gegen konservative Stimmen verteidigte. Später wurde sie aber allmählich zum Sammelpunkt jener Kräfte, die sich für den Austritt aus der Sowjetunion einsetzten. Ich selbst und meine Mitarbeiter gaben uns alle Mühe, die Separationsbestrebungen zu dämpfen, aber unsere Bemühungen hatten keinen Erfolg.

Welche Argumente brachten die Anhänger des Austritts vor? Einerseits schlugen sie wegen der «Vorherrschaft der russischen Bevölkerung» Alarm. Das war eine grobe Übertreibung. Die Russen machten in Litauen ein Fünftel der Gesamtbevölkerung aus. Die Warnung, daß die Litauer am Ende zur Minderheit innerhalb der Bevölkerung der Republik werden könnten, machte aber auf viele großen Eindruck.

Ein anderes Argument war stärker praktischer Natur: Es hieß, Litauen verfüge über eine gesunde Landwirtschaft und exportiere viele Erzeugnisse nach Moskau und Leningrad. In der Republik komme es hingegen zu Engpässen bei der Fleischversorgung. Das war die Wahrheit oder genauer – die halbe Wahrheit. Die umfangreichen Lieferungen aus anderen Republiken nach Litauen, vor allem aus Rußland, wurden verschwiegen oder zumindest heruntergespielt: beispielsweise Getreide, Erdöl, Metalle, Industrieprodukte und Konsumgüter. Verschwiegen wurden auch die beträchtlichen Vorrechte, die Litauen und allen baltischen Republiken eingeräumt worden waren. Gemeinsam mit der zweifelsohne höheren Arbeitsproduktivität hatten diese Vorrechte zur Folge, daß der Lebensstandard in Litauen über dem Durchschnitt der Union lag. So weit dachte damals aber niemand. Die Halbwahrheit hingegen zeigte ihre Wirkung, denn nicht nur die Litauer, sondern selbst Angehörige anderer Nationalitäten gelangten zu der Überzeugung: «Wenn wir uns von Moskau trennen, dann werden wir besser leben».

Wie dem auch sei, die Lage spitzte sich nach und nach zu. Am 11. Mai 1989 diskutierte das Politbüro die Situation in den baltischen Republiken. An dieser Sitzung nahmen auch die Parteiführer der drei Republiken teil. Im Verlauf der Diskussion wurden, vor allem nachdem die baltischen Ersten Sekretäre Vaino Väljas, Algirdas Brasauskas und Janis Vagris gegangen waren, verschiedene Meinungen laut, welche Vorgehensweise angezeigt sei. Einige Sitzungsteilnehmer waren offenbar durchaus nicht abgeneigt, Druck auszuüben. Ich erklärte in meinem Schlußwort: «Gehen wir einmal davon aus, daß noch nicht alles verloren ist. Bei unseren Bewertungen müssen wir äußerst vorsichtig sein, damit es nicht zu einer Verzweiflungstat oder zum Bruch kommt ... Volksfronten, hinter denen 90 Prozent der Bevölkerung stehen, dürfen nicht mit Extremisten gleichgesetzt werden. Mit ihnen muß man sprechen ... Vertrauen wir auf den gesunden Menschenverstand ... Wir dürfen nicht davor zurückschrecken, mit einer ökonomischen Selbständigkeit der Republiken zu experimentieren ... Wir dürfen keine Angst davor haben, daß die Republiken ihre Souveränität unterschiedlich nutzen ... Wir müssen überlegen, immer wieder überlegen, wie unsere Föderation umgestaltet werden kann, sonst zerfällt sie wirklich ... Die Anwendung von Gewalt jedoch ist ausgeschlossen. In der Außenpolitik haben wir sie ausgeschlossen, dann dürfen wir sie erst recht nicht gegen die eigenen Völker anwenden ... Die Prozesse müssen genauer analysiert werden; und wir müssen vorsichtiger sein mit unseren Bewertungen und ‹Etiketten›. Schließlich handelt es sich um die *nationale Frage.*»

Sämtliche Nationalitätenprobleme im weitesten Sinne wurden zum Gegenstand der Diskussionen auf dem Ersten Kongreß der Volksdeputierten (25. Mai – 9. Juni 1989). In meiner Rede stellte ich die wesentlichen Punkte der Nationalitätenpolitik der Perestroika heraus: «In einem föderativen Staat muß genau festgelegt werden, was in die Zuständigkeit der Union fällt und was das souveräne Recht der Republiken, ihre Autonomie beinhaltet. Wir müssen Rechtswege ausarbeiten, um Konflikte, die bei den wechselseitigen Beziehungen auftreten können, zu schlichten.

Auf wirtschaftlichem Gebiet ist eine Harmonisierung der Beziehungen zwischen der Union und den Republiken auf der Grundlage einer organischen Vereinigung ihrer wirtschaftlichen Unabhängigkeit und aktiver Teilnahme an der unionsweiten Aufteilung der Arbeit unumgänglich. Aus dieser Sicht wäre es erforderlich, die Regulierung des einheitlichen volkswirtschaftlichen Komplexes unseres Landes umzugestalten, wobei der Übergang der Republiken, Regionen, Gebiete und Kreise zur Selbstverwaltung und Selbstfinanzierung organisch in den allgemeinen Prozeß der Erneuerung der sowjetischen Wirtschaft einbezogen werden muß ...

Auf geistigem Gebiet gehen wir davon aus, daß die Vielfalt der nationalen Kulturen einer der höchsten sozialen und historischen Werte ist, ja, eine einzigartige Errungenschaft unserer Union. Wir haben nicht das Recht, auch nur eine einzige von ihnen geringzuschätzen oder gar zu vergeuden, denn jede einzelne ist einzigartig.

Wir sind für die freie, allseitige Entwicklung aller Völker, nationalen Sprachen und Kulturen, für gleichberechtigte und freundschaftliche Beziehungen aller Nationen, Nationalitäten und nationaler Gruppen.»

Der Kongreß bestätigte meine Vorschläge als Ausgangsbasis für das weitere Vorgehen. Im Verlauf der Jahre 1989 und 1990 wurde auch vieles getan, um den eingeschlagenen Kurs in die Praxis umzusetzen. Das Gesetz «Über die gemeinsamen Anfänge der lokalen Selbstverwaltung und lokalen Wirtschaftsführung in der UdSSR» wurde verabschiedet, ferner unter anderen die erweiterten Rechte der Autonomen Republiken und Unionsrepubliken, das Gesetz «Über die Sprachen der Völker der UdSSR», das deren freie Entfaltung und Verwendung garantierte, sowie das Gesetz «Über die Abgrenzung der Befugnisse zwischen der Union der Sowjetrepubliken und den Subjekten der Föderation». Was die baltischen Republiken betrifft, so wurden ihnen gemeinsam mit Weißrußland und dem Gebiet Swerdlowsk durch ein Sondergesetz, das auf der zweiten Sitzung des Obersten Sowjets der UdSSR verabschiedet wurde, auf wirtschaftlichem Gebiet weitreichende Sonderrechte eingeräumt.

Im September 1989 verabschiedete das ZK-Plenum die Plattform der KPdSU «Die Nationalitätenpolitik der Partei unter den aktuellen Bedingungen». Darin wurden folgende Hauptaufgaben formuliert:

– Umwandlung der Sowjetischen Föderation, die sie mit echtem politischen und wirtschaftlichen Leben erfüllen soll;

– Ausweitung der Rechte und Möglichkeiten aller Formen der nationalen Autonomie;

– rechtliche Gleichstellung aller Nationalitäten;

– Schaffung der Bedingungen für die freie Entfaltung der nationalen Kulturen und Sprachen;

– Bekräftigung der Garantie, daß niemand wegen seiner Nationalität benachteiligt werden darf.

Somit wurde eine grundlegende politische Plattform zur nationalen Frage verfaßt, wenn auch etwas verspätet. Auf ihrer Grundlage wären wir imstande gewesen, alle anstehenden Probleme zu lösen. Im Baltikum wurden jedoch jene Kräfte stärker, die auf eine Trennung von der Union hinarbeiteten. Mitglieder der Parteiführung, darunter auch ich, sprachen immer wieder mit Repräsentanten der drei Republiken. Ich betonte dabei mehrfach, daß das Recht auf Selbstbestimmung bis hin zur Abspaltung ein unveräußerliches Souveränitätsrecht sei, das in der Verfassung der UdSSR verankert sei. Allerdings bemühte ich mich, meine Gesprächspartner davon zu überzeugen, daß eine Abspaltung nicht den Interessen ihres Volkes entspräche. Dezentralisierung, Autonomie, eine neue Vertiefung der Kompetenzen – ja. Aber mit der Einschränkung, daß die Zusammenarbeit und Koordination erhalten blieb. Es machte keinen Sinn, an einer Föderation Kritik zu üben, die wir bislang noch nie gehabt hatten. Wir hatten bislang in einem Einheitsstaat gelebt. Ich lud die Balten ein, zunächst einmal das Zusammenleben in einer wirklich föderalen Staatsordnung zu versuchen und sich dann endgültig zu entscheiden. Immerhin hatten wir die positiven Erfahrungen föderaler Staaten auf der ganzen Welt vor Augen.

Am 29. Januar 1990 wurden im Politbüro Gesetzesentwürfe und Verbesserungsvorschläge für die Verfassung diskutiert, die die Nationalitätenprobleme betrafen.

Das Gesetz über den Austritt aus der Union wurde am 3. April 1990 verabschiedet, aber einen Tag vor seiner Verabschiedung erklärte die neue Führung Litauens demonstrativ die Republik für unabhängig. Bereits am 22. März hatte General Valentin Warennikow während der Diskussion über die neue Lage im Politbüro vorgeschlagen, den Ausnahmezustand auszurufen, eine Präsidialherrschaft einzuführen, Truppen einmarschieren zu lassen und die Führer der Republiken zu «isolieren» – all das sollte unter dem Vorwand geschehen, man habe dem Aufruf «patriotischer Kräfte» Folge geleistet. Selbstverständlich schenkte das Politbüro diesem Vorschlag keine weitere Aufmerksamkeit, aber schon allein dieser

Auftritt war symptomatisch für die Stimmung in gewissen militärischen Kreisen, und nicht nur dort.

Ich legte meinen Standpunkt im Gespräch mit Delegierten des XXI. Kongresses des Komsomol, der kommunistischen Jugendorganisation öffentlich dar: «Gewiß, es gibt das verfassungsmäßige Recht auf Selbstbestimmung, zur Zeit wird das Gesetz über den Rechtsweg zur Lösung aller Fragen verabschiedet, die mit dem Austritt der Republiken aus der Union zusammenhängen, so daß wir also mit dem ‹Scheidungsprozeß› beginnen können, aber jene haben über Nacht einen Beschluß gefaßt, ohne das Volk zu befragen, ohne Referendum – das ist das reinste Abenteuer.

Wie man sagt, Liebe läßt sich nicht erzwingen. Da der Wunsch nach dem Austritt nun einmal besteht, muß vor allen Dingen dem litauischen Volk gesagt werden, welche Folgen das haben wird, territorial und wirtschaftlich, für die Verteidigung und welche Regelungen für jene getroffen werden, die nicht in einem eigenen Staat bleiben wollen. Das ist die eine Seite, hier nun die andere: Welche Rechte und Möglichkeiten, politische, wirtschaftliche, kulturtechnische und andere, welche Freiheit und Selbständigkeit erhält die Republik, wenn sie in der Sowjetunion bleibt. Und dann wird das litauische Volk, ein kluges Volk, selbst entscheiden, daß es nur eine Selbständigkeit im Rahmen lebendiger Beziehungen zu allen Republiken benötigt ...»

Ich muß daran erinnern, daß alle diese Ereignisse zu einer Zeit geschahen, als sich im Land eine völlig neue Lage ergeben hatte. Die politische Reform kam Schritt für Schritt voran. Bereits seit einem Jahr war der Kongreß der Volksdeputierten, sowie der von ihm gewählte Oberste Sowjet, tätig. Die Machtorgane in den Unionsrepubliken und die Organe der lokalen Selbstverwaltung wurden in freien Wahlen bestimmt. Die politische Auseinandersetzung spitzte sich jedoch zu. Es bildete sich ein radikaler Flügel der Demokraten heraus und ihm entgegengesetzt ein nicht weniger radikaler der «Patrioten». Die Ereignisse im Baltikum lösten stürmische Proteste beider aus. Unruhe erfaßte das ganze Land.

Bei einem Besuch in Swerdlowsk mußte ich unzählige Fragen zu diesem Thema beantworten. Nur eine Antwort sei hier zitiert: «Wir haben es mit einer Verschärfung der nationalen Konflikte zu tun. Die einen sagen: Soll das ‹Reich› doch auseinanderfallen, die anderen hingegen: Wo haben denn Gorbatschow und die Führung ihre Augen, denn schon längst hätten alle zurechtgewiesen und mit eiserner Faust die Ordnung wiederhergestellt werden müssen. Weder die eine, noch die andere Meinung läßt sich mit ernsthafter Politik vereinbaren. Als russischer und sowjetischer Mensch, als politischer Funktionär kann ich derartige extreme Ansätze nicht akzeptieren ... Wir werden unsere Föderation umgestalten und über eine Erneuerung der Union der Sozialistischen Sowjetrepubliken nachdenken. Alles, was zur Realisierung des Gedankens der Erneuerung beiträgt, entspricht den Interessen sowohl der Russen wie auch aller anderen Völker des Landes. Davon müssen wir uns leiten lassen.»

Ende April 1990 kamen von der litauischen Führung erste Signale, daß sie bereit sei, mit der Zentralregierung in Dialog zu treten. Im Rahmen dieses Dialogs könnten auch die Beschlüsse des Obersten Sowjets Litauens zur Sprache gebracht werden. Litauen hätte keine Einwände dagegen, die Unabhängigkeitserklärung als eine Urkunde zu interpretieren, mit der sich ein Status der Republik als «assoziiertes Mitglied einer erneuerten Sowjetunion» vereinbaren ließe. Die konkrete Umsetzung müsse das Ergebnis eines etappenweisen Vorgehens sein, das mit der Union abgestimmt werden müsse. Damit war die Voraussetzung für die Suche nach einer praktischen Lösung gegeben.

Diese wenig bekannte Tatsache verdeutlicht, daß sich damals die Chance einer politischen Lösung auftat, die eine Erneuerung der Union nicht untergraben hätte. Was hinderte uns also daran, eine Einigung zu erzielen? Ein neuer Umstand kam hinzu, der die ganze Stimmung im Land von Grund auf veränderte, insbesondere die nationalen Beziehungen.

Am 12. Juni 1990 verabschiedete der Oberste Sowjet Rußlands die Erklärung über die staatliche Souveränität der RSFSR. Auf diesen Akt folgten ähnliche Erklärungen seitens der anderen Republiken, und zwar nicht nur der Unionsrepubliken, sondern sogar der Autonomen Republiken. Eine regelrechte «Parade der Souveränitätserklärungen» begann. Die Suche nach Wegen zu einer Einigung mit Litauen wurde im Zuge dieser Ereignisse abgebrochen.

Doch die Souveränitätserklärung Rußlands hatte bekanntermaßen noch viel weitreichendere Folgen. Es ging nicht nur um die Einigung mit Litauen. Im Grunde gaben die Ereignisse des Sommers 1990, deren Auslöser die Souveränitätserklärung des Obersten Sowjets der RSFSR war, den Anstoß zu einem Prozeß, an dessen Ende der Zerfall der Sowjetunion stand – wenn man will, waren sie die Hauptursache des Zerfalls. Darauf komme ich noch zurück.

In Wilna handelte die Führung Ende 1990 weiterhin im Geist der Unabhängigkeitserklärung, was schwere innere Kämpfe in der Republik zur Folge hatte. Die Gegner eines Austritts aus der Union gründeten eigene Organisationen. Die in sich schon gespaltene Kommunistische Partei Litauens fiel vollends auseinander. Ein Teil unterstützte den Kurs der Unabhängigkeit. Der andere hingegen versuchte dem entgegenzuwirken, ging dabei aber äußerst radikal vor und verstieß gelegentlich sogar gegen geltende Gesetze. Dieser Flügel der Kommunisten wandte sich fortan regelmäßig mit der Forderung, den Notstand zu verhängen und in Litauen eine Präsidialherrschaft einzuführen, an die Zentralregierung. Diese Leute stießen durchaus auf Verständnis in gewissen Moskauer Kreisen, die ähnliche Forderungen erhoben, und wurden von diesen unterstützt (von dem Auftritt General Warennikows im Politbüro war bereits die Rede). Von Dezember 1990 bis Januar 1991 stimmten diese Kreise in Wilna und in Moskau ihre Aktionen aufeinander ab.

Aber selbst in dieser Situation war ich, wie schon zuvor, der Ansicht, ich hätte nicht das Recht, zu äußersten Mitteln zu greifen. Am 10. Januar 1991 wandte ich mich an den Obersten Sowjet der Litauischen Sozialistischen Sowjetrepublik und forderte ihn auf, unverzüglich die Verfassung der UdSSR wieder in vollem Umfang in Kraft zu setzen, weil die Lage immer explosiver werde. Die litauischen Organe reagierten nicht einmal darauf. Natürlich wurden nun diejenigen immer rühriger, die den Verbleib Litauens in der UdSSR forderten, und gründeten ein «Komitee der nationalen Rettung». Die ersten verfassungswidrigen Handlungen forderten wiederum neue heraus. Die Auseinandersetzung verließ damit die verfassungsmäßigen Bahnen und geriet auf das Gleis der direkten Konfrontation.

Verteidigungsminister Dmitri Jasow, KGB-Chef Wladimir Krjutschkow und Innenminister Boris Pugo teilten mir mit, daß sie Vorkehrungen für den Fall getroffen hätten, daß die Lage außer Kontrolle geraten und es zu direkten Zusammenstößen zwischen «Sajudis»-Anhängern und Kommunisten kommen sollte, sowie für den Fall, daß es notwendig werden sollte, mit präsidialen Dekreten zu regieren. Nur davon und von nichts anderem war die Rede. General Warennikow, der sich in Wilna aufhielt, meldete, die Lage sei gefährlich, und schlug erneut vor, Notverordnungen zu erlassen.

In dieser Situation wurde ein weiterer Versuch unternommen, eine politische Lösung der Frage zu finden. Am

12. Januar diskutierte der Föderationsrat über die Lage in Litauen. Ich stellte fest, daß es bis zum Blutvergießen nur noch ein kleiner Schritt sei, und schlug vor, Repräsentanten des Föderationsrat nach Wilna zu entsenden, die sich vor Ort ein Bild machen und mögliche Maßnahmen vorschlagen sollten. Aber noch bevor die Delegation des Rates in Wilna ankam, spielten sich dort bereits tragische Ereignisse ab. Sowjetische Militäreinheiten schossen vor dem Fernsehgebäude und dem Parlament auf Demonstranten. Ich verlangte von Krjutschkow, Pugo und Jasow eine Erklärung, wie das passieren konnte und wer den Befehl zum Einsatz der Truppen gegeben habe. Jeder von ihnen beteuerte jedoch, daß er nichts damit zu tun gehabt hätte.

Bis heute sind noch nicht alle Einzelheiten der Ereignisse in Wilna (und dann in Riga) bekannt, aber mit der Zeit werden immer mehr Details aufgedeckt. Gleich nach Beendigung meiner Tätigkeit als Staatspräsident der UdSSR erhielt ich Informationen, die in das Dunkel der Ereignisse am 13. Januar 1991 in der litauischen Hauptstadt ein wenig Licht brachten. Früher oder später wird zweifellos geklärt werden, wer den Befehl gab, Truppen einzusetzen, und wer die «Operation» geleitet hat.

In meiner Ansprache am 22. Januar erklärte ich: «Die Ereignisse, die sich in Wilna abgespielt haben, sind kein Ausdruck der politischen Linie der Präsidialgewalt. Ich weise deshalb alle diesbezüglichen Spekulationen, Verdächtigungen und Unterstellungen entschieden zurück.» In dieser Erklärung sagte ich klar und deutlich, daß jede beliebige gesellschaftliche Organisation, jedes Komitee und jede Front nur auf dem verfassungsmäßigen Weg und ohne Gewaltanwendung darauf hoffen könne, an die Macht zu gelangen. Alle Versuche, sich militärischer Mittel zu bedienen, seien in einer politischen Auseinandersetzung unzulässig. Ebenso unzulässig seien Willkürakte seitens der Streitkräfte.

Die drei Krisen in Tiflis, Baku und Wilna waren völlig unterschiedlich. Nur in einem Fall (Baku) erfolgte der Einsatz von Truppen auf der Grundlage eines Beschlusses der Zentralregierung. In den beiden anderen Fällen handelte es sich um Aktionen, die der Linie der Staatsführung, Probleme nur auf politischem, friedlichem Weg zu lösen, diametral entgegenstanden.

Der Weg zu einem Unionsvertrag

Der Gedanke, einen neuen Unionsvertrag auszuarbeiten und zu unterzeichnen, kam erstmals im Verlauf der Vorbereitungen des ZK-Plenums der KPdSU zur nationalen Frage auf, allerdings wurde die notwendige Erneuerung der Föderation, wie gesagt, schon zuvor angesprochen. Im Grunde hätten wir schon damals damit beginnen müssen, die Rechtsgrundlagen für die Reform der Union, also einen neuen Unionsvertrag in Angriff zu nehmen. Nachdem wir diese im September 1989 zur Sprache gebracht hatten, zögerten sich die jedoch praktischen Vertragsverhandlungen erheblich hinaus.

In der Plattform des ZK an den XXVIII. Parteitag «Zu einem humanen, demokratischen Sozialismus», die auf dem Februar-Plenum des ZK (1990) verabschiedet wurde, heißt es: «Die KPdSU hält die Ausarbeitung vertraglicher Prinzipien für den Aufbau der Union für unumgänglich ... Durch die freiwillige Übertragung genau festgelegter Funktionen in den Zuständigkeitsbereich der Union wird die Lage der Unionsrepubliken *als souveräne Staaten* gestärkt werden, indem sie verfassungsmäßige Garantien erhalten.»

Doch auf diese grundsätzliche Stellungnahme folgten damals noch keine entsprechende Umsetzung. Die Diskussionen darüber, wie der Vertrag denn auszusehen habe, wurden fortgesetzt. Ich zitiere einen Auszug aus dem Protokoll der Politbürositzung vom 1. März 1990:

«*Gorbatschow:* Wir müssen uns mit der Konzeption der Föderation befassen. Wir dürfen uns nicht darauf beschränken, immer nur zu reden und an etwas Anstoß zu nehmen. Einige werfen sogar die Frage auf, ob man nicht manche aus der UdSSR ausschließen sollte. In der Gesellschaft gehen einige inzwischen von ersten emotionalen Reaktionen zu beispielsweise folgenden Überlegungen über: Ja wofür brauchen wir denn diesen Koloß, eine solche Union überhaupt? Rußland und die Ukraine haben zusammen schon 200 Millionen Einwohner. In Kasachstan ist die Hälfte der Bevölkerung Russen. Nehmen wir vielleicht noch Usbekistan hinzu, aber alle anderen sollen doch aus der UdSSR austreten.

Genau aus diesem Grund müssen wir die Initiative behalten. Ich wiederhole, wir brauchen eine Konzeption – eine Konzeption für die Erneuerung der vertraglichen Grundlage der Union. Aus den Gesprächen mit Vertretern des Baltikums, Georgiens und anderer Republiken habe ich ersehen, daß man dort über eine neue Konzeption für die Union nachdenkt. Aber wir stützen uns immer noch auf die alte Formel. Ein Entwurf für einen Unionsvertrag muß ausgearbeitet und anschließend veröffentlicht werden. Dann soll er grundlegend und ohne Eile in der Presse, in der Gesellschaft, überall diskutiert werden. Insbesondere auch deshalb, damit alle erkennen, was den Völkern bei einem Austritt aus der Union droht. Selbstverständlich dürfen wir nicht mit Parolen wie ‹vereint und unteilbar› daherkommen. Aber wir müssen die Probleme so darstellen, daß der Wunsch, aus der Union auszutreten, neutralisiert wird. Möglich ist auch eine Föderation mit unterschiedlichem Status für bestimmte Republiken und folglich mit unterschiedlichen Beziehungen zwischen der Zentralregierung und ihren Subjekten. Immerhin war dies schon in Rußland nicht einheitlich gewesen. Es gab das Großfürstentum Finnland, das Königreich Polen, das Khanat Buchara und viele mehr.

Ryschkow unterstützt den Gedanken, einen Vertragsentwurf für eine neue Verfassung zu diskutieren.

Ligatschow hält dem scharf entgegen, daß der Internationalismus völlig in Vergessenheit gerate.

Gorbatschow fährt fort: Solange wir bei der Föderation nicht zu einem Ende kommen, werden wir keine Ruhe haben. Das wird bei der ganzen übrigen Sache immer stören. Das Prinzip ‹Festhalten und nicht loslassen› funktioniert nicht. Wir müssen sehr umsichtig vorgehen, damit der Prozeß in Gang kommt, sonst werden wir uns sogar vor unseren glühendsten Anhängern verteidigen müssen, die zu 1000 Prozent für eine Föderation sind.

Wie können wir eine Brücke bauen? Ausgangspunkt ist der Gedanke, eine Föderation zu gründen. Ganz gleich welche Varianten es geben mag, der Kern ist der Gedanke der Föderation.»

Zwei Wochen später, auf dem Dritten Kongreß der Volksdeputierten, wurde ich zum Präsidenten der UdSSR gewählt. Gleich in meiner ersten Rede in der neuen Funktion lenkte ich das Augenmerk auf das Problem des Unionsvertrages. «Das Schicksal der Perestroika hängt in einem hohen Grad davon ab, ob es uns gelingt, die Gestaltung einer neuen Föderation zu verwirklichen. Als nunmehr gewählter Präsident bekräftige ich erneut meine Treue zur Integrität des Landes. Gleichzeitig gehe ich aber davon aus, daß alle Maßnahmen zur Stärkung der Souveränität der Unionsrepubliken, ihrer wirtschaftlichen und politischen Selbständigkeit, zur Anhebung des Status der Autonomen Republiken und anderer nationaler-territorialer Gebilde unter der Präsidialherrschaft besonders aufmerksam vorangetrieben werden müssen. Da ich die hier geäußerten Meinungen zu diesen Fragen teile, duldet meiner Ansicht nach die Ausarbeitung eines neuen Unionsvertrages keinen Aufschub, eines Vertrages, der den heutigen Realitäten und Bedürfnissen für die Entwicklung unserer Föderation und jedes einzelnen Volkes Rechnung trägt. Dabei muß von vornherein eine Differenzierung der föderativen Beziehungen vorgesehen werden, welche die einzigartigen Bedingungen und Möglichkeiten jeder Republik berücksichtigt.»

Mit anderen Worten, dem höchsten Machtorgan des Landes wurde ein klarer Kurs zur Erörterung vorgelegt. Mit Blick auf die Lage im Kaukasus (den anhaltenden Konflikten zwischen Armenien und Aserbaidschan), im Baltikum sowie auf die Ausbreitung separatistischer Stimmungen in anderen Regionen der Republiken mußte ich in derselben Rede die Aufmerksamkeit für die konkreten Probleme schärfen. Das war schon deshalb erforderlich, weil gerade die Ausarbeitung und der Abschluß eines neuen Unionsvertrages zu ihrer Überwindung beitragen sollten.

«Wir brauchen Eilmaßnahmen», sagte ich, um die schmerzlichen Probleme zu lösen, die aufgrund der Streitigkeiten zwischen den Nationalitäten aufgetreten sind, vor allem das Problem der Flüchtlinge. Diesbezüglich müssen die Regierungen der betreffenden Unionsrepubliken, und wo es sich nicht vermeiden läßt, die Regierung der Union endlich Beschlüsse fassen.

Überhaupt sind wir heute berechtigt, die Frage folgendermaßen anzugehen. Die Unionsrepubliken haben ihre Souveränität gestärkt und eine weitreichende Selbständigkeit erreicht. Folglich sollten sie auch die volle Verantwortung dafür tragen, daß den Menschen aller Nationalitäten auf ihrem Gebiet die Bürgerrechte garantiert werden, im Einklang mit unseren sowjetischen und mit internationalen Normen. Und zwar die politische, juristische und materielle Verantwortung.

In jüngster Zeit kam die Gefahr auf, daß nationalistische, chauvinistische und sogar rassistische Parolen weiterverbreitet werden. Das muß erbarmungslos unter Anwendung der ganzen Kraft der Verfassung und der Gesetze des Landes bekämpft werden.»

Am 12. Juni 1990 tagte der Föderationsrat, der bei der Einführung des Amtes des Präsidenten der UdSSR gemeinsam mit dem Präsidialrat gegründet wurde. Dem Rat gehörten die Führer sämtlicher Unionsrepubliken an. Auf der Tagesordnung standen die Probleme der Struktur der nationalstaatlichen Regierungen und der Unionsvertrag. Die Teilnehmer kamen überein, aus Vertretern aller Republiken eine Arbeitsgruppe zu bilden. *Der Rat sprach sich für die Gründung einer Union souveräner Staaten aus,* die Elemente einer Föderation, einer Konföderation und eines Commonwealth enthalten sollte.

Den Delegierten des XXVIII. Parteitages der KPdSU legte ich die Motive für die gefaßten Beschlüsse mit folgenden Worten dar: «Alles, was wir in jüngster Zeit durchgemacht und gedanklich erfaßt haben, hat mich zu der Auffassung gebracht, daß sich eine Umgestaltung der Union nicht auf eine Ausweitung, und sei es eine bedeutende Ausweitung, der Rechte der Republiken und der Autonomie beschränken darf. *Wir brauchen dringend eine echte Union souveräner Staaten.* Es geht hier, im Grunde, um die Errichtung einer national-gouvernementalen Struktur in unserem Land, die es uns ermöglicht, Widersprüche aufzulösen, die Zusammenarbeit der Völker auf ein neues Niveau anzuheben, die gesamte politische Macht der Union, ihr wirtschaftliches und geistiges Potential im Interesse all derer zu mehren, die sich in dem großen Unionsstaat zusammengeschlossen haben. Gleichzeitig wird dadurch die Sicherheit des Landes zuverlässig garantiert und das internationale Ansehen gesteigert.

Dabei bleibt die Forderung bestehen, daß die Menschenrechte über alle Interessen der nationalen Souveränität und Autonomie zu stellen sind. Das muß in der

Verfassung der Union und jeder Republik verankert werden. Von diesem Grundsatz, von dem wir uns auch auf internationaler Ebene leiten lassen, dürfen wir keinen Schritt abweichen.»

Auf den Kongreß der Volksdeputierten, den Föderationsrat und den XXVIII. Parteitag der KPdSU habe ich hier hingewiesen, um zu zeigen, daß die Führung der KPdSU nicht nur erkannte, daß eine Reform der Union unumgänglich war, sondern auch eine Konzeption für deren Durchführung entwickelte.

In der Folgezeit wurde daran intensiv gearbeitet. Am 20. Juni fand das erste Treffen der Arbeitsgruppen der Vertreter der Unionsrepubliken und der Arbeitsgruppe des Obersten Sowjets der UdSSR und des Ministerrates der UdSSR statt, auf dem die Vorgehensweise bei der Ausarbeitung des neuen Unionsvertrages diskutiert wurde. Danach kam es vom 3. bis zum 28. August insgesamt zwölfmal zu Zusammenkünften der Arbeitsgruppen der Republiken und der Arbeitsgruppe des Obersten Sowjets der UdSSR.

Aus besonderem Anlaß begannen die Gespräche mit Rußland. Der inzwischen zum Vorsitzenden des Obersten Sowjets der RSFSR gewählte Boris Jelzin warf bereits in seinen ersten Reden auf dem Kongreß der Volksdeputierten die Frage auf, ob Rußland sich souverän erklären solle. Dabei äußerte er eine sehr eigentümliche Auffassung von der Souveränität Rußlands: «Die oberste Souveränität kommt in Rußland dem Menschen und seinen Rechten zu. Es folgen die Unternehmen, Kolchosen, Sowchosen, jede beliebige Organisation, hier muß die erste und stärkste Souveränität liegen. Und natürlich die Souveränität des Sowjets der Region so wie bei jedem anderen Sowjet.»

Auf demselben Kongreß der Volksdeputierten entgegnete ich, während ich weiterhin bestrebt war, die Souveränität der Republiken im Rahmen einer erneuerten

Union zu stärken: «Boris Nikolajewitsch behauptet, daß auch der Mensch, die Unternehmen und der Sowjet der Region Souveränität besaßen. Ich muß Ihnen aber sagen, daß diese These weder theoretisch noch politisch begründet ist. Diese zweifelhafte These führt die Frage nach der Souveränität geradezu ad absurdum ...» Schon damals wurde mir klar, daß alle diese Handlungen der neuen russischen Führung den Separatismus in der Russischen Föderation selbst schüren und die Völker der Republiken gegeneinander aufhetzen würden.

Doch Jelzin beschränkte seine Aktionen nicht auf Moskau. Auf einer Reise durch das Land «vertiefte» er seine Ideen. In der Tatarischen ASSR sagte er beispielsweise: «Welche Selbständigkeit Tatarien für sich auch wählen wird, wir werden sie gutheißen.» In Baschkirien: «Nehmt euch ein so großes Stück von der Macht, wie ihr es selbst noch schlucken könnt.» Später dann, als die Republik Tschetschenien eben jenes Stück von der Souveränität forderte und ihre Unabhängigkeit erklärte, kam es zu einem Krieg.

Doch es ging nicht nur darum, wie die Souveränität innerhalb Rußlands zu verstehen sei, auch wenn das eine – wie sich inzwischen gezeigt hat – sehr heikle Frage ist. Es ging auch darum, wie Jelzin die Souveränität Rußlands innerhalb der Union auffaßte. Unmittelbar nach der Wahl zum Vorsitzenden des Obersten Sowjets der RSFSR erklärte er: «Auf der Grundlage der Souveränitätserklärung, die nach den erforderlichen Gesetzen verabschiedet werden wird, wird Rußland in jeder Hinsicht selbständig sein, und seine Beschlüsse müssen über den Unionsbeschlüssen stehen.» So unverantwortlich diese Erklärung war, so irrig war sie auch. In der Praxis bedeutete das, daß Rußland die Union und ihre Organe ignorieren würde und daß es nicht die Absicht hatte, Beschlüsse auszuführen, die von der Föderation getroffen worden waren.

Die Handlungsweise Rußlands löste die bereits erwähnte «Parade der Souveränitäten» der Unionsrepubliken und einiger Autonomer Republiken aus und verhinderte, daß es zu einem konstruktiven Dialog mit Litauen kam. Faktisch wurde damit der Zerfall der Union eingeleitet. Sämtliche Einschätzungen, daß die Nationalitätenprobleme im Baltikum, im Transkaukasus, in Mittelasien den Zerfall der Sowjetunion eingeleitet hätten, sind Versuche, die unverantwortliche Handlungsweise Jelzins und seiner Anhänger in der Bewegung «Demokratisches Rußland» im nachhinein zu rechtfertigen.

Weder damals noch heute hat irgend jemand überzeugende Argumente vorzubringen vermocht, weshalb sich Rußland unbedingt von der UdSSR unabhängig erklären mußte. Von wem mußte Rußland denn unabhängig werden? Etwa von sich selbst? Schon diese einfache Frage entwaffnet diejenigen, die damals versucht haben und noch heute versuchen, die Notwendigkeit von Jelzins Handeln nachzuweisen. Ich weiß noch, daß ich mich nach der Verabschiedung der Souveränitätserklärung Rußlands einmal mit Boris Jelzin traf und ihm sagte: «Boris Nikolajewitsch, in unserem Land, in der UdSSR, gibt es zwei Bindeglieder: die Unionsföderation und die Russische Föderation. Wenn eines von ihnen reißt, dann fällt alles auseinander.»

Blickt man heute auf diese Ereignisse zurück, so zeigt sich ganz deutlich: Bereits damals betrieben Jelzin und seine Umgebung eine Politik mit dem Ziel der Zerschlagung der Union und der Machtübernahme in Rußland. Natürlich konnte er zu diesem Zeitpunkt, und auch später bis zum Putsch von 1991, nicht offen agieren, denn dann hätte ihm selbst die Mehrheit seiner Anhänger die Gefolgschaft verweigert. Aber im Verborgenen arbeitete er darauf hin.

Ich möchte noch einen weiteren, nicht unbedeutenden Umstand hinzufügen. Inzwischen liegt auf der Hand, daß diese von der russischen Führung betriebene Auflösung der Union sich mit dem Kampf kreuzte, den fundamentalistische Kräfte innerhalb der KPdSU, die alte Schule der Nomenklatura, gegen die Führung der UdSSR führten. Ihr Bollwerk war die im selben Jahr 1990 gegründete Kommunistische Partei der RSFSR, an deren Spitze Iwan Poloskow, Gennadi Sjuganow und andere standen. Beide Lager – Jelzins Anhänger und die Führung der Kommunistischen Partei der RSFSR, so entgegengesetzt ihre ideologischen Positionen auch scheinen mögen – provozierten sich gegenseitig dabei, Gorbatschow aus dem Amt zu entfernen und damit in Wirklichkeit den Prozeß der Erneuerung und Reform der Union zu unterminieren. Dieser Prozeß paßte nämlich beiden nicht ins Konzept.

Kehren wir jedoch zu den Verhandlungen für den Unionsvertrag zurück. Nach der Konsultierung von zwölf Republiken (darüber hinaus trafen wir uns auch mit Delegationen der drei baltischen Republiken, obwohl diese nicht beteiligt waren) fand am 30./31. August 1990 eine gemeinsame Sitzung des Präsidialrates und des Föderationsrates statt. Der Vorsitzende des Nationalitätenrats des Obersten Sowjets, Rafik Nischanow, präsentierte den Teilnehmern die Ergebnisse der Beratungen. Er wies auf die völlige Übereinstimmung in der Überzeugung hin, daß eine radikale Erneuerung der Union unumgänglich sei, unterstrich aber gleichzeitig, daß zur Form des künftigen Staates die unterschiedlichsten Meinungen bestünden, von einer Föderation bis hin zu einer Konföderation. Es wurde beschlossen, eine vorbereitende Kommission zur Ausarbeitung des neuen Unionsvertrages zu bilden, der neben dem Präsidenten der UdSSR, dem Vorsitzenden des Obersten Sowjets der UdSSR und dem Vorsitzenden des Ministerrats der UdSSR hochkarätig besetzte Delegationen aller Republiken angehören sollten. Diese Kommission sollte Mitte September ihre Arbeit aufnehmen.

Ende September schaltete sich der Oberste Sowjet der UdSSR in die Diskussion um den Unionsvertrag ein. Da mir auffiel, daß im Lauf der vorhergegangenen Diskussionen und Beratungen plötzlich Ansichten geäußert wurden, nach denen eine erneuerte Föderation nicht unbedingt ein Staatsgebilde sein mußte, sondern auch ein lose miteinander verbundenes und nicht lebensfähiges Konglomerat von Republiken sein konnte, mußte ich erneut die Position der Mehrheit unterstreichen: «Ich bin für eine Union souveräner Staaten, eine erneuerte Union, in der sich alle wohlfühlen sollen, in der alle Völker und jede Nationalität ihr intellektuelles Potential und alles, was ihnen eigen ist, verwirklichen können. Jedes Volk ist auf seine Weise einzigartig und groß. Und ich betrachte eine Union souveräner Staaten als *einen einzigen multinationalen Staat.*»

Nach der Sitzung des Obersten Sowjets wurde die Arbeit fortgesetzt. Bei der Ausarbeitung des neuen Unionsvertrages wurden sieben verschiedene Entwürfe einbezogen, die von den Republiken Weißrußland, Kasachstan, Usbekistan, Aserbaidschan, Kirgisien, Turkmenien und Tadschikistan vorbereitet worden waren, dazu noch zwei Entwürfe, die aus dem Institut für Staat und Recht bei der Akademie der Wissenschaften, drei Entwürfe, die von der Jury der interregionalen Deputiertengruppe favorisiert worden waren, sowie ein Projekt, das eine Gruppe politischer Parteien vorgelegt hatte. Die Probleme, die im Zusammenhang mit der Erneuerung der Union auftraten, wurden dreimal im Föderationsrat und zweimal im Obersten Sowjet der UdSSR diskutiert.

Das Zwischenergebnis dieser Beratungen wurde auf dem Vierten Kongreß der Volksdeputierten (vom 17. bis zum 27. Dezember 1990) vorgestellt. Der Entwurf wurde sehr rege, gelegentlich sogar heftig diskutiert. Ich gehe hier nicht im einzelnen auf ihn ein und zitiere lediglich einen Auszug der Rede des Vorsitzenden der Kommission des Nationalitätenrats zur Nationalitätenpolitik und zu den Beziehungen zwischen den Nationalitäten, dem Vertreter Weißrußlands Georgi Tarassewitsch:

«Wenn wir die verschiedenen politischen Ansichten über die Prinzipien der Erneuerung unserer Union analysieren, so lassen sich zwei einander entgegengesetzte Schemata herauslesen:

Befürworter des ersten Schemas schlagen vor (teils ganz offen, teils verklausuliert), *die bestehende Union aufzulösen.* Mit anderen Worten, hier ist die Rede von einer Abschaffung der Machtorgane auf Unionsebene und der Staatsordnung, von der Außerkraftsetzung der Unionsverfassung. Gleichzeitig leiten die Republiken (so ist es in dem Vorschlag geplant) die Verhandlungen zu einem Vertragsabschluß ein, und auf dieser Grundlage wird die neue Union gegründet.

Das zweite Schema sieht keine Auflösung, sondern eine Reformierung vor. Seine Befürworter schlagen vor, den Zerfall der bestehenden Beziehungen innerhalb der Union zu stoppen. Nach Absprache mit den Republiken sollen die Machtorgane und die Regierung auf Unionsebene von Grund auf reformiert werden. Die Republiken führen gemeinsam mit dem Präsidenten und der Führung der höchsten Machtorgane Vertragsverhandlungen zur Erneuerung der Union.

Im wesentlichen ist um diese beiden Schemata ein geradezu erbitterter Kampf entbrannt – ein Kampf um die Macht. Das erste Schema läßt sich nicht allzu schwer umsetzen, weil sich in der öffentlichen Meinung eine eindeutig negative Haltung zu dem Althergebrachten und zu dem momentan regierenden Zentrum herausgebildet hat. In vieler Hinsicht ist diese Meinung auch berechtigt. Freilich, indem wir das Zentrum kritisieren und alle Schuld auf es abwälzen, wollen wir nicht eingestehen, daß ein großer Teil der heutigen Probleme mit der unvernünftigen Zerstörung dieses unglückseligen Zentrums zusammenhängt.

Kehren wir aber zur Realisierung des ersten Schemas zurück. Eine öffentliche Meinung gegen das Zentrum hat sich also im wesentlichen bereits herausgebildet. Inzwischen genügt es schon, daß die Führer einiger Republiken, wenn Rußland darunter ist, sowieso, entsprechende Ideen in ihren Parlamenten durchsetzen, dann können sie sozusagen den Unionsorganen ohne weiteres den ‹Teppich› unter den Füßen wegziehen. Ich meine, daß dieser Prozeß bereits begonnen hat. Ist das vielleicht der Grund, weshalb wir nicht rechtzeitig den Plan und den Haushalt für das bevorstehende Jahr verabschieden konnten? Bei einer solchen Entwicklung der Ereignisse werden natürlich einige politische Kräfte und deren Führer den Sieg davontragen, aber werden unsere Völker, wird unsere Gesellschaft wirklich davon profitieren? Nein, davon bin ich überzeugt. Im Gegenteil, eine Zerstörung der Union wird unseren Völkern nur neues Unheil bringen … Eine Zerstörung der Union hat unter den gegebenen historischen Bedingungen unweigerlich katastrophale Folgen für unsere Gesellschaft. Politiker, die auf die eine oder andere Weise diese Prozesse vorantreiben, müssen sich über ihre Verantwortung gegenüber dem Volk und der Geschichte klar werden. *Was aber die Erneuerung der Union angeht, so muß meiner Ansicht nach die Konzeption des Präsidenten unterstützt werden, die keine Zerstörung, sondern eine Reformierung des Zentrums vorsieht.*»

Am 24. Dezember 1990 verabschiedete der Kongreß die Erklärung «Über die allgemeine Konzeption des neuen Unionsvertrages und über den Ratifizierungsprozeß». Nachdem der Kongreß sich für die Umgestaltung der bestehenden Union in eine «freiwillige, gleichberechtigte Union souveräner Republiken» ausgesprochen hatte, ließ er verlautbaren: «Die erneuerte Union gründet sich auf die Willensäußerung der Völker und auf die Prinzipien, die in den Deklarationen über die staatliche Souveränität seitens der Republiken und Autonomen Gebiete dargelegt wurden, und soll folgende Werte garantieren: die rechtliche Gleichstellung aller Bürger des Landes, unabhängig von ihrer Nationalität und ihrem Wohnsitz, die rechtliche Gleichstellung der Völker, wie groß sie auch sein mögen, ihr unveräußerliches Recht auf Selbstbestimmung, freie demokratische Entwicklung und territoriale Unversehrtheit der Subjekte der Föderation, die Rechte der nationalen Minderheiten, die Stärkung der Stellung und des Ansehens der Union als Garant des Friedens und der internationalen Sicherheit.»

Es wurde beschlossen, daß eine Vorbereitungskommission, bestehend aus den höchsten Repräsentanten der Subjekte der Föderation – Republiken und Autonome Staatsgebilde –, dem Präsidenten der UdSSR, dem Vorsitzenden des Obersten Sowjets der UdSSR und dem Vorsitzenden des Nationalitätenrats des Obersten Sowjets der UdSSR, die Organisation der weiteren Arbeit an dem Vertragsprojekt und die Festlegung der Ausführungsbestimmungen übernehmen sollte. Bei der Ausarbeitung des Entwurfes sollte sich die Kommission «auf die dem Kongreß vorgelegte allgemeine Konzeption, sowie auf die Konzeptionen, die bei den Subjekten der Föderation vorliegen, stützen und Vorschläge und Anmerkungen berücksichtigen, die von den Volksdeputierten der UdSSR und von der Allgemeinheit geäußert worden sind».

Ein Punkt des Kongreßbeschlusses lautete: «Der Kongreß unterstreicht, daß bis zur Unterzeichnung des neuen Unionsvertrages durch alle Staatsorgane die Hauptvoraussetzung für das Zustandekommen einer Einigung die Achtung der bestehenden Verfassung der UdSSR und der Unionsgesetze darstellt, sowie das Unterbinden von Beschlüssen, welche die garantierten Rechte und rechtmäßigen Interessen der Subjekte der Föderation verletzen.»

Dieser Satz war dringend erforderlich, weil sich schon Anfang 1991 Verstöße gegen die Verfassung der UdSSR häuften. Damit sind keineswegs nur die baltischen Republiken gemeint, sondern auch eine Reihe anderer Republiken. Selbst Rußland ging mehrfach mit schlechtem Beispiel voran.

Anfang 1991 ging die Arbeit an dem neuen Unionsvertrag allmählich schneller voran, aber die Rahmenbedingungen waren äußerst schwierig: Die radikaldemokratischen wie auch die konservativen Gegner einer Erneuerung der Föderation verstärkten ihre Aktionen und taten alles, um eine Verwirklichung der vom Kongreß der Volksdeputierten gebilligten Pläne zu verhindern. Den größten Eifer legten dabei die Radikaldemokraten an den Tag. Sie versuchten die Ereignisse in Wilna und Riga auszunutzen und stellten sie als eine «Verschwörung der Konservativen im Kreml» dar. Jede beliebige Maßnahme der Unionsorgane wurde in diesem Sinne kritisiert.

Boris Jelzin beendete um diese Zeit eine Reise nach Lettland und Estland. Auf einer Pressekonferenz erklärte er, daß es offenkundig nicht gelinge, die Souveränität Rußlands ohne eine russische Armee zu verteidigen. Also sollte eine russische Armee die Souveränität Rußlands gegen die Armee der Union verteidigen, der zu achtzig Prozent Russen angehören. Das war blanker Unsinn! Zudem war es ein grober Verstoß gegen die Verfassung der UdSSR. Ich war gezwungen, darauf im Obersten Sowjet der UdSSR hinzuweisen.

Auf derselben Pressekonferenz gab Jelzin auch die folgende Erklärung ab, die ich hier nach dem Wortlaut in der *Iswestija* zitiere: «B. Jelzin erklärte, daß die Führer der vier größten Republiken – Rußland, Ukraine, Weißrußland und Kasachstan – beschlossen hätten, miteinander einen vierseitigen Vertrag zu allen Fragen abzuschließen, ohne den Unionsvertrag abzuwarten. Zu diesem Zweck würden sie sich in nächster Zukunft in

Minsk treffen – ein genaues Datum wurde nicht genannt. Sie hätten den Eindruck, erklärte Jelzin, daß ein solcher Akt ein guter stabilisierender Faktor für die ganze Gesellschaft sei. Diesem Vertrag könnten sich auf Wunsch später auch andere Republiken und das Zentrum anschließen.»

Der Gedanke wurde damals noch nicht in die Tat umgesetzt. Es war jedoch faktisch die Rede von einem offenen Versuch, nicht nur den Unionsvertrag scheitern zu lassen, sondern den bestehenden Staat in Frage zu stellen.

Es ist auch keineswegs ein Zufall, daß Boris Jelzin genau zu derselben Zeit, Anfang 1991, eine heftige Kampagne gegen den Präsidenten der UdSSR eröffnete. Am 19. Februar erklärte er im staatlichen Fernsehen, daß er sich von der Politik des Präsidenten der UdSSR distanziere und dessen Rücktritt fordere. Diese Erklärung wurde von dem Obersten Sowjet der UdSSR als Verstoß gegen die Verfassung gewertet, der eine außerordentlich gefährliche Situation schaffe.

Ende Februar beendete ich eine Reise nach Weißrußland. In meinen Reden dort legte ich meine Sichtweise aller Ereignisse dar, ohne mir allerdings den Ton der Erklärungen meiner Gegner zu eigen zu machen. Zur Veranschaulichung zitiere ich ausführlich aus meiner Rede bei einem Treffen mit Wissenschaftlern und Künstlern Weißrußlands am 26. Februar:

«Das Recht der Völker auf Selbstbestimmung und Selbstregierung ist inzwischen gesetzlich verankert; wir sind bereits in die Phase der Umgestaltung der Union in eine Föderation souveräner Republiken eingetreten.

... Ich muß jedoch festhalten, daß einige politische Strömungen unter den Bedingungen unserer zerbrechlichen, noch nicht gefestigten Demokratie begonnen haben, die Realisierung ihrer Absichten nicht im verfassungsmäßigen Rahmen und nicht aufgrund der geltenden

Gesetze, sondern gegen sie zu betreiben. Darin liegt im Grunde die ganze Dramatik der aktuellen Lage und die Wurzel der Schwierigkeiten, die wir durchmachen.

... Der ‹Krieg der Gesetze› (in dem die Russische Föderation Gesetze erließ, die den Unionsgesetzen widersprachen), der aufgrund der Logik dieser Ideologie entbrannte, hat in vieler Hinsicht die Regierungsmacht gelähmt, den Markt gesprengt und lebendige Verbindungen desorganisiert, die sich in Jahrzehnten herausgebildet haben. Die Angriffe auf den Kongreß der Volksdeputierten, den Obersten Sowjet der UdSSR und den Präsidenten wurden verstärkt. Eine geradezu paradoxe Lage hat sich ergeben, in der manche dem Zentrum vorwerfen, es würde die Reformen einstellen und eine Diktatur vorbereiten, während sie sich selbst weit vom Kurs der Perestroika entfernt haben und dabei im Grunde nur Ziele und Orientierung der Perestroika verändern wollen. In Wirklichkeit tobt zur Zeit ein Kampf um die Macht, der die Lage in der Gesellschaft destabilisiert und droht, uns von einem Reformkurs auf einen Konfrontationskurs abzudrängen. Und solange eine derartige aus der Sicht der Lebensfunktionen der Gesellschaft und des Staates untragbare Lage nicht überwunden wird, spitzt sich die Krise zu und droht gar, sich zu einem Bürgerkrieg auszuwachsen, das Land extrem zu schwächen, wenn nicht gar um Jahrzehnte zurückzuwerfen.

... Angesehene Wissenschaftler aus vielen Ländern kommen übereinstimmend zu dem Schluß, daß ein beschleunigter Übergang zur Marktwirtschaft unter chaotischen und desorganisierten Verhältnissen nicht verwirklicht werden kann. Dabei wollen wir doch gerade auf dem Weg der Reformierung der Besitzverhältnisse, der Annäherung an die Marktwirtschaft und der Umgestaltung der Union zu neuen Lebensformen aufbrechen und eine neue Dynamik der Entwicklung des Landes gewährleisten. Ohne Geschlossenheit, ohne den zielstrebigen Willen der Mehrheit des Volkes sind wir diesen Aufgaben jedoch nicht gewachsen. Darin liegt die ganze Vielschichtigkeit und Dramatik der aktuellen Situation.

... Zur Zeit treten die verschiedensten Gruppierungen unter dem Banner der Demokratie auf, doch die programmatischen Richtlinien ihrer Führer sind inzwischen hinlänglich bekannt. Wohin wollen uns denn die frischgebackenen ‹Freunde des Volkes› führen oder in welche Richtung weisen denn zumindest ihre Dienste? Der erste Punkt ihres Programms lautet Deföderalisierung, womit eine Zersplitterung unseres großen multinationalen Staates gemeint ist. Einer der Ideologen der Demokraten, der Vorsitzende des Moskauer Stadtsowjets Gawriil Popow redet emotionslos von der Möglichkeit, den Sowjetstaat in 40 bis 50 Staaten aufzuteilen, ganze Völker umzusiedeln, die Grenzen zwischen den Republiken neu zu ziehen. Und dieser unions- und volksfeindliche Plan wird als Kern der Demokratie ausgegeben. Auf diese programmatischen Richtlinien folgten zudem politische Handlungen. Ich meine damit die wütenden Angriffe gegen das Zentrum, also die Versuche, eben jene Union und das Referendum über die Zukunft unseres multinationalen Staates in ein schlechtes Licht zu stellen.

Ja, nicht nur Versuche, Mißtrauen zu säen, sondern auch seine Ziele zu ändern. Sehen Sie nur, welchen Attacken von gewissen Foren das Referendum sich ausgesetzt sieht. Man braucht sich nicht zu wundern, daß die ‹Demokraten› in einer politischen Allianz mit den separatistischen, nationalistischen Gruppierungen auftreten. Sie haben ein gemeinsames Ziel: die Union zu schwächen und wenn möglich aufzulösen. Und es stört auch nicht weiter, daß der Ruf der Extremisten aus ‹Sajudis› oder ‹Ruch› (der ukrainischen Unabhängigkeitsbewegung) alles andere als makellos ist. Den Bündnispartnern kann man selbst solche ‹kleinen Sünden› verzeihen wie die Organisation eines moralischen und, in einer Reihe von Fällen, sogar bewaffneten Terrors gegen Andersdenkende, wie die Schändung von Denkmälern für sowjetische Soldaten oder die Verbreitung profaschistischer Ansichten.

... Die Opposition findet es nicht vorteilhaft, wenn Reformen nicht durch sie selbst realisiert werden, weil sie nicht nur danach trachtet, die Politik des Zentrums zu diskreditieren, sondern auch, soweit möglich, die von ihr ergriffenen Maßnahmen zu torpedieren. All das wirkt sich schädlich auf die Wirtschaft aus, ungeachtet der fieberhaften, gemeinsamen Bemühungen. Es färbt auch auf die Tätigkeit vieler Organe auf Republiksebene ab, auf das Streben nach guten und angemessenen Beziehungen zwischen dem Zentrum und den Republiken. Wir sehen aber, wohin die Desintegrationsprozesse uns führen. Und wenn wir sie nicht stoppen, die wirtschaftlichen Kontakte nicht aufrechterhalten, die bereits in erheblichem Ausmaß gestört worden sind, so steht uns ein Rückgang der Produktion mit allen, in erster Linie sozialen Konsequenzen bevor. Die sozialen Folgen können wiederum auch politische nach sich ziehen, weil das Volk das nicht hinnehmen wird.

Somit müssen sämtliche Fragen im Rahmen einer Fortsetzung des Perestroika-Kurses gelöst werden, sonst werden die Desintegration, der Zerfall der Wirtschaftsbeziehungen und der Einbruch der Produktion zur Folge haben, daß harte Maßnahmen notwendig werden. Das dürfen wir nicht zulassen: Aus dem Chaos können nur diktatorische Methoden und Formen der Herrschaft hervorgehen.»

Damals hielt ich es für notwendig, die Dinge beim Namen zu nennen und auf die Gefahr hinzuweisen, die in der Herausforderung durch die radikalen Demokraten bestand. Aber auch seitens der Gegner der Reformen hagelte es Angriffe gegen die Regierung. Im Dezember 1990 etwa hatten sie auf dem Kongreß der Volksdeputierten der UdSSR versucht, den Präsidenten des Landes abzusetzen. Und auch wenn die Anhänger der beiden extrem radikalen Strömungen einander haßten, so konvergierten objektiv betrachtet ihre Interessen in dem gemeinsamen Ziel, die reformorientierte Zentralregierung zu schwächen.

Das Referendum über die Erhaltung der Union

Da ich sehr wohl erkannte, daß der politische Kampf in erster Linie um das künftige Schicksal der Union entbrannt war, um die Frage, ob sie überhaupt weiterbestehen soll und wenn ja in welcher Form (von der Antwort auf diese Fragen hing wiederum auch das Schicksal der wirtschaftlichen, politischen und rechtlichen Reformen ab), war ich der Ansicht, daß alle diese Fragen, die das Schicksal des Volkes betrafen, nicht ohne dessen Beteiligung entschieden werden dürfen. Ich war überzeugt, daß sich eine überwältigende Mehrheit der Bürger im Falle eines Referendums für die Erhaltung der Union in ihrer erneuerten Form entscheiden würde.

Ich legte diese Frage dem Kongreß der Volksdeputierten vor. Am 24. Dezember 1990 beschloß der Kongreß, über das weitere Schicksal der Union der Sozialistischen Sowjetrepubliken ein Referendum abzuhalten. Am 16. Januar legte der Oberste Sowjet der UdSSR dann fest, das Referendum im gesamten Territorium der Union am 17. März 1991 durchzuführen. Die den Bürgern gestellte Frage lautete: «Halten Sie die Erhaltung der Union der Sozialistischen Sowjetrepubliken als erneuerte Föderation gleichberechtigter, souveräner Republiken, in der die Rechte und Freiheiten der Menschen jeder beliebigen Nationalität in vollem Maße garantiert sein werden, für notwendig?»

Die Separatisten in allen Republiken starteten eine Kampagne, in der sie die Wähler aufforderten, die gestellte Frage mit Nein zu beantworten. Ende Januar tagte der «Demokratische Kongreß», in dem sich die Bewegung Demokratisches Rußland und eine Reihe ihr verwandter Parteien der Republiken zusammengeschlossen hatten. Die Konferenz sprach sich gegen den Fortbestand der UdSSR aus, und der von ihr ins Leben gerufene Konsultationsrat rief zu Massenaktionen mit den Schlagworten «Nein zur Frage des Unionsreferendums» und «Unterstützt den Vorsitzenden des Obersten Sowjets der RSFSR Boris Jelzin» auf.

Der russische Staatschef war gegen einen Erhalt der Union und machte auch nie ein Hehl daraus. Seinen Auftritt am 19. Februar, als er den Rücktritt des Präsidenten der UdSSR forderte, habe ich bereits erwähnt. Drei Wochen später war sein Ton noch schärfer geworden, als er seine Anhänger aufrief, «der Führung des Landes den Krieg zu erklären, weil sie uns in den Sumpf führt». Außerdem erklärte er: «Gorbatschow betrügt das Volk und die Demokratie.»

Anfang Februar kündigten die drei baltischen Republiken sowie Armenien, Georgien und Moldawien an, sich nicht an dem Referendum vom 17. März zu beteiligen. Den Bürgern dieser Republiken wurde jedoch die Möglichkeit verschafft, daran teilzunehmen, wenn sie dies wünschten.

Im Vorfeld des Referendums wurden die Auftritte seiner Gegner immer aggressiver. Boris Jelzin erklärte am 9. März: «Wir brauchen ein solches Zentrum nicht – riesig und bürokratisch ... Wir müssen es loswerden.» Damit rannte er offene Türen ein, denn es ging ja gerade darum, die Union so zu verändern, daß wir kein solches «riesiges und bürokratisches» Zentrum mehr haben würden, sondern eine echte demokratische Föderation souveräner Staaten. Aber das störte ihn nicht weiter.

Aus dem ersten Entwurf des Unionsvertrages, der am 6. März vom Föderationsrat (unter Teilnahme von Stellvertretern des Obersten Sowjets der RSFSR) gebilligt und am 9. März veröffentlicht wurde, ging das eindeutig hervor. Jelzin wußte das ganz genau und wollte nicht, daß dieser Entwurf gebilligt wird. Um seinen Standpunkt zu bekräftigen, erklärte er eilends, daß die Unterschriften der beiden Stellvertreter des Obersten Sowjets der RSFSR unter das Projekt zu nichts verpflichten würden. Am Vorabend des Referendums fügte er in einer Rede in «Radio Rußland» hinzu: «Das Referendum hat den Zweck, die aktuelle Politik der Führung des Landes zu billigen. Es zielt darauf ab, den imperialen und unitaristischen Kern der Union und des Systems zu erhalten.»

Am Vorabend der Stimmabgabe trat auch ich im Fernsehen auf und wandte mich mit folgenden Worten an die Zuschauer:

«... So stehen wir nun also an der Schwelle eines unionsweiten Referendums. Ein solches Ereignis findet zum ersten Mal in der Geschichte unseres Vaterlandes statt. Jeder einzelne, der an dem Referendum teilnimmt, sollte sich vor Augen halten, daß er eine wichtige Frage entscheidet, die das Heute und das Morgen unseres multinationalen Staates betrifft. Es geht hier um das Schicksal des Landes, um das Schicksal unserer Heimat, um unser gemeinsames Haus, darum, wie wir miteinander, mit unseren Kindern und Enkelkindern zusammenleben.

Das ist eine Frage von solcher Tragweite und Bedeutung, daß sie über den Interessen einzelner Parteien, sozialer Gruppen, politischer und gesellschaftlicher Bewegungen steht. Sie zu entscheiden hat allein das Volk das Recht. Ich rufe euch alle auf, liebe Mitbürger, an dem unionsweiten Referendum teilzunehmen und auf die gestellte Frage mit ‹Ja› zu antworten.

Unser ‹Ja› bewahrt die Integrität des Staates, der schon tausend Jahre alt ist und der mit der Tatkraft und dem Verstand und mit unzählbaren Opfern vieler Generationen aufgebaut wurde. Eines Staates, in dem die Schicksale der Völker und die Schicksale von Millionen Menschen, unser und euer Schicksal, untrennbar miteinander verwoben sind.

Unser ‹Ja› ist ein Ausdruck des Respekts vor einem Staat, der nicht nur einmal seine Fähigkeit unter Beweis gestellt hat, die Unabhängigkeit und die Sicherheit der Völker zu verteidigen, die in ihm vereint sind.

Unser ‹Ja› ist eine Garantie dafür, daß niemals wieder die Fackel des Krieges unser Land verwüstet, das ohnehin schon viele schwere Prüfungen überstehen mußte.

Unser ‹Ja› bedeutet nicht die Erhaltung der alten Ordnung mit der Vorherrschaft des Zentrums und mangelnden Rechten der Republiken. Ein positiver Ausgang des Referendums ebnet den Weg für eine radikale Erneuerung des Unionsstaates, für seine Umwandlung in eine Föderation souveräner Republiken, in der die Rechte und Freiheiten der Bürger aller Nationalitäten sicher garantiert sein werden.

Unser ‹Ja› bei dem Referendum und der Abschluß des Unionsvertrages ermöglichen es uns, den zerstörerischen Prozessen Einhalt zu gebieten, die in unserer Gesellschaft im Gange sind, und zielstrebig zur Wiederherstellung normaler Lebens- und Arbeitsbedingungen zurückzukehren ...

Es ist schwer oder gar unmöglich, die uns bevorstehenden Aufgaben ohne Übereinstimmung und Zusammenarbeit in der Gesellschaft zu lösen. Deshalb müssen wir, solange es noch nicht zu spät ist, das Anwachsen der Intoleranz, der Spannungen und in einigen Fällen der Feindseligkeit stoppen. Das können wir gemeinsam tun. Ein positiver Ausgang des Referendums würde den Grundstein für eine Konsolidierung der Gesellschaft legen.

Ich bin fest davon überzeugt, daß es keine Gewinner geben wird, wenn unsere Gesellschaft durch einen tiefen Riß gespalten wird. Dann werden wir alle verlieren und auf der Verliererseite stehen. Es ist kaum auszudenken, wieviel Unheil und Unglück eine Aufteilung des Landes, eine Konfrontation der Menschen und Völker mit sich bringen wird. Das wäre nicht allein unser Unheil. Nach dem Zerfall des Staates, der heute eine der Stützen der modernen Welt ist, droht, wie ich glaube, eine allgemeine Erschütterung von beispiellosem Ausmaß ...

Mit einem Wort, jeder einzelne von uns steht vor einer historischen Entscheidung ...

Ich wende mich an euch alle, liebe Mitbürger: Sagt bei dem Referendum ‹Ja› zu unserem großen Unionsstaat, bewahrt ihn für euch und für eure Nachkommen.»

An dem Referendum, das am 17. März 1991 durchgeführt wurde, nahmen 148 574 606 Menschen bzw. 80 Prozent der in die Listen eingetragenen Wähler teil. Von diesen antworteten mit «Ja» 113 512 812 Menschen oder 76,4 Prozent, mit «Nein» 32 303 977 Menschen oder 21,7 Prozent. Von den Stimmzetteln waren 2 757 817 oder 1,9 Prozent ungültig. Der Ausgang des Referendums sprach für sich. Die Mehrheit der Bürger, die überwältigende Mehrheit, war für die Erhaltung der Union in einer erneuerten Föderation.

Die Haltung der Konservativen kann in diesem Zusammenhang nicht unerwähnt bleiben. Für einen Außenstehenden mag es den Anschein haben, sie wären als entschiedene Verteidiger der Union aufgetreten. Gewiß, nach außen hin setzten sie sich für die Bewahrung der Union ein – ihre Fraktion im Parlament nannte sich sogar «Sojus» (Union). Aber für welche Union setzten sie sich ein? Sie setzten sich für die Erhaltung der alten Union ein und wollten sie auf keinen Fall reformieren. Sie vertraten die Kräfte, die an der Erhaltung der alten Ordnung vor der Perestroika interessiert waren.

Daß die Radikaldemokraten ihre Angriffe auf den Präsidenten gleich zu Beginn des Jahres 1991 begannen, habe ich bereits erwähnt. Zur selben Zeit entfalteten jedoch auch die konservativen Kräfte eine rege Tätigkeit. Es kam zur Gründung der «Bewegung für ein großes einiges Rußland». Ihre führenden Köpfe wurden der spätere Putschist Wassilij Starodubzew, der Schriftsteller Alexander Prochanow sowie der Chef der Kommunistischen Partei der RSFSR Iwan Poloskow. Kurz nach dem Referendum gab einer der Wortführer der Gruppe «Sojus», Viktor Alksnis, der englischen Wochenzeitung *New Statesmen and Nation* ein Interview, in dem er im Grunde das Programm der konservativen Gruppierungen umriß: Er lehnte den Gedanken eines Unionsvertrages ab und sprach sich für die Erhaltung der Union auch mit gewaltsamen Mitteln sowie für die Gründung eines Komitees zur «Nationalen Rettung» aus, dem sämtliche Machtbefugnisse übertragen werden sollten.

Am 9. April fand eine ordentliche Sitzung des Föderationsrates statt, bei der ich das Wort ergriff: «Die aktuelle Lage ist so gespannt, daß unserem Land und seiner staatlichen Ordung der sowjetischen Föderation, für deren Erhaltung sich die Mehrheit der Bevölkerung ausgesprochen hat, ernste Gefahr droht. Es droht der Zerfall der Wirtschaftsordnung mit allen seinen Folgen für die Interessen des Volkes und die Verteidigungsfähigkeit des Landes, die Gefahr der Zerstörung unserer Regierungsinstitutionen und des Zerfalls von Recht und Gesetz ...

Jetzt müssen wir ohne Zögern handeln, und nicht isoliert, sondern gemeinsam mit allen gesunden Kräften der Gesellschaft. Wir müssen die Streitigkeiten und Meinungsverschiedenheiten zurückstellen. Wir müssen handeln, um zu verhindern, daß das Land in eine Katastrophe stürzt.»

Gleichzeitig schlug ich konkrete Maßnahmen vor, um den Willen des Volkes umzusetzen: die vertikale Hierarchie der Machtorgane wiederherstellen, die drohende Eskalation der Nationalitätenkonflikte verhindern, Verhandlungen zur Suche nach Lösungen aufnehmen, die von beiden Seiten akzeptiert werden.

Die weitere Entwicklung der Ereignisse bestätigte, daß mein Lösungsansatz richtig war. Nach dem Referendum, das den Weg freimachte für den Abschluß des Unionsvertrages, intensivierten jedoch die konservativen Kräfte innerhalb der KPdSU ihre Bemühungen und gingen entschlossen zum Angriff über. Bei einem Treffen in Smolensk riefen viele Führer von Parteiorganisationen Rußlands, Weißrußlands und der Ukraine ganz offen zu Notstandsmaßnahmen auf. Bei Treffen im engeren Kreis riefen sie dazu auf, Gorbatschow harte Forderungen vorzulegen, einen außerordentlichen Parteitag der KPdSU einzuberufen und die Parteiführung abzusetzen. Zu analogen Auftritten kam es bei Sitzungen der Moskauer Stadtparteiorganisation und des Leningrader Gebietskomitees der Partei: «Der Generalsekretär in den Ruhestand!» lautete jetzt der Slogan. Ich erinnere daran, daß genau zur selben Zeit auch die Bewegung «Demokratisches Rußland» den Rücktritt des Präsidenten forderte.

Die Lage spitzte sich zu, der Widerstand wuchs. Wir mußten etwas unternehmen, damit die Lage nicht vollends außer Kontrolle geriet. Anfang April kam im engen Kreis der Landesführung der Gedanke auf, ein Treffen des Präsidenten mit den Führern jener Republiken abzuhalten, die für die Erhaltung einer erneuerten Union waren, und gemeinsam ein Aktionsprogramm auszuarbeiten. Die Führung Rußlands mußte daran unbedingt teilnehmen.

Am 23. April fand auch ein Treffen des Präsidenten mit den Führern der höchsten Staatsorgane Rußlands, der Ukraine, Weißrußlands, Usbekistans, Kasachstans, Aserbaidschans, Kirgisiens, Turkmeniens und Tadschikistans statt. Es wurde unweit von Moskau in Nowo-Ogarjowo abgehalten, weshalb später auch vom «Prozeß von Nowo-Ogarjowo» gesprochen wurde. In meiner Er-

öffnungsrede beschrieb ich die entstandene Lage als äußerst schwierig. Um aus ihr herauszukommen, seien aufeinander abgestimmte und effektive Maßnahmen erforderlich. Meinungsunterschiede müßten beiseite gelegt
werden, vor allem wenn sie persönliche Antipathien zur
Ursache hätten. Die Interessen des Landes sollten an erster
Stelle stehen. Das gebiete uns unsere Pflicht und unsere
Verantwortung. Es sei jetzt wichtig, ein kurzes und ver-
ständliches Dokument zu verfassen, um den Menschen
zu zeigen, daß die Führer die Absicht hätten, entschlossen und koordiniert zu handeln. Das werde beruhigend
wirken und die kritische Atmosphäre entschärfen.

Nach dem Meinungsaustausch unterstützten alle Teilnehmer meinen Vorschlag. Ein Dokument wurde ausgearbeitet und verabschiedet, die «Gemeinsame Erklärung
über unaufschiebbare Maßnahmen zur Stabilisierung der
Lage im Land und zur Überwindung der Krise». Als eines der wichtigsten Mittel zur Stabilisierung wurde darin
die schnellstmögliche Unterzeichnung des Unionsvertrages bezeichnet. Es wurde darauf hingewiesen, daß die in
einer Union vereinigten Staaten sich gegenseitig die
Meistbegünstigung gewähren und zu den übrigen ehemaligen Republiken auf der Grundlage international aner-
kannter Regeln Beziehungen unterhalten würden. Die
Absicht, den Reformkurs fortzusetzen, wurde bekräftigt.
Der Präsident der UdSSR und die Republikchefs riefen
die Arbeiter auf, ihre Streiks zu beenden, während an
alle politischen Kräfte appelliert wurde, nicht den Rahmen der geltenden Verfassung zu verlassen.

Das alles ereignete sich am 23. April. Am nächsten Tag
wurde ein ordentliches ZK-Plenum der KPdSU eröffnet.
Es war bekannt, daß die konservativen Kräfte innerhalb
der Partei beschlossen hatten, es zu einer Art persön-
licher Abrechnung mit Gorbatschow zu machen. Es war
sogar ein Resolutionsentwurf vorbereitet worden, der
über den Reformkurs das «Todesurteil» sprechen sollte.

Da ich von all dem wußte, beschloß ich, sofort die Initiative zu ergreifen und meinen Gegnern zu signalisieren, daß sie von mir keine Kapitulation erwarten konnten, daß ich den eingeschlagenen Kurs kompromißlos verteidigen würde. In meiner Eröffnungsrede sagte ich: «Nicht nur mit Worten, sondern auch mit Taten wird inzwischen versucht, das Land vom Reformkurs abzubringen, entweder indem man es in ein weiteres *ultrarevolutionäres Abenteuer* stürzt, das unseren ganzen Staat zu zerstören droht, oder indem man es *in die Vergangenheit zurückversetzt,* in ein etwas aufgefrischtes totalitäres Regime. Ich denke, es bedarf keiner weiteren Erklärung, daß ich damit die Pläne der linken und rechten Extremisten meine. Beide Richtungen führen ins Verderben. Und die größte Gefahr liegt momentan darin, daß sie jetzt zusammenkamen, obwohl sie eigentlich unversöhnliche Gegner sind.»

Selbst in dieser Situation war ich bemüht, mich und meine Anhänger auf klare demokratische Positionen zu verpflichten: Das zeigen meine weiteren Ausführungen: «Im Rahmen ... der demokratischen Institutionen und sowjetischen Gesetze hat jede Partei und jede Bewegung das Recht, ihre Ziele zu verfolgen. Dazu zählt selbstverständlich auch der Kampf gegen die politische Führung und die Regierung. Aber alle Versuche, mit den Methoden eines Pugatschows (Jemeljan Pugatschow war der Anführer eines bewaffneten Bauernaufstandes im 18. Jahrhundert), mit Hilfe außerparlamentarischer Erpressung, die sogar so weit geht, die Wirtschaft des Landes in Schutt und Asche zu legen, zum Erfolg zu kommen, sind entschieden abzulehnen.

Ich sehe meine erste Pflicht darin, die Störung des demokratischen Prozesses zu unterbinden und mit allen gesetzlichen Mitteln die verfassungsmäßige Ordnung im Land wiederherzustellen. Es liegt klar auf der Hand, daß selbst die besten Programme zur Überwindung der Krise ohne eine Ordnung nur leeres Wunschdenken sind. Selbstverständlich ist die Wiederherstellung der verfassungsmäßigen Ordnung in erster Linie die Aufgabe der Organe der Staatsmacht und jedes einzelnen Amtsträgers. Aber es ist auch die Aufgabe der Gesellschaft insgesamt, aller wahrhaft demokratischen Kräfte, Gruppierungen und Organisationen.»

Natürlich verwies ich auf das Treffen in Nowo-Ogarjowo: «Die Lage verlangt es, daß alle politischen Kräfte und Bewegungen, die nicht nur mit schönen Worten eine patriotische Haltung einnehmen, ihre eigenen Ambitionen und ihre gegenseitigen Ansprüche zumindest eine Zeitlang zurückstellen müssen, um unserem Land zu helfen, in dieser schweren Zeit Kraft zu sammeln. Ich muß erwähnen, daß gestern auf einem Treffen, das die Präsidenten, die Vorsitzenden der Obersten Sowjets und Regierungschefs von neun Republiken abhielten, dafür Unterstützung signalisiert wurde. Die auf dem Treffen verabschiedete Erklärung ist veröffentlicht worden. Wenn die in jenem Dokument vorgeschlagenen Maßnahmen konsequent durchgeführt werden – und wir werden alles tun, damit das geschieht –, dann könnte das den Anfang einer Wende in der Entwicklung bedeuten ... Die dringlichste Aufgabe zur Überwindung der Krise ist, mit Blick auf das Ergebnis des unionsweiten Referendums, das vor kurzem abgehalten wurde, der Abschluß eines neuen Unionsvertrages.»

Es folgte eine stürmische Debatte, in deren Verlauf der konservative Flügel des Zentralkomitees fortwährend versuchte, den Generalsekretär «abzusetzen» und die Reformen zu beerdigen. (Ein Redner, der Sekretär des ZK der Kommunistischen Partei der Ukraine Stanislaw Gurenko, schlug sogar ausdrücklich vor, «den Status der KPdSU als Regierungspartei gesetzlich zu verankern», das frühere System wieder einzuführen, wonach führende Parteikader Posten in der Regierung erhielten, und die

Parteikontrolle über die Massenmedien wiederherzustellen.) Dennoch endete die Sitzung mit einem konstruktiven Votum. Die Erklärung der neun Republikchefs und des Präsidenten der UdSSR wurde unterstützt und um folgende Punkte ergänzt:

«Um die bevorstehende Katastrophe abzuwenden, ist es dringend erforderlich, daß auf der Grundlage der Ergebnisse des landesweiten Referendums über die Erhaltung der Union der Sozialistischen Sowjetrepubliken ein neuer Unionsvertrag unterzeichnet wird und daß Recht und Ordnung nach der Verfassung im Land wiederhergestellt werden.»

Der verzweifelte Versuch, unser Land vom Reformkurs abzubringen, war gescheitert. Die Auseinandersetzung über unseren politischen Kurs allgemein und über den Unionsvertrag im besonderen war damit aber keineswegs beendet. Die Attacken gegen den Plan eines Unionsvertrages wurden fortgesetzt. Der Druck auf den Präsidenten und seine Anhänger ließ nicht nach, aber all diese Aktivitäten nahmen jetzt eine neue Form an. Erneut muß betont werden, daß die konservativen Kräfte damals besonders eifrig waren. Aus Hinweisen, die schon damals zum Teil bekannt waren und später noch viel bekannter werden sollten, geht hervor, daß bereits um diese Zeit die Vorbereitungen für den Putsch vom 19. August begannen. Im Juni hatten die Konservativen sozusagen «mit gesetzlichen Mitteln» über das Parlament versucht, die Befugnisse des Präsidenten einzuschränken und einen beträchtlichen Teil davon Ministerpräsident Valentin Pawlow (der später einer der Führer des Putsches wurde) zu übertragen. Aber auch dieser Versuch war gescheitert.

Unterdessen liefen die Vorbereitungen für die Unterzeichnung des Unionsvertrages auf Hochtouren. Es gab keine Zeit zu verlieren. Am 24. Mai traf sich die Vorbereitungskommission, die aufgrund des Beschlusses des

Vierten Kongresses der Volksdeputierten gebildet worden war, um einen Entwurf für den neuen Unionsvertrag und für die Prozedur seiner Verabschiedung auszuarbeiten. Auf dieser Sitzung wurde hervorgehoben, daß die Nationen und Nationalitäten unseres Landes sich bei dem Referendum vom 17. März eindeutig für die Erhaltung und Erneuerung der Unionsregierung ausgesprochen hätten. Es folgte ein umfassender und konstruktiver Meinungsaustausch zu den Anträgen, welche die Republiken nach der Veröffentlichung des Vertragsentwurfs in der Presse eingereicht hatten.

Die Teilnehmer billigten einmütig den Grundsatz, die neue Union als eine Föderation gleichberechtigter Republiken zu gründen. Über die Vorgehensweise bei der Unterzeichnung des Vertrages durch Repräsentanten der souveränen Staaten, die der Union angehörten, sowie über die Zusammensetzung und die Kompetenzen der unionsweiten Regierungsorgane wurde ausführlich diskutiert. Besonderes Augenmerk wurde darauf gerichtet, die Beteiligung aller Republiken am Aufbau und den Funktionen der Regierungsorgane der neuen Union sicherzustellen. Die Vorbereitungskommission setzte sich zum Ziel, bereits im Juni den Obersten Sowjets der Republiken einen Vertragsentwurf zur Bestätigung vorzulegen.

Am 3. Juni traf sich die Vorbereitungskommission wiederum in Nowo-Ogarjowo. Um die Probleme zu veranschaulichen, mit denen wir uns befassen mußten, zitiere ich auszugsweise aus der Mitschrift der Diskussion auf dieser Sitzung:

«M. S. *(Gorbatschow):* Ich gehe davon aus, daß die langatmigen Diskussionen allgemeinen Charakters bereits auf dem letzten Treffen beendet wurden. Monatelang reden wir jetzt schon um den heißen Brei herum, laßt uns Seite für Seite und Absatz für Absatz vorgehen. Erster Punkt: der Name.

Lukjanow teilt die Meinung des Obersten Sowjets der UdSSR mit, der Vertrag solle ‹Unionsvertrag› heißen und nicht ‹Vertrag über die USS› (Union souveräner Staaten).

Mit den Grundprinzipien (des geplanten Vertrages) kommen die Teilnehmer gut voran, sieht man von dem kurzen Streit mit Krawtschuk ab, der hartnäckig an dem Begriff ‹staatliche Souveränität› festhielt.

Abweichung vom Thema: Lukjanow verlangt, daß der Vertrag auf einem eigens einberufenen Kongreß unterzeichnet wird.

Danach werden wieder die Grundprinzipien diskutiert.

Lukjanow: Der Wille des Kongresses (der Volksdeputierten) muß geachtet werden, der beschlossen hat, den Namen Union der Sozialistischen Sowjetrepubliken beizubehalten.

Karimow (Erster Sekretär der KP Usbekistans) und danach Krawtschuk widersprechen Lukjanow scharf. («Wenn jeder von uns anfängt, den Willen seines Obersten Sowjets vorzutragen ...»)

Lukjanow gibt teilweise nach, setzt aber den Streit über die Reihenfolge der Wörter in dem geänderten Staatsnamen fort: Union der Sowjetischen Souveränen Republiken oder Union der Souveränen Sowjetrepubliken?

M. S.: Wenn wir uns so verzetteln, kommen wir nie zu einem Ende, dann ist alles aus. Wenn der Desintegrationsprozeß weiterhin mit einem solchen Tempo voranschreitet, dann werden wir alle Völker in eine verzweifelte Lage stürzen und ein großes Chaos schaffen.

Pause.

Nasarbajew: Am schwierigsten sind folgende Fragen:
1. Wer wird Subjekt der Union sein?
2. Werden die Unionsrepubliken und die ehemaligen Autonomen Republiken gleichgestellt sein?
3. Der Föderationsrat.

Beauftragen wir doch Experten (mit der Lösung dieser Fragen), und wir gehen inzwischen die anderen Artikel durch.

Jelzin: Sollen sich Experten damit befassen.

M. S.: Experten sind kein Ersatz für den Willen der Republiken. Wir müssen ihnen Ideen mitgeben.

Im folgenden wird heftig und lange über den ersten Artikel diskutiert: ‹Mitgliedschaft in der Union›. Anschließend über Steuern.

Jelzin schickt sich an zu gehen, weil sein Wahlkampf in vollem Gange ist. Schaimijew (Sekretär der Tatarischen ASSR) will ihn aber nicht gehen lassen und spricht schnell noch einen wunden Punkt an: Auf unserem Territorium werden 80 Prozent der Unternehmen von der Union geleitet. Weil Rußland keine Gelder an die Union abführt, erhalten diese Unternehmen nichts mehr aus dem Unionshaushalt.

Jelzin ist gegangen. Das Gespräch nimmt eine andere Richtung. Nasarbajew schlägt Gorbatschow vor, ‹wenigstens einmal Gewalt anzuwenden›.

Lukjanow: Würden Sie, Nursultan Abischewitsch, denn dem Präsidenten ein solches Recht zusprechen?

Schweigen.

Nasarbajew: Welche Stellung wird Rußland nach den Wahlen vom 12. Juni (den Präsidentschaftswahlen der RSFSR) einnehmen?

Die Diskussion kommt wieder auf den Artikel über die Mitgliedschaft zurück.

Plötzlich gehen die Anwesenden zur Zusammensetzung des Obersten Sowjets über.

Pause.

Die Teilnehmer gehen zu Artikel 2 ‹Staatsbürgerschaft› über, aber Schaimijew kommt noch einmal auf den ersten zu sprechen. Die Diskussion über Artikel 2 wird beendet, es geht weiter mit Artikel 3 ‹Territorium›.

M. S.: Jetzt werden wir ja erfahren, wer von uns territoriale Ansprüche hat.

Draußen ist es dunkel geworden, die Diskussion kommt jetzt rascher voran.

M. S. erzählt eine Geschichte aus Stawropol mit dem Tenor: ‹Die beste Rede ist die Rede, die nicht gehalten wurde.› Im folgenden werden weniger Kommentare abgegeben.

Artikel 5 behandelt die Abgrenzung der Befugnisse zwischen der Union und den Republiken. Über eine Stunde lang wird über die Bezeichnung des Artikels diskutiert. Danach einigen sich die Anwesenden aus irgend einem Grund sehr schnell über den ganzen Artikel.

(Es folgt eine Diskussion) über die Eigentumsverhältnisse. Lukjanow appelliert an Artikel 10 der Verfassung der UdSSR. Nasarbajew legt eine Kompromißformel vor. Karimow unterstützt ihn.

Pause.

Jemand fragt: Vertagen wir auf morgen?

M. S.: Nein, wir werden arbeiten, bis wir fertig sind.

Nach der Pause wird der Artikel über die Steuern in zwei Minuten abgeschlossen.

Beim nächsten, der Verfassung, gerät die Diskussion ins Stocken. Wer wird sie verabschieden?

Es geht auf Mitternacht zu. Die übrigen Artikel werden schnell durchgesprochen. Nasarbajew hat noch etwas einzuwenden.

M. S.: Was mußt du denn ständig murren, wie ein alter Großvater? Wir haben doch alle deine Vorschläge angenommen ... (An alle:) Vielen Dank, Genossen! Ich gratuliere. Wir haben gute Arbeit geleistet. Der Vertrag ist zum Greifen nahe.»

Die Diskussion über sämtliche auf dieser Sitzung angesprochenen Punkte wurde nicht nur unter den Republikchefs geführt. An ihr beteiligte sich auch der Oberste Sowjet, ja das ganze Land. Es mußten zahllose Erklärungen zu den geäußerten Überlegungen abgegeben werden. Ich nahm daran aktiven Anteil.

Es gab Stimmen, wonach der neue Unionsvertrag dem Referendum widerspreche. Dabei legte der Vertrag fest, daß unsere künftige Union ein souveräner, demokratischer, föderaler Staat sein sollte. Und dafür haben die Menschen auch gestimmt. Daß es eine neue Form von Föderation sein würde, zeigte sich in erster Linie in der Souveränität der Republiken, in der Ausweitung ihrer Rechte, Befugnisse und Verantwortlichkeiten. Im Grunde würden sie als souveräne Staaten wiederauferstehen. Wenn aber jemand meint, das sei etwas völlig Neuartiges gewesen, das in diesem Augenblick erfunden worden ist, so hat er unrecht. All diese Überlegungen waren bereits in den Vertrag von 1922 eingegangen.

Darüber hinaus sah die Aufteilung der Funktionen und Befugnisse zwischen der Union und den souveränen Republiken so aus, daß sowohl die Republiken wie auch die Zentralregierung stark gewesen wären. Das war sehr wichtig. In internationalen Angelegenheiten sollte die Union als souveräner Staat auftreten, als Rechtsnachfolger der Union der Sozialistischen Sowjetrepubliken.

Das Volk stimmte bei dem Referendum für eine Union, die den Bürgern aller Nationalitäten auf dem gesamten Territorium ihre Rechte, Freiheit und Sicherheit garantieren sollte, unabhängig davon, wo sie sich niederließen. Dieser Grundsatz wurde in Form von Prinzipien verankert und in den entsprechenden Abschnitten des Entwurfes zum Unionsvertrag zum Ausdruck gebracht.

Auf dem Kongreß der Volksdeputierten wurde darüber diskutiert, ob in den Namen der Union das Wort «sozialistisch» aufgenommen werden sollte; der Kongreß sprach sich dafür aus. Die Debatte wurde jedoch im Obersten Sowjet fortgesetzt. Zunächst wurde der Name «Union souveräner Republiken» vorgeschlagen, weil viele wie die Republiken Moldawien und Kirgisistan sich inzwischen einfach nur Republik nannten und weil alles, was die heikle Thematik der Nationalitätenpolitik und der zwischennationalen Beziehungen betraf, sehr behutsam behandelt werden mußte. Schließlich kamen wir überein, daß die Aufnahme des Wortes «sowjetisch» in den Namen, also Union Souveräner Sowjetrepubliken (russisch abgekürzt: SSSR, genau wie die UdSSR), die geschichtliche Kontinuität unterstreiche und gewissermaßen das Produkt der schöpferischen Kraft der Massen sei. Immerhin existierten die Sowjets noch, auch wenn inzwischen Bürgermeisterämter und andere Organe der Exekutive geschaffen worden waren.

Am 12. Juli diskutierte der Oberste Sowjet der UdSSR abermals über den neuen Unionsvertrag und verabschiedete die Resolution «Zum Entwurf des Vertrages über die Union Souveräner Staaten». Darin heißt es: «Im wesentlichen wird der Entwurf des Vertrages über die Union Souveräner Staaten unterstützt, den der Präsident der UdSSR am 18. Juni 1991 im Namen der Vorbereitungskommission vorlegte, die auf dem Vierten Kongreß der Volksdeputierten der UdSSR gegründet worden war. Nach einer entsprechenden Ausarbeitung und Abstimmung zwischen den Republiken unter Beteiligung einer bevollmächtigten Delegation der Unionsregierung wird die Unterzeichnung des Vertrages für möglich erachtet.» Die folgenden Punkte der Resolution enthielten Beschlüsse über die Zusammensetzung der Delegation des Obersten Sowjets der UdSSR für die Vertragsunterzeichnung und Anweisungen für diese Delegation.

Auf dem ordentlichen Treffen der Führer der Delegationen der Republiken am 23. Juli in Nowo-Ogarjowo wurde die Arbeit an dem Entwurf zum Unionsvertrag abgeschlossen. Ich zitiere einen kurzen Auszug aus dieser Sitzung:

«Nowo-Ogarjowo, 23. Juli 1991.

Anwesend sind auch Lukjanow, Laptew (Vorsitzender des Föderationsrates), Nischanow, Pawlow, Jasow, Bess-

mertnych, Schtscherbakow (Stellvertretender Ministerpräsident der UdSSR).

Auf der Tagesordnung stand die Klärung von fünf Fra-
gen, zu denen es wichtige Einlassungen gegeben hatte:
– Mitgliedschaft in der Union,
– Unionshaushalt und -steuern,
– Eigentumsverhältnisse,
– Oberster Sowjet,
– Verfassungsgericht.

M. S. (Gorbatschow): Es gibt eine gewisse wiederkeh-
rende Tendenz unter uns. Zunächst hat es den Anschein,
als hätten wir uns geeinigt, aber kaum gehen wir auseinander, da beginnen wir, alles wieder zunichte zu machen,
worüber wir uns geeinigt hatten. Es ist an der Zeit, voll-
ständige Klarheit zu schaffen.

Zum zweiten geht es hier darum, an der Union als
einer Föderation festzuhalten.

Zum dritten bestimmt das Schicksal Rußlands in beträchtlichem Maß die künftige Union.

Ich spüre gefährliche Tendenzen. Wir müssen den Vertrag schneller zum Abschluß bringen.

Karimow hat einige Einwände gegen den Text, der wie
üblich von einer Expertengruppe in Wolynsk unter Berücksichtigung aller Kommentare ausgearbeitet worden
war.

Karimow: Woher stammt dieser Text? Am 17. (Juni)
haben wir uns anders geeinigt.

M. S.: Wie meinst du das – woher? Du erinnnerst dich
vielleicht noch, daß ich wie immer beauftragt wurde, die
Kommentare zu berücksichtigen.

Die Teilnehmer mußten zum Text vom 17. Juni zurückkehren, in dem es mehrere Fehler gab und einige
Kommentare der Republiken nicht berücksichtigt waren.

Es folgt eine sehr schwierige und langwierige Diskussion über die Frage, wie die Beziehungen zwischen den

ehemaligen Autonomen Republiken und den Republiken, zu deren Gebiet sie gehören, geregelt werden sollen.

Dann geht es um die Steuern.

Dementej (Vorsitzender des Obersten Sowjets Weißrußlands): Wenn ich nicht an der Bildung des Unionseigentums beteiligt bin, und sei es nur mit meinen 2 Prozent, meinen 2 Kopeken, die auf mich als Staatsbürger entfallen, so werde ich mich, wenn ich nach Kasan reise, als Ausländer fühlen, wenn ich auf die Krim reise, als Fremder fühlen. Wer zu mir nach Weißrußland reist, wird sich ebenfalls als Fremder fühlen.

Nach der Pause:

M. S.: Ihr habt gegessen und getrunken, und wir haben inzwischen gearbeitet. Folgender Vorschlag wurde gemacht: Anatoli Iwanowitsch (Lukjanow), Boris Nikolajewitsch (Jelzin) und Iwan Stepanowitsch (Silajew, der Vorsitzende des Ministerrates der RSFSR) sollen an einer Formulierung zu den Steuern arbeiten, aus der eindeutig hervorgeht, daß die Angelegenheit noch in Bearbeitung ist und bis zur Festlegung der genauen Prozentpunkte in jedem Fall offenbleibt.

Weiter: Über den Krieg der Gesetze (Gesetze der Republiken, die im Widerspruch zu Unionsgesetzen standen).

Über die Struktur und die Zusammensetzung des Obersten Sowjets. Tatarien vertritt eine besondere Position: Die Tatarische ASSR als souveräne Republik, die offiziell den Beschluß gefaßt hat, direkt und selbständig den Unionsvertrag zu unterzeichnen, beansprucht ihr Recht auf die volle Quote der Delegiertensitze im Rat der Republiken des Obersten Sowjets der UdSSR.

Schaimijew: Wir stehen alle auf diesem Standpunkt.

Streit (zwischen Schaimijew, Gorbatschow, Pljuschtsch [Sprecher des Obersten Sowjets der Ukraine], Nasarbajew und Rewenko [Chef des Präsidialamtes]).

M. S.: Rewenko hat hier gezeigt, über welche Qualitäten das große ukrainische Volk verfügt. Mit dem ganzen Problem sollen sich Boris Nikolajewitsch und Schaimijew befassen. So, wie die beiden sich einigen, wird es dann auch übernommen. Einverstanden?

Die Auseinandersetzung kehrt wieder zu den Beziehungen zwischen den Republiken zurück.

M. S.: Nun, Genossen, ich weiß, daß wir keinen Salomo unter uns haben. Meine Aufgabe besteht darin, darauf zu achten, daß ihr die heutige Stimmung nicht verliert. Wir stehen bereits kurz vor der Unterzeichnung, nur noch ein Schritt ...

Am Ende wird das Verfahren für die Unterzeichnung erörtert.»

Dieses Verfahren bereiteten zwei Arbeitsgruppen unter der Führung meiner Berater Georgi Schachnasarow und Grigori Rewenko vor. Dort wurde alles bis ins kleinste Detail beschrieben, von der Sitzverteilung bis hin zu dem Papier, auf das der Vertragstext gedruckt werden soll, von der Ausgabe besonderer Briefmarken bis hin zu Andenken für die Teilnehmer der Zeremonie.

Ich hielt am 2. August eine Fernsehansprache und teilte mit, daß am selben Tag an die Delegationsleiter, die von den Obersten Sowjets der Republiken bevollmächtigt worden waren, ein Brief mit dem Vorschlag abgeschickt worden sei, den Vertrag bis zum 20. August zur Unterschrift freizugeben. Der Brief wurde auch an die Republiken geschickt, in denen die Meinungsbildung noch nicht abgeschlossen war. Als erste sollten die Delegationen der Russischen Föderation, Kasachstans und Usbekistans unterzeichnen.

«Somit treten wir jetzt», sagte ich in dieser Ansprache, «in die entscheidende Phase der Umgestaltung unseres multinationalen Staates zu einer demokratischen Föderation gleichberechtigter Sowjetrepubliken ein. Was bedeutet der Abschluß eines neuen Unionsvertrages für das

Leben des Landes? In erster Linie die Umsetzung des Volkswillens, der bei dem Referendum am 17. März geäußert wurde. Der Vertrag sieht die Umgestaltung der Union auf der Grundlage der Kontinuität und der Erneuerung vor.

Der Unionsstaat bleibt erhalten, der die Bemühungen vieler Generationen von Menschen, aller Völker unseres Vaterlandes verkörpert. Und zugleich wird eine neue, wirklich freiwillige Vereinigung souveräner Staaten gegründet, in der alle Völker selbständig ihre Angelegenheiten regeln und frei ihre Kultur, Sprache und Traditionen pflegen werden.

... Gewiß, man darf die Angelegenheit nicht vereinfachen. Der Vertrag sieht einen tiefgreifenden Umbau der Macht- und Regierungsorgane vor. Eine neue Verfassung muß ausgearbeitet und angenommen werden, das Wahlgesetz erneuert und das Gerichtswesen umgestaltet werden, Wahlen müssen abgehalten werden. Solange dieser Prozeß im Gange ist, müssen der Kongreß der Volksdeputierten, der Oberste Sowjet der UdSSR, die Regierung und die anderen Unionsorgane im Amt bleiben.

... Wir haben einen Reformkurs eingeschlagen, den das ganze Land nötig hat. Der neue Unionsvertrag wird dazu beitragen, die Krise rascher zu überwinden und Leben wieder in geordnete Bahnen zu lenken. Und das ist, ich denke, da werden Sie mir zustimmen, jetzt die Hauptsache.»

Der Putsch – ein Dolchstoß – und Jelzins Intrigen

Am 4. August reiste ich in den Urlaub. Am 15. August wurde der Entwurf des Unionsvertrages, auf den wir uns am 23. Juli geeinigt hatten, veröffentlicht.

Am 19. August wurde jedoch die Annahme des neuen Unionsvertrages durch den Putsch jäh verhindert. Ich möchte dem Leser ins Gedächtnis rufen, was sich damals abspielte. Nach dem Scheitern des Versuchs der Reformgegner, den Präsidenten der UdSSR am 18. August auf ihre Seite zu bringen, kam es zum Umsturz. Am 19. August wurde um 6.00 Uhr morgens eine Erklärung des Vorsitzenden des Obersten Sowjets der UdSSR, Anatolij Lukjanow, in Funk und Fernsehen verbreitet, die den Entwurf des Unionsvertrages scharf kritisierte. Seiner Ansicht nach war es erforderlich, das Dokument erneut dem Obersten Sowjet und dann wiederum dem Kongreß der Volksdeputierten vorzulegen. Faktisch bedeutete das, daß eine Unterzeichnung des Vertrages am 20. August unmöglich sein würde. Die Erklärung war auf den 16. August datiert, wurde aber, wie der Leiter des Sekretariats des Obersten Sowjets später mitteilte, in der Nacht zum 19. August geschrieben. Auch ein Erlaß des Vizepräsidenten Gennadi Janajew wurde bekanntgegeben. Danach übernahm er die Funktionen des Präsidenten, «da dieser aus gesundheitlichen Gründen zu deren Ausübung nicht in der Lage sei». Außerdem wurde ein sogenannter Appell der «sowjetischen Führung» verkündet, der von Janajew, Ministerpräsident Valentin Pawlow und ZK-Sekretär Oleg Baklanow unterzeichnet war und über die Gründung eines Staatlichen Komitees für den Ausnahmezustand (russisch abgekürzt: GKTschP) in der UdSSR «zur Leitung des Landes und zur effektiven Durchführung der Maßnahmen des Ausnahmezustands» informierte. Schließlich gab es noch einen «Appell an das sowjetische Volk» und die Resolution Nr. 1 des Komitees «Über die Einführung des Ausnahmezustandes». Das ganze war ein einziger Betrug.

Der Putschversuch währte alles in allem nur drei Tage. In der Nacht zum 22. August, nach der Niederlage der Putschisten, hielt ich mich wieder in Moskau auf. Unverzüglich wurde das Dekret «Über die Aufhebung der verfassungswidrigen Akte der Organisatoren des Staatsstreichs» erlassen. In einer Fernsehansprache am selben Tag, dem 22. August, erklärte ich: «Was sich in diesen Tagen zugetragen hat, wäre mit den Worten ‹eine große Lektion für uns alle› noch zu schwach umschrieben. Es war eine schwere Lektion, eine schreckliche Prüfung. Und wir müssen alle notwendigen Schlüsse ziehen, auf dem Gebiet der Staatsordnung und in den Beziehungen zwischen den Republiken, zwischen den Parteien und den gesellschaftlichen Bewegungen, in den internationalen Beziehungen und natürlich auf dem Gebiet der Wirtschaftspolitik und auf geistig-moralischer Ebene ... Wir müssen noch entschlossener und schneller radikale Reformen in Angriff nehmen. Morgen treffe ich mich mit den Führern von neun Republiken. Wir werden alles erörtern, alles abwägen, die dringenden Maßnahmen, die kurzfristigen Perspektiven durchdenken ... und unsere Ergebnisse dem Land und der Welt mitteilen. ... Ich habe mit den Führern der Republiken bereits über das weitere Vorgehen gesprochen, und allem Anschein nach wird in Kürze ein neuer Termin für die Unterzeichnung des Vertrages anberaumt. Danach muß eine neue Unionsverfassung, ein neues Wahlgesetz verabschiedet werden, und es müssen Wahlen zum Unionsparlament und für das Präsidentenamt angesetzt werden. Diese Arbeit muß innerhalb der gesteckten Fristen ohne Aufschub durchgeführt werden, weil jede weitere Verzögerung die demokratische Umgestaltung in Gefahr bringt.»

Meine Absicht war klar. Ich wollte die Vorbereitung des Vertrages beschleunigen. Doch das erwies sich als gar nicht so einfach.

Der Putsch im August hat die Gestaltung neuer Beziehungen auf Unionsebene zwischen den souveränen Staaten unterbrochen und den Desintegrationsprozeß nicht nur des Staates, sondern auch der Gesellschaft verschärft. Am 22. August erließ Jelzin das Dekret «Über die Gewährleistung der wirtschaftlichen Grundlagen der

Souveränität der RSFSR», das die Übergabe sämtlicher der Unionsregierung unterstellten Unternehmen und Organisationen an die RSFSR vorsah, die sich auf ihrem Gebiet befanden, allerdings mit Ausnahme jener Werke, deren Leitung nach russischem Recht der UdSSR übertragen wurde. Der Oberste Sowjet der Ukraine erklärte das Land am 24. August zu einem unabhängigen, demokratischen Staat und verkündete, *daß von diesem Moment an auf seinem Gebiet nur die Verfassung, die Gesetze, die Beschlüsse der Regierung und andere Akte der Legislative der ukrainischen Republik Gültigkeit hätten.* In der Resolution hieß es, dieser Schritt sei «ausgehend von der tödlichen Gefahr» unternommen worden, «in welcher die Ukraine im Zusammenhang mit dem Staatsstreich in der UdSSR am 19. August 1991 geschwebt» habe. Am 25. August erklärte sich Weißrußland für unabhängig, danach die Republik Moldau, Aserbaidschan, Kirgisistan, Usbekistan. Die Führung der RSFSR verkündete am 28. August, daß Rußland die Kontrolle über die Staatsbank der UdSSR und die Außenhandelsbank der UdSSR übernehme.

Das bestimmte meinen Standpunkt und alle meine Handlungen im Verlauf der außerordentlichen Sitzung des Obersten Sowjets der UdSSR, der unmittelbar nach dem Putsch zusammentrat und den Beschluß faßte, unverzüglich einen außerordentlichen Kongreß der Volksdeputierten einzuberufen. In einer Rede vor dem Sowjet warnte ich, mittlerweile drohe in der Tat der Zerfall der UdSSR. Falls es aber so weit kommen sollte, dann würden alle Gespräche über Reformen umsonst gewesen sein. In den Unionsvertrag müßten einige Verbesserungen aufgenommen werden, aber man dürfe auf ihn nicht ganz verzichten.

Da mir bewußt war, welche Gefahr die neue Situation für die demokratischen Umgestaltungen mit sich brachte, betrachtete ich die Wiederaufnahme der Arbeit am

Unionsvertrag als die vordringlichste Aufgabe. Auf dem Kongreß der Volksdeputierten, der am 2. September eröffnet wurde, wurde die Erklärung des Präsidenten der UdSSR und der höchsten Führer der Unionsrepubliken (10 Republiken hatten sie unterzeichnet, Georgien hatte sich an der Ausarbeitung beteiligt) verkündet. In der Erklärung wurde ein Programm notwendiger Maßnahmen vorgelegt, die umgehend getroffen werden mußten, um das Land aus dieser gefahrvollen Phase der politischen Krise herauszuführen. Es wurde ausdrücklich die Notwendigkeit festgehalten, einen Vertrag über eine Union Souveräner Staaten vorzubereiten, der von allen interessierten Republiken unterzeichnet werden sollte. Jede Republik sollte selbständig die Form ihrer Beteiligung an der Union wählen können.

Unter demokratischen Gesichtspunkten lief auf dem Kongreß nicht alles ganz sauber und einwandfrei, aber das zu erwarten, wäre auch unrealistisch gewesen. Immerhin wurden Grundpositionen formuliert: Ein Unionsvertrag ist notwendig, ein Wirtschaftsvertrag unumgänglich. Vereinte Streitkräfte und eine koordinierte gemeinsame Außenpolitik wurden grundsätzlich bejaht.

Nach einer stürmischen Debatte verabschiedete der Kongreß einen Maßnahmenkatalog, der die Aufgaben der *Übergangsperiode* festlegte, darunter auch ein Gesetz über die Staatsorgane der Union in dieser Phase. Für eine aufeinander abgestimmte Lösung von Fragen der Innen- und Außenpolitik, welche die gemeinsamen Interessen der Republiken berührten, wurde der Staatsrat gegründet, dem der Präsident der UdSSR und die ranghöchsten Amtspersonen der Republiken angehörten. Eine der ersten Amtshandlungen des Staatsrates war die Anerkennung der Unabhängigkeit der baltischen Republiken.

Sofort nach dem Kongreß wurden zwei Projekte in Angriff genommen: Eine Arbeitsgruppe ging daran, einen neuen Entwurf für den Unionsvertrag auszuarbeiten, während sich ein Ausschuß zur operativen Lenkung der Volkswirtschaft der UdSSR mit einem Vertrag über die Wirtschaftsunion befaßte. Die Hauptaufgabe dieser Union bestand in der Konsolidierung der Bemühungen der souveränen Staaten um die Gründung eines gemeinsamen Marktes und eine koordinierte Wirtschaftspolitik – eine unabdingbare Voraussetzung für die Überwindung der Krise. Der ausgearbeitete Vertragsentwurf sah vor, daß die Unterzeichnung des Vertrages über die Union Souveräner Staaten für den Eintritt in die Wirtschaftsunion nicht unbedingt erforderlich war.

Bereits am 16. September erörterte der Staatsrat einen Vertragsentwurf für die wirtschaftliche Union. In Alma-Ata fand am 1. Oktober ein Treffen der Führer von dreizehn Republiken statt, auf dem der Vertrag diskutiert wurde, und am 4. Oktober wurde er von den Republiken paraphiert. Am 18. Oktober schließlich unterzeichneten im Kreml der Präsident der UdSSR und die Führer von acht Republiken den Vertrag über die Wirtschaftsgemeinschaft souveräner Staaten. Einige Tage später trat auch die Ukraine der Gemeinschaft bei. Der Vertrag wurde den Republikparlamenten zur Ratifizierung zugesandt.

Parallel dazu wurden auf Unionsebene im Einklang mit den veränderten Bedingungen neue Regierungsstrukturen gebildet, neue Führer ernannt und ein interrepublikanisches Wirtschaftskomitee gegründet. Außerdem wurde die Reorganisation der Ministerien für auswärtige und innere Angelegenheiten, des Verteidigungsministeriums und des Komitees für Staatssicherheit (KGB) in Angriff genommen.

Am 1. Oktober wurden die Anmerkungen Boris Jelzins als Ergänzung zu dem bereits verschickten Entwurf des Unionsvertrags den Mitgliedern des Politischen Konsultativrates (der nach dem Putsch vom Präsidenten eingerichtet worden war) zugesandt. Die künftige Union wurde in dem Text als «Union Freier Souveräner Republiken» (russisch abgekürzt: SSSR) bezeichnet – als ein unionsweiter demokratischer Staat, der seine Staatsgewalt im Rahmen der Befugnisse ausübt, welche die Teilnehmer des Vertrags ihm freiwillig übertragen.

Somit kehrten die Führungen der Union und der Republiken, nachdem sie sich von dem Schock des August-Putsches erholt hatten, wieder zu der unterbrochenen Arbeit an der Umgestaltung der Union auf politischer und auf wirtschaftlicher Ebene zurück. Wir hatten allen Grund zu der Annahme, daß es gelingen werde, den Prozeß von Nowo-Ogarjowo mit neuem Leben zu erfüllen. Aber wie schwerfällig, mit wie vielen Unterbrechungen und Rückschlägen kam er in diesem Herbst voran!

Während in Moskau an der neuen Version des Unionsvertrages gearbeitet wurde, wurde ein «streng vertrauliches» Dokument zur «Strategie Rußlands in der Übergangsperiode» an Boris Jelzin geschickt, der sich in Sotschi aufhielt. Ich zitiere einige Passagen aus diesem Dokument, das in der Denkfabrik der Bewegung «Demokratisches Rußland» verfaßt worden war: «Vor den Ereignissen im August konnte sich die Führung Rußlands, die in Opposition zur totalitären Zentralregierung steht, auf die Unterstützung der Mehrzahl der Führer der Unionsrepubliken stützen, die eine Stärkung der eigenen politischen Stellung anstrebten. Die Abschaffung des alten Zentrums wird unweigerlich die objektiven Konflikte zwischen den Interessen Rußlands und denen der übrigen Republiken in den Vordergrund rücken. Für die letzteren bedeutet die Erhaltung der in der Übergangsperiode geschaffenen Ressourcenströme sowie der finanziellen und wirtschaftlichen Beziehungen die einzige Möglichkeit, ihre Wirtschaft auf Kosten Rußlands wiederaufzubauen. Für Rußland, das sich selbst einer denkbar schweren Krise gegenübersieht, ist das eine erhebliche zusätzliche Belastung der wirtschaftlichen Strukturen, die seine Fähigkeit zur wirtschaftlichen Erholung untergräbt ... Objektiv braucht Rußland kein über ihm stehendes wirtschaftliches Zentrum, das die Aufteilung seiner Ressourcen überwacht. Viele andere Republiken sind hingegen an einem solchen Zentrum interessiert. Nachdem sie die Kontrolle über den Besitz auf ihrem eigenen Territorium wiederhergestellt haben, trachten sie danach, über Unionsorgane den Besitz und die Ressourcen Rußlands zu ihren Gunsten zu verteilen. Da ein solches Zentrum nur mit der Unterstützung der Republiken verwirklicht werden kann, wird es objektiv betrachtet, unabhängig von der Zusammensetzung seiner Kader, eine Politik betreiben, die den Interessen Rußlands widerspricht.»

Die Autoren dieser Denkschrift nannten zwei mögliche Formeln der Vereinigung (Wirtschaftsunion plus eine sofortige politische Unabhängigkeit oder eine wirtschaftliche Unabhängigkeit plus ein befristetes politisches Abkommen) und gaben vorbehaltlos der zweiten Variante den Vorzug. Dementsprechend behaupteten sie auch, daß «Rußland sich hüten müsse, langfristige, strenge und alles erfassende wirtschaftliche Bindungen einzugehen», daß es «kein Interesse an der Gründung ständiger überrepublikanischer Organe der allgemeinwirtschaftlichen Lenkung» habe und «eine eigene Zollbehörde unterhalten» müsse.

Im Grunde lief diese Konzeption darauf hinaus, daß Rußland auf seine Rolle als «Kern» der Union verzichten müsse. Wenn Rußland seine Ressourcen für sich bewahre, so das dahinterstehende Motiv, dann werde es schnell reich werden. Ganz offensichtlich faßten die Autoren der Denkschrift den seit dem Putsch drohenden Zerfall der Union nicht als Tragödie auf, sondern als eine Art «Sieg».

Ich führte mit Jelzin ein ernstes Gespräch über diese Konzeption. Er stimmte den Argumenten zu, die ich dagegen ins Feld führte, und ich hatte damals den Eindruck, er sei aufrichtig gewesen. Aber schon früher war es bei ihm vorgekommen, daß wir etwas besprochen und uns geeinigt hatten, er aber am nächsten Tag genau das Gegenteil behauptete. So war es auch dieses Mal. (Im übrigen blieb er sich darin auch später treu, wie wir in den Jahren 1992 bis 1998 mehrmals erfahren mußten.)

Am 28. Oktober erläuterte Jelzin auf dem Kongreß der Volksdeputierten der RSFSR eine Reihe von Maßnahmen, die er zur Annahme vorlegte. De facto hintertrieben diese Maßnahmen den kurz zuvor unterzeichneten Vertrag über die Wirtschaftsgemeinschaft oder widersprachen ihm sogar. Ich zitiere Jelzin: «Die interrepublikanischen Organe haben allein die Aufgabe, eine konsultative und koordinierende Rolle zu spielen. Die reale Macht wird jetzt von den Republiken ausgeübt. Aus diesem Grund wird die Russische Föderation eine selbständige Politik betreiben müssen, sie wird entsprechend ihren nationalen, staatlichen Interessen und nicht nach ihr von außen auferlegten Bestimmungen handeln.»

Kurz nach diesem Auftritt gab ich dem Chefredakteur der Zeitung *Moskowskije Nowosti* Len Karpinskij ein Interview. Er stellte mir folgende Frage: «Aus irgendeinem Grund taucht in der neuen Lage automatisch die alte, inzwischen falsche Alternative wieder auf. Wenn wir ein Zentrum haben sollen, dann unbedingt eines, mit dem wir jahrzehntelang und, leider, bis vor kurzem zu tun hatten. Ein Zentrum, daß eine ständige Gefahr für die freiheitsliebenden Völker, ihre nationale Staatlichkeit darstellt. Folgende Alternativen stehen zur Wahl: Entweder haben wir Unabhängigkeit, dann gibt es kein Zentrum und kann es auch keines geben, oder wir erhalten das Zentrum, dann Lebwohl Unabhängigkeit. Aber warum können wir uns nicht das Zentrum grundlegend neu als Struktur zur Äußerung und Abstimmung der Interessen der Republiken, als einen Mechanismus für die Erzielung von Konsens vorstellen?

Gorbatschow: Ich bin ganz Ihrer Meinung. Sie haben das zentrale Problem angesprochen. Und davon, wie es gelöst wird, hängt in vielerlei Hinsicht ab, was uns die Zukunft bringt. Doch die Alternative liegt nicht darin, ob die Republiken souveräne Staaten sein werden (sie sind es bereits geworden) oder ob das unionsweite Zentrum erhalten bleibt. Die Alternative liegt darin, ob wir uns aus der gemeinsamen Notlage wieder befreien und gemeinsam weitermarschieren, oder ob wir uns in alle Himmelsrichtungen zerstreuen. Die Republiken sind keineswegs nur über die Machtkanäle miteinander verbunden, gewissermaßen über die bürokratische Prothese des Partei- und Staatsapparats. Die Bande durchziehen das gesamte Geflecht des Alltagslebens der Republiken. Also gehen wir entweder auf dem Weg des Streits und der Konflikte oder auf dem Weg einer zivilisierten Zusammenarbeit miteinander um. Das totalitäre, bürokratische Zentrum, das die Unifikation durch Zwang und eine chauvinistische Großmachtpolitik und -ideologie verkörperte, ist längst zerfallen. Das ist gut für alle, darf aber nicht mit einer Auflösung der unionsweiten Bande durcheinandergebracht werden. Deshalb reden wir jetzt auch über eine neue Gestaltung des Zentrums. Kein Despot, der die Republiken herumkommandiert, sondern ein koordiniertes Organ, das eine Vermittlerrolle wahrnehmen und die dafür erforderlichen Voraussetzungen von den Republiken selbst erhalten soll.

... In gewissen Politikerkreisen Rußlands, auch im Umkreis von Boris Nikolajewitsch Jelzin, meinen manche: Rußland muß sich ‹wie alle anderen› loslösen. Es solle die Last der ‹besonderen Verantwortung› für andere abschütteln und mit Hilfe der eigenen natürlichen Ressourcen, des eigenen wirtschaftlichen und intellektuellen Potentials, anfangen, ein unabhängiges Leben zu führen. Das ist eine realitätsferne Utopie – noch dazu eine äußerst gefährliche ... Ich sage ganz offen: Rußland kann sich nicht allein entziehen, weil es auch von den anderen Republiken abhängt. Die Gefahr dieser extrem separatistischen Pläne liegt gerade in der aktuellen Lage. Möglicherweise könnte Rußland in einigen Jahren auch allein mit seinen Problemen fertig werden, aber eben erst in einigen Jahren. Für die übrigen Republiken, auch für die Ukraine, führt jeder Isolationismus in die Katastrophe.

Karpinskij: Auf der anderen Seite, warum kann denn nicht Rußland all diese gemeinsamen Sorgen, die uns als Vermächtnis der ehemaligen Union geblieben sind, auf sich nehmen, nachdem es zum ‹Rechtsnachfolger› der UdSSR geworden ist? Ist es letzten Endes denn nicht gleichgültig, wo das Gravitationszentrum der Konsolidierung liegt?

Gorbatschow: Sobald Rußland ganz offen versucht, sagen wir, den Republiken Anweisungen zu erteilen, würden die souveränen Republiken sofort in Panik geraten. Was hat das zu bedeuten, eine Wiedergeburt des Zarenreiches? Die Völker sind in der Mehrzahl bereit, die Führungsrolle Rußlands anzuerkennen, aber nur in der Form einer neuen Union und über neue unionsweite Institutionen, in denen Rußland in der Praxis seine Rolle spielen würde. Solche unionsweite Institutionen sind vor allem für Rußland selbst unumgänglich, damit es als gleichberechtigter Partner empfunden wird.

Karpinskij: Aus dem, was Sie gesagt haben, geht klar hervor, daß Sie die besondere Stellung Rußlands und die damit verbundenen Gefahren verstehen, nicht zuletzt die Tatsache, daß diese Stellung uns de facto ernste Hindernisse für die Fortführung der Arbeit an dem Unionsvertrag in den Weg legt. Aber nichtsdestotrotz fordern Sie hartnäckig weiter den schnellstmöglichen Abschluß des Vertrages. Ist das nicht illusorisch?

Gorbatschow: Ja, mir ist das alles durchaus klar. Aber ich gehe wie früher davon aus, daß es für alle Republiken, einschließlich Rußlands, keine Alternative zur

Union gibt. Und ich meine, daß wir die begonnene und weit fortgeschrittene Arbeit auch weiterhin fortsetzen müssen.»

Damals beendete ich eine kurze Reise nach Madrid im Zusammenhang mit der Eröffnung der Friedenskonferenz für den Nahen Osten. Am 29./30. Oktober traf ich mich dort mit George Bush, König Juan Carlos sowie Felipe González und sprach danach im Süden Frankreichs mit François Mitterrand. Meine Gesprächspartner überzeugten mich von der Notwendigkeit, den Unionsvertrag so schnell wie möglich zu unterzeichnen. Sie konnten einfach nicht verstehen, was bei uns im Land vorging. Wenn ich diese Gespräche zusammenfasse, so war ihr wichtigstes Thema, daß es sowohl in unserem Interesse als auch im Interesse des Westens liegt, die Union zu reformieren und zu erneuern, aber zugleich als eine der grundlegenden Stützen für die Bewahrung des Friedens in der Welt zu erhalten.

Ich bemühte mich nun, die Arbeit daran zu beschleunigen. Am 4. November brachte ich auf der ordentlichen Sitzung des Staatsrates das Problem deutlich zur Sprache: Eine Verzögerung der Unterzeichnung des Unionsvertrages sei nicht hinnehmbar. Ich zitiere aus dem Protokoll die wichtigsten Passagen:

«Wir befinden uns in einer äußerst schwierigen Lage. Bei mir entsteht der Eindruck, daß wir allzu leichtfertig und ohne die nötige Verantwortung mit dem Potential umgehen, das den Führungen der Republiken nach dem Putsch und als Folge der Beschlüsse, die auf der Grundlage unserer gemeinsamen Erklärung gefaßt wurden, zugefallen ist. Damals hatten wir alle die Hoffnung, daß wir die Lage meistern und das Land erfolgreich auf dem Weg der Reformen aus der Krise herausführen würden.

Schon damals spürten wir klar und deutlich, daß wir den Zerfall des Staates nicht zulassen durften. Wir blickten gewissermaßen hinter die Grenze und sahen den Abgrund, in den wir stürzen könnten, wenn es so weit kommen sollte.

In den ersten Wochen der gemeinsamen Anstrengungen verstärkte sich diese Zuversicht. Die Menschen des Landes unterstützten unseren Weg. Aber nach den ersten Wochen begannen die Verzögerungsmanöver und die politischen Intrigen von neuem. Mit Ach und Krach bringen wir einen Wirtschaftsvertrag zustande. Dem Land geht die Puste aus, weil in diesen überaus wichtigen Fragen Unklarheit herrscht. Das ist alles sehr gefährlich.»

Am Vorabend der Staatsratssitzung traf ich mich mit Boris Jelzin. Wir führten ein angeregtes Gespräch, bei dem ich alle Punkte offen zur Sprache brachte. Vor allem fragte ich danach, welche Linie Rußland bei dem Vertrag über eine Wirtschaftsgemeinschaft verfolgen werde. Jelzin versicherte, daß Rußland im Sinne des Wirtschaftsvertrages handeln, ja sogar die Initiative ergreifen werde. Auf der Staatsratssitzung selbst hielt sich Jelzin im wesentlichen auch an diese Linie und unterstrich, daß er auf die Gründung eines «neuen Vertrages, einer Union Souveräner Staaten» hinarbeite.

Am 14. November erörterte der Staatsrat den Entwurf des Vertrages über die Union Souveräner Staaten (USS), der unter Berücksichtigung der Kommentare der Republiken ausgearbeitet worden war. Ich zitiere einige Auszüge aus dem Sitzungsprotokoll:

«Staatsrat. Nowo-Ogarjowo, 14. November 1991.

Man kam überein, den Text (des Vertrages) durchzugehen.

Präambel, schnelle Einigung.

Streit um den Namen: USR (Union Souveräner Republiken) oder USS.

Jelzin: USS.

M. S. (Gorbatschow): Wenn es USS sein muß, dann eben USS. Wir müssen die Hauptfrage klären: Werden wir einen Unionsstaat gründen oder nicht?

Jelzin: Es ist unsere Absicht, eine Union zu gründen.

Nasarbajew: Was für eine Union wollen wir?

M. S.: Wie lautet deine Meinung?

Nasarbajew: Von einer Föderation zu sprechen ist sehr schwierig, vielleicht eine Konföderation?

M. S.: Einen Unionsstaat. Darauf bestehe ich kategorisch. Wenn wir keinen Staat auf Unionsebene schaffen, dann sehe ich Unheil auf uns zukommen ...

Jelzin: Wir werden eine Union von Staaten schaffen.

M. S.: Wenn es keinen eigenen Staat gibt, dann werde ich mich an diesem Prozeß nicht beteiligen. Ich kann euch auch gleich allein lassen. (Steht auf und sammelt die Papiere ein.) Das ist mein grundsätzlicher Standpunkt. Wenn es keinen eigenen Staat gibt, dann halte ich meine Mission für gescheitert. Ich kann mich nicht für etwas Amorphes einsetzen.

Schuschkewitsch (Stellvertretender Vorsitzender des Obersten Sowjets von Weißrußland) überredet ihn, zu bleiben.

M. S.: Ich möchte, daß ihr mir glaubt, daß ich keinerlei Ambitionen auf neue Amtswürden hege.

Jelzin: Nennen wir es doch ganz klar eine Konföderation.

M. S.: Ihr entscheidet. Ich kann euch nicht zwingen. Ihr tragt ebenso viel Verantwortung wie ich, sogar noch mehr.

Jelzin: Man muß es so einrichten, daß die Ukraine nicht austritt.

Schuschkewitsch: Ich denke, in eine Konföderation wird sie eintreten.

Pause.

M. S.: So, haben wir endlich einen Kompromiß gefunden: ‹Ein konföderativer, demokratischer Staat, der Macht ausübt ...›

Die Teilnehmer einigten sich, den Entwurf am 25. November zu paraphieren.»

Nach Ende der Sitzung wurde eine Pressekonferenz abgehalten. Boris Jelzin sagte bei der Gelegenheit: «Es läßt sich schwer voraussagen, wieviele Staaten der Union beitreten werden, aber ich bin fest überzeugt, daß die Union zustande kommen wird.» Stanislaw Schuschkewitsch (Weißrußland) erklärte: «Meiner Überzeugung nach ist die Wahrscheinlichkeit der Gründung einer neuen Union wesentlich größer geworden. Ich meine, es wird eine Union geben.» Die Führer Kasachstans, Kirgisistans, Turkmenistans und Tadschikistans sprachen sich für eine Union aus.

Ich ergriff als letzter das Wort und sagte, daß ein Vertrag über eine Union Souveräner Staaten als Grundlage für die Reformierung unseres einheitlichen multinationalen Staates unerläßlich sei. Er sei auch für die Lösung der dringlichsten Aufgaben notwendig. Ohne eine Übereinkunft zwischen den Republiken würden die Reformen nicht vorankommen. (...) Wenn wir als separierte Nationalstaaten unsere eigenen Wege gingen, dann werde sogar innerhalb des Rahmens eines Commonwealth der Prozeß der Koordination außerordentlich erschwert werden.

Es hatte den Anschein, als hätten wir einen entscheidenden Schritt nach vorn getan. Gewiß gab es auch einige Hinweise, die zur Vorsicht mahnten, so vor allem die Haltung des ukrainischen Staatschefs, Leonid Krawtschuk. Am 14. November nahm er an der Sitzung des Staatsrates nicht teil. Bereits am 8. November hatte er aber nach seiner Rückkehr aus Moskau eine Pressekonferenz abgehalten, auf der er folgendes erklärte:

– Die Hauptsache sei das Referendum über die Unabhängigkeit der Ukraine (es war auf den 1. Dezember anberaumt);
– die ökonomische Krise müsse überwunden werden;
– die Ukraine müsse eine eigene nationale Armee aufbauen;

– eine eigene ukrainische Währung sei ebenfalls notwendig;
– selbständige auswärtige Beziehungen seien unumgänglich. Es bestehe keine Notwendigkeit für den Fortbestand eines Außenministeriums auf Unionsebene.

Zu dem Unionsvertrag nahm Krawtschuk folgenden Standpunkt ein: «Wir sollten das Gerede von dem Prozeß von Nowo-Ogarjowo beenden. Es muß endlich klargestellt werden, was für eine Union das sein wird. Und wen vertritt der Oberste Sowjet der Union? Gehören ihr 15 Republiken an, wie früher, oder nur sieben, wie es jetzt der Fall ist? Und welche Stellung wird Gorbatschow selbst einnehmen? Der Prozeß von Nowo-Ogarjowo ist schon so gut wie Vergangenheit.» Und weiter: «Wir werden uns dagegen aussprechen, irgendwelche zentralen Organe zu schaffen. Wir ratifizieren keinen Vertrag, wenn sich hinter ihm in irgendeiner Form zentrale Organe verbergen. Und wir brauchen auch überhaupt kein Zentrum außer Koordinationsorganen, die von den Staaten eingerichtet werden, die den Vertrag mitunterzeichnet haben.»

Es war offensichtlich, daß Krawtschuk keine wirkliche Union wollte, sondern lediglich zur Gründung eines amorphen, nicht näher bestimmten Staatswesens bereit war. Damals vertrat er jedoch als einziger diesen Standpunkt, auch wenn die Kommentare und Vorschläge Jelzins, wie aus dem Sitzungsprotokoll vom 14. November hervorgeht, in vieler Hinsicht mit Krawtschuks Ansichten übereinstimmten.

Wie vereinbart, trat der Staatsrat am 25. November zur nächsten Sitzung zusammen. Ich zitiere aus dem Sitzungsprotokoll:

M. S.: «Wie auf der vorhergehenden Sitzung des Staatsrates vereinbart, stellt sich heute die Frage, wie der Unionsvertrag paraphiert werden soll.»

Jelzin: «Leider sind einige Formulierungen aufgetaucht, die wir nicht abgesprochen hatten.»

M. S.: «Also, dann gehen wir den Text durch. Zur Präambel gibt es keine Kommentare. Die Grundprinzipien. Erstens ...»

Jelzin: «Darauf müssen wir zurückkommen.»

M. S.: «Aber wir haben uns doch geeinigt. Vier Stunden lang haben wir diskutiert.»

Jelzin: «Das weiß ich, aber wir haben in einigen Ausschüssen des Obersten Sowjets Sondierungsgespräche geführt. Die Mehrheit ist der Ansicht, daß es doch keine Union sein soll. Also kein konföderativer demokratischer Staat, sondern eine Konföderation demokratischer Staaten.»

Es folgt ein Streit.

Jelzin: «In Anbetracht der Tatsache, daß ich noch Einwände habe, werde ich eine Erklärung zu Protokoll geben, wenn er paraphiert wird.»

Erneut eine heftige Auseinandersetzung zwischen Jelzin und Gorbatschow.

Als erster mischt sich Nijasow ein: «Ich denke, wir sollten über den Vorschlag von Boris Nikolajewitsch nachdenken. Mir scheint, der Kern hat sich dadurch nicht verändert.»

M. S.: «Er hat sich verändert. Es wird keinen Staat auf Unionsebene geben.»

Karimow: «In unserem Parlament herrscht ebenfalls die Stimmung, den Vertragsentwurf so lange nicht zu paraphieren, wie er im Ausschuß noch diskutiert wird.»

Jelzin: «Es gibt noch einen anderen wichtigen Aspekt. Eine Unterzeichnung des Vertrages ohne die Ukraine ist sinnlos. Es wird keine Union geben. Warten wir die Ukraine ab. Das ist eine Geste der Achtung gegenüber der Ukraine.»

M. S.: «Wie jemand sagte: ‹Gorbatschow ist obsolet geworden›. Anscheinend ist das auch eure Ansicht. Dann einigt euch doch selbst miteinander. Ich möchte aber nichts mit dem Chaos zu tun haben, das eure verschwommene Haltung mit sich bringen wird. Wenn ihr nicht die Absicht habt, eine Union zu gründen, dann sagt es.»

Die Teilnehmer entscheiden, den Vertragstext den Obersten Sowjets (der Republiken) auf Beschluß des Staatsrates vorzulegen. Streit um die Formulierung des Beschlusses.

M. S.: «Der Vertragstext ist als vereinbart zu betrachten. Er soll zur Begutachtung an die Obersten Sowjets gesandt werden.»

Jelzin: «Ich denke, es geht noch kürzer: ‹Den vorliegenden Entwurf zur Begutachtung an ...›»

M. S.: «Und wo ist der Unterschied?»

Jelzin: «Der Unterschied ist in ‹vereinbart›.»

M. S.: «Wenn er nicht vereinbart ist, dann brauchen wir ihn auch nicht abzusenden.»

Erneut Streit.

M. S.: «Ich stelle fest, daß die Führer der Republiken in einem Augenblick großer Verantwortung zu unnötigen Manövern greifen.»

Schuschkewitsch: «Ich kann das nicht verantworten. Ich stehe auf dem Standpunkt, wir sollten nicht heute paraphieren, sondern in zehn Tagen.»

M. S.: «Hört zu, machen wir es doch so. Ihr bleibt hier, einigt euch ohne Zeugen, wir werden euch allein lassen. Ich bitte alle übrigen zu bleiben.» (Geht nach unten. 25 Minuten später begeben sich auch Jelzin und Schuschkewitsch dorthin. Gemeinsam wird eine Formulierung ausgearbeitet.)

Nach der Pause.

Wortlaut der Formulierung: ‹Resolution des Staatsrates der UdSSR. Den Obersten Sowjets der souveränen Staaten und dem Obersten Sowjet der UdSSR soll der ausgearbeitete Vertrag über die Union Souveraner Staaten zugesandt werden. Die Obersten Sowjets werden gebeten, den vorliegenden Entwurf zu begutachten. Sie sollen dabei berücksichtigen, daß seine Unterzeichnung noch im laufenden Jahr vorbereitet werden soll.›»

M. S.: «Es fehlt noch: ‹Der Entwurf soll in der Presse veröffentlicht werden.›»

Im folgenden wird das Papier Jelzins (seine Erklärung für das Protokoll) Seite für Seite diskutiert. Sein Kommentar wird im wesentlichen angenommen.

Der Vertragsentwurf wurde also nicht paraphiert. Warum wollten Jelzin und die anderen nach ihm den Entwurf nicht paraphieren? Ich denke, seine Ratgeber haben ihn überredet, sich die Hände für eventuelle Verbesserungsvorschläge freizuhalten, solange die ganze Arbeit an dem Vertrag noch nicht abgeschlossen war. Ich will aber auch nicht ausschließen, daß der russische Präsident damals bereits wußte, daß das Dokument ohnehin nicht in Kraft treten wird, und es deshalb auch nicht beglaubigen wollte.

Unmittelbar nach der Staatsratssitzung wurde eine Pressekonferenz abgehalten, an der die Repräsentanten der Republiken diesmal nicht teilnehmen wollten. Ich berichtete den Journalisten von den Meinungsverschiedenheiten und unterstrich, daß alle grundsätzlichen Bestimmungen des Entwurfes unverändert geblieben waren. Ich schloß: «Wir sind auch wieder auf die Frage zurückgekommen: Ist die Konföderation eine Union oder ein Staat? ... Wir sind jedoch bei der Formulierung geblieben, auf die wir uns bei der letzten Staatsratssitzung geeinigt hatten, nämlich: Die Union Souveräner Staaten ist ein konföderativer demokratischer Staat. Diese Konzeption wurde dann in allen Abschnitten des Entwurfs beibehalten. Damit wäre also die sehr schwierige, sehr verantwortungsvolle Arbeit auf einer so wichtigen Etappe, der Prüfung im Staatsrat, abgeschlossen ... Die Führer der Republiken halten sich in gewissem Umfang Bewegungsraum offen und berufen sich zu recht darauf, daß der Prozeß ohnehin in den Obersten Sowjets politisch abgeschlossen werden muß.»

Die Diskussion und die ganzen Begleitumstände der Staatsratssitzung vom 25. November hinterließen bei mir einen bitteren Nachgeschmack. Ich hatte den Eindruck, daß Jelzin nicht ohne Absicht wesentliche Punkte des neuen Vertrages verwarf, über die wir uns bereits verständigt hatten, und plötzlich alte Postionen, die längst überholt waren, publik machte. Offensichtlich hatte er damals bereits ganz andere Pläne.

Inzwischen ist bekannt, daß Jelzin schon seit einiger Zeit zielstrebig auf den Zerfall der Union hinarbeitete. Leonid Krawtschuk enthüllt in seinem Buch *Die letzten Tage des Reiches*, daß es zwischen Boris Jelzin und den Führern der Ukraine und Weißrußlands praktisch von dem Augenblick an zu geheimen Absprachen gekommen war, als die Vorbereitung des Unionsvertrages in Gang kam. Krawtschuk schreibt, daß die «Troika» bemüht gewesen sei, bei ihren Handlungen «kein unnötiges Aufsehen zu erregen», und daß nur «ein sehr enger Personenkreis beteiligt» gewesen sei. Aber wie ich bereits sagte, wurde das erst jetzt aufgedeckt. Damals hingegen, am 25. November, hatte ich zwar Zweifel an Jelzins Position, aber das war alles. Ich fragte mich, ob er womöglich ein doppeltes Spiel spielte?

Das Referendum in der Ukraine fand am 1. Dezember statt. 90,32 Prozent der Wähler sprachen sich für die Unabhängigkeit der Republik aus. Leonid Krawtschuk wurde zum Präsidenten der Ukraine gewählt. Einen Tag später erkannte Boris Jelzin die Unabhängigkeit der Ukraine an.

Das Minsker Abkommen: Zerfall der UdSSR

Am 3. Dezember billigte der Oberste Sowjet der UdSSR den Vertragsentwurf über die Union Souveräner Staaten. Damals schickte ich den Parlamentariern der Obersten

Sowjets der souveränen Staaten einen Brief mit folgendem Appell:

«Die wachsende Sorge um unser Vaterland veranlaßt mich, an Sie heranzutreten. Unter den vielen Krisen, die es durchzustehen hat, ist die Krise der Staatlichkeit die gefährlichste. Sie wirkt sich äußerst negativ auf die Fähigkeit der Behörden auf allen Ebenen aus, ihren Pflichten gegenüber den Bürgern nachzukommen; sie behindert die Wirtschaft, hemmt und ruiniert den Reformprozeß, deformiert die Sitten, hetzt die Völker gegeneinander auf und führt zur Zerstörung der Kultur.

In jedem Ihrer souveränen Staaten gibt es inzwischen demokratisch gewählte Organe der Legislative und der Exekutive. Sie tragen die Verantwortung für eine Politik, die den Interessen der Menschen zu dienen hat. Aber die Lage wird immer schlechter und schlechter. Eigentlich sollte inzwischen jeder begriffen haben, daß einer der Hauptgründe dafür in der Desintegration liegt, die gegen die historische Logik der Existenz eines in sich geschlossenen Riesenreiches verstoßen, die Grenzen der Vernunft verlassen und inzwischen bereits einen zerstörerischen Charakter angenommen hat.

Ihnen wird der Entwurf eines Unionsvertrages zur Prüfung vorgelegt.

Ihre Entscheidung wird die Gesellschaft entweder neuen Lebensformen näherbringen, oder unsere Völker werden dazu verdammt sein, sich lange und, vermutlich, vergeblich im Alleingang freizukämpfen. Was konkret in diesem Fall jeden von uns und uns alle zusammen, die ganze übrige Welt, erwartet, läßt sich unmöglich voraussagen. Eines steht jedoch fest: Das wird schwere Folgen haben.

... Jeder von Ihnen hat das Recht, auf die Union zu verzichten. Das verlangt von den Volksvertretern aber auch, alle Folgen zu bedenken ...»

Im folgenden schilderte ich in dem Appell knapp die möglichen Folgen eines Zerfalls der Union, von denen bereits die Rede war. Zu dem Vertragsentwurf schrieb ich darin folgendes: «*Zwei grundlegende Ideen* finden sich in die konföderative Konzeption des Vertrages eingebunden, die den Charakter des neuen, nie dagewesenen Staatswesens prägt.

Das eine ist die Idee der *Selbstbestimmung, der nationalstaatlichen Souveränität und Unabhängigkeit.*

Das andere ist die Idee *des Unionsstatus, der Kooperation, der Koordination und der gegenseitigen Unterstützung.*

Meine Position steht fest. Ich bin für eine neue Union, für die Union Souveräner Staaten – einen konföderativen demokratischen Staat. Ich möchte, daß mein Standpunkt jedem von Ihnen im Vorfeld Ihrer Entscheidung hinlänglich bekannt ist. Wir dürfen nicht länger zögern. Jeder Zeitverlust könnte katastrophale Folgen haben.

Deshalb bitte ich Sie als die bevollmächtigten Vertreter Ihrer Völker, in den nächsten Tagen den Vertrag über die Union Souveräner Staaten zu erörtern und ihm zuzustimmen.»

Ich hoffte, daß die Obersten Sowjets den Vertrag billigen würden. Man sagte mir, daß im russischen Parlament die größten Schwierigkeiten zu erwarten seien. Ich wußte aber, daß der Vertrag bei der Prüfung durch eine Reihe von Kommissionen des Obersten Sowjets Rußlands gutgeheißen worden war. Den Delegierten in den Obersten Sowjets der souveränen Staaten wurde jedoch gar nicht erst die Möglichkeit gegeben, den Vertrag zu begutachten.

Bereits am 4. Dezember meldete die Kiewer Zeitung *Rabotschaja Gaseta,* daß Leonid Krawtschuk dem Präsidenten der Vereinigten Staaten in einem Gespräch am Vortag mitgeteilt habe, am kommenden Samstag würden sich er, Jelzin und der Stellvertretende Vorsitzende des weißrussischen Parlaments, Stanislaw Schuschkewitsch, in Minsk treffen, um «innere und äußere Fragen der Politik der von ihnen geführten Staaten» zu erörtern.

Vor seiner Abreise nach Minsk sagte Jelzin zu mir, daß der Zweck seines Besuches in Weißrußland bilaterale russisch-weißrussische Gespräche seien. Krawtschuk hätten sie eingeladen, um ihn für den Vertrag zu gewinnen. Jelzin war der Meinung, daß «eine Union ohne die Ukraine undenkbar» sei, und fügte hinzu: «Man muß alles tun, um die Ukrainer dazu zu bringen, sich dem Unionsvertrag anzuschließen.» Allerdings machte er eine Einschränkung: «Wenn das nicht gelingt, dann werden wir über Alternativen nachdenken müssen.» Ich drängte Jelzin: Die Ukraine könne durchaus in den Vertragsprozeß einbezogen werden, und die Hauptsache sei jetzt, daß die Russische Föderation als erste den Vertrag erörtere und unterzeichne. Dann werde sich die Ukraine schon ihren Platz suchen. Wenn acht Republiken unterzeichneten, dann bliebe ihr gar nichts anderes übrig, als sich anzuschließen. Falls aber keine Einigung erzielt werden sollte, so könne man die Gespräche in Moskau fortsetzen.

Am 8. Dezember trat die «Troika» zusammen. Sie veröffentlichten eine Erklärung: «Die Union der Sozialistischen Sowjetrepubliken hat als Subjekt des Völkerrechts und als geopolitische Realität aufgehört zu existieren». Sie unterzeichneten eine Vereinbarung über die Gründung einer Gemeinschaft Unabhängiger Staaten.

Im Jahr 1993 vertraute mir ein Abgeordneter, der 1991 ein glühender Anhänger Jelzins gewesen war, bei einem Gespräch mit Mitgliedern der Abgeordnetengruppe «Smena» (Wechsel) an, daß der russische Präsident nach der Rückkehr aus Minsk eine Gruppe ihm nahestehender Abgeordneter zu sich gerufen habe, um sich ihrer Unterstützung bei der Ratifizierung der Minsker Vereinbarungen zu versichern. Jemand fragte ihn, inwiefern sie überhaupt rechtmäßig seien. Plötzlich verfiel der Präsident in einen vierzigminütigen Vortrag und erzählte begeistert, wie es ihm gelungen sei, Gorbatschow vor der Abreise nach Minsk «hinters Licht zu führen» und ihn davon zu überzeugen, daß er ein und dasselbe Ziel wie Gorbatschow verfolge, während er in Wahrheit die Absicht hatte, genau das Gegenteil zu tun. «Es war notwendig, Gorbatschow aus dem Spiel herauszuhalten», fügte Jelzin hinzu.

Es erübrigt sich jeder Kommentar. Der russische Präsident und seine Umgebung *opferten faktisch die Union* ihrem glühenden Wunsch, im Kreml zu herrschen.

Am 9. Dezember gab ich zu der Übereinkunft der drei Staatschefs folgende Erklärung ab: «Für mich als den Präsidenten des Landes ist das hauptsächliche Kriterium bei der Prüfung dieses Dokuments die Frage, in welchem Maße es den Interessen der Sicherheit der Bürger und den Aufgaben bei der Bewältigung der gegenwärtigen Krise, der Bewahrung des Staatswesens und der Fortsetzung der demokratischen Umgestaltung entspricht.

Die Vereinbarung weist einige positive Punkte auf. Beispielsweise nahm die ukrainische Führung daran teil, die in letzter Zeit keine aktive Rolle bei den Verhandlungen um den Vertrag gespielt hat.

In dem Dokument wird die Notwendigkeit hervorgehoben, einen einheitlichen Wirtschaftsraum zu schaffen, der nach vereinbarten Grundsätzen funktioniert und über eine gemeinsame Währung und ein einheitliches Finanzwesen verfügt. Die Bereitschaft zur Zusammenarbeit in Wissenschaft, Bildung, Kultur und auf anderen Gebieten wird bekundet. Eine bestimmte Formel für gegenseitiges Handeln auf militärstrategischem Feld wird vorgeschlagen.

Doch das Dokument ist von solcher Bedeutung, berührt so grundlegend die Interessen der Völker unseres Landes und der Weltgemeinschaft, daß es einer allseitigen politischen und rechtlichen Prüfung bedarf.

Auf jeden Fall liegt meiner Ansicht nach eines auf der Hand. Das Abkommen erklärt unmißverständlich, daß die UdSSR aufgehört hat zu existieren. Selbstredend hat jede Republik das Recht, aus der Union auszutreten, aber das Schicksal des multinationalen Staates kann nicht durch den Willen der führenden Persönlichkeiten von drei Republiken entschieden werden. Diese Frage muß auf verfassungsmäßigem Wege unter Beteiligung aller Souveräner Staaten und unter Berücksichtigung des Willens ihrer Völker geklärt werden.

Die Erklärung, daß alle rechtlichen Normen der Union außer Kraft gesetzt sind, ist ebenfalls widerrechtlich und gefährlich. Sie kann das Chaos und die Anarchie in der Gesellschaft nur verschlimmern.

Die Hast bei der Veröffentlichung des Dokuments ist befremdlich. Es wurde weder von der Bevölkerung, noch von den Obersten Sowjets der Republiken, in deren Namen es unterzeichnet wurde, diskutiert. Zudem erschien es zu einem Zeitpunkt, da die Parlamente den Vertragsentwurf über eine Union Souveräner Staaten diskutieren, der vom sowjetischen Staatsrat ausgearbeitet wurde.

Nach meiner festen Überzeugung ist es in der gegenwärtigen Situation erforderlich, daß die Obersten Sowjets aller Republiken sowie der Oberste Sowjet der UdSSR sowohl über den Vertragsentwurf über die Union Souveräner Staaten als auch über das in Minsk geschlossene Abkommen diskutieren. Da in dem Abkommen eine andere Form des Staatswesens vorgeschlagen wird, die in die Zuständigkeit des Kongresses der Volksdeputierten der UdSSR fällt, ist es erforderlich, einen Kongreß einzuberufen. Außerdem würde ich die Möglichkeit nicht ausschließen, in dieser Frage ein allgemeines Referendum (ein Plebiszit) abzuhalten.»

Am 10. Dezember ratifizierten der Oberste Sowjet Weißrußlands und der Oberste Sowjet der Ukraine das Abkommen über die Gründung der GUS und wichen der

Frage nach der Union Souveräner Staaten aus. Zwei Tage
später verabschiedete der Oberste Sowjet der RSFSR eine
ähnliche Resolution. Zu denen, die einmütig für das
Minsker Abkommen stimmten, gehörten auch Abgeord-
nete von ansonsten völlig entgegengesetzten Gruppierungen.

In Aschchabad trafen sich am 13. Dezember die Staatschefs Mittelasiens und Kasachstans. Im wesentlichen be-
grüßten sie die Initiative zur Gründung einer GUS, hoben
jedoch hervor, daß eine gleichberechtigte Teilnahme aller
ehemaligen Republiken der Union an der Ausarbeitung
der Dokumente und der Beschlüsse über die neue Gestalt
gewährleistet sein müsse. Auf den 21. Dezember wurde
jedoch eine Zusammenkunft von elf Republiken in Alma-
Ata anberaumt. Ich schrieb an die Teilnehmer eine Bot-
schaft.

Mein Standpunkt war von folgenden Überlegungen
bestimmt. Wenn die anderen Republiken übereinkamen,
daß sie eine Gemeinschaft gründen wollten, dann würde
ich als Politiker, der sich den Prinzipien der Demokratie
und der verfassungsmäßigen Regierung verpflichtet
fühlt, ausgehend von diesen Überzeugungen und angesichts meiner Rolle als Präsident, diese Entscheidung re-
spektieren müssen. Aber ich befürwortete einen schritt-
weisen Prozeß, der den Zerfall und das Chaos nicht noch
verschlimmerte. Im Einklang mit diesen Überlegungen
schrieb ich an die Teilnehmer:

«Aufgrund der Ratifizierung des Abkommens über die
Gründung der Gemeinschaft Unabhängiger Staaten
durch die Obersten Sowjets der RSFSR, der Ukraine und
Weißrußlands sowie der Bereitschaft Kasachstans, Kirgi-
sistans, Tadschikistans und Turkmenistans, sich den
Gründern der Gemeinschaft anzuschließen, hat sich die
Situation grundlegend verändert. Eine neue Staatsform
für das Leben der zahlreichen Völker unseres großen
Landes tritt in die Geschichte ein. Auf seinem Territori-

um entstehen mehrere unabhängige Staaten. Die langwierige, schwierige, historische Entstehung eines einheitlichen Landes wird durch den Prozeß seiner Trennung
und Aufteilung abgelöst. Er wird ebenfalls nicht leicht
sein, darüber sollte man sich keinen Illusionen hingeben.
Offensichtlich hat die Gesellschaft noch nicht erkannt,
daß dies eine Wende von ungeheuer großen Dimensionen
bedeutet, welche die Lebensgrundlagen der Völker und
Bürger berührt.

Vom Beginn der Perestroika an bewegten wir uns
Schritt für Schritt in die Richtung, daß alle Republiken
echte Unabhängigkeit erhalten. Doch stets beharrte ich
darauf, einen Zerfall des Landes nicht zuzulassen. So
verstand und verstehe ich den Willen der Völker, der in
dem Referendum zum Ausdruck kam: als ihr Streben
nach Unabhängigkeit unter Wahrung der Integrität der
historischen Union. Dieser Gedanke und diese Besorgnis
lagen meiner Formel ‹Union Souveräner Staaten› zugrunde, die ursprünglich Ihre Unterstützung fand.

Ich schreibe nicht an Sie, um die Diskussion über dieses Thema wieder zu entfachen. Inzwischen wird die Idee
einer Gemeinschaft Unabhängiger Staaten zur Realität,
und es ist wichtig, lebenswichtig, daß dieser äußerst
komplizierte Prozeß nicht die destruktiven Tendenzen
verstärkt, die sich in der Gesellschaft bereits abzeichnen.
Denn es ist ja für alle erkennbar, daß sich der Übergang
in einer tiefgreifenden wirtschaftlichen, politischen und
zwischenstaatlichen Krise vollziehen wird und mit einer
beträchtlichen Senkung des Lebensstandards verbunden
ist.

Ich habe den Inhalt der in Brest und Aschchabad unterzeichneten Dokumente sowie der Ratifizierungsbe-
schlüsse der Obersten Sowjets der drei Republiken sehr
ernst genommen. Bei meinen Überlegungen habe ich die
Reaktionen der Öffentlichkeit im In- und Ausland sowie
die noch offenen Fragen berücksichtigt.

Der Sinn meiner Überlegungen besteht darin, ein Minimum an Bestimmungen zu umreißen, ohne die die Gemeinschaft meiner Meinung nach unter den gegenwärtigen Bedingungen nicht lebensfähig sein kann.

Darunter befinden sich – das gleich vorneweg – unbestrittene Dinge, die Sie alle anerkennen. Aber ich kann auch nicht umhin, sie in meinem Schreiben festzuhalten.

Erstens: Der Begriff der Gemeinschaft als ein multinationales Gebilde, in dem nicht nur eine absolute Gleichheit der Staaten herrscht, sondern auch der in ihnen lebenden Nationalitäten, aller Religionen, Traditionen und Sitten, sowie der geopolitischen Gegebenheiten, muß genau fixiert werden.

Die geeignetste Bezeichnung für die Gemeinschaft scheint mir deshalb zu sein: ‹Gemeinschaft Europäischer und Asiatischer Staaten› (GEAS).

Zweitens: Es genügt nicht, die Deklaration der Menschenrechte und der demokratischen Freiheiten nur offiziell anzuerkennen. In der einzigartigen Situation weitverstreuter Siedlungsgebiete auf riesigen Flächen, wo sich im Verlauf der Jahrhunderte die Schicksale von Millionen Familien vermischt und gekreuzt haben, wo es Abermillionen von Mischehen gibt, muß dem Problem der offenen Grenzen und der Staatsbürgerschaft besondere Beachtung geschenkt werden.

Ich bin sicher, daß sich bei allen, die nicht vom Nationalismus und Separatismus infiziert sind – und das sind Hunderte Millionen Menschen –, unweigerlich das Gefühl des Verlustes der ‹großen Heimat› einstellen wird. Und wenn der Prozeß der staatlichen, verwaltungsrechtlichen und sonstigen Abgrenzung in der Praxis einsetzt, wird das sehr viele ganz unmittelbar betreffen – im Alltag, bei der Arbeit, in den menschlichen Bindungen.

Deshalb muß man möglicherweise für einen recht langen Zeitraum die Bezeichnung ‹Bürger der Gemeinschaft› neben der Staatsbürgerschaft des betreffenden Staates verwenden.

Ich fürchte, daß die Konzeption der Gemeinschaft im Volk auf Ablehnung stoßen wird, falls all dies nicht durchdacht, beschlossen und zuverlässig garantiert wird.

Drittens: Für die Stabilität der Gemeinschaft sind die Schaffung einer sozialen Marktwirtschaft, die ungehinderte Entwicklung und der Schutz aller Eigentumsformen von entscheidender Bedeutung. Ich teile die Meinung derer, die es für unerläßlich halten, daß die Mitglieder der Gemeinschaft ihre Entschlossenheit bekräftigen, den Vertrag über die Wirtschaftsgemeinschaft einzuhalten und die Arbeit an allen Anträgen abzuschließen, welche die notwendigen Bedingungen für die Schaffung eines gemeinsamen ‹Eurasiatischen Marktes› vorsehen. Dazu gehören koordinierte Maßnahmen in so wichtigen Fragen wie Währungs-, Finanz- und Banksystem, Methodik der Preisbildung und Besteuerung, Zollgebühren, Haushaltsmittel für die Verteidigung und andere gemeinsame Zwecke.

Ich bin davon überzeugt, daß entsprechende Strukturen des wirtschaftlichen Zusammenwirkens im Rahmen der Gemeinschaft erforderlich sind.

Ich bin auch davon überzeugt: Dies alles wird nur dann möglich, wird nur dann zum Wohl der Menschen und der Völker in Gang kommen, wenn echte Garantien für die wirtschaftlichen Rechte und Freiheiten der Persönlichkeit, ihren unbedingten Schutz vor dem Gesetz und in der Praxis die Grundlage bilden.

Viertens: Mit voller Verantwortung und Sachkenntnis bezüglich des einheitlichen Systems der militärisch-strategischen Sicherheit des Landes kann ich sagen, daß der geringste Versuch, dieses System zu desintegrieren, ein Unheil von internationalem Ausmaß heraufbeschwören würde.

Es besteht keinerlei Notwendigkeit, unter dem Aspekt der realen Souveränität der Mitglieder der Gemeinschaft dieses sehr komplizierte und äußerst kostenintensive System aufzuteilen. Die vertragsschließenden Seiten könnten die Strukturen einer einheitlichen Kontrolle und eines einheitlichen Oberkommandos über die strategischen Kräfte einschließlich der grundlegenden militär-technischen und -wissenschaftlichen Komponenten *unverzüglich* festlegen. Ein kollektives Oberkommando halte ich für absurd. Die Überwachung von Stand und Instandhaltung der Streitkräfte sowie die Verfolgung einer koordinierten Militärpolitik können im Kollektiv erfolgen.

Die Aufgabe der Reformierung und Reduzierung der Armee muß ebenfalls gemeinsam gelöst werden. Das ist heute ein sehr großes *soziales* Problem und betrifft zugleich die Frage der politischen Sicherheit auf dem Territorium des ganzen Landes, zu dem die seit jeher einheitlichen Streitkräfte noch gehören.

Fünftens: Eine selbständige, souveräne Aktivität jedes Mitglieds der Gemeinschaft auf internationaler Ebene ist rechtmäßig. Doch wenn eine Gemeinschaft – selbst ein politisches Gebilde – existiert, dann muß sie auch ihre politische Vertretung in der Weltgemeinschaft haben, etwa in Anlehnung an die Europäische Gemeinschaft, die als *Subjekt des Völkerrechts* auftritt. Man kann der Gemeinschaft diesen Status schon deshalb nicht verweigern, weil sie von der UdSSR den Rang einer nuklearen Supermacht erbt. Eines solchen Erbes kann man sich nicht so leicht entledigen, andernfalls kommt es zum Bruch des internationalen Vertrauens. Ferner wird der Atomwaffensperrvertrag verletzt, den zu ratifizieren sich alle souveränen Mitglieder der Gemeinschaft ja wohl verpflichtet haben.

Ich kann mir nicht vorstellen, wie es möglich sein soll, die gemeinsame strategische Verteidigung ohne ein Minimum an gemeinsamer Politik aufrechtzuerhalten.

Am vernünftigsten wäre es, eine Struktur für auswärtige Beziehungen zu schaffen und sie den Erfordernissen und Prinzipien der Gemeinschaft einschließlich der Frage der Mitgliedschaft im UN-Sicherheitsrat anzupassen.

Die Unterschriften der Union stehen unter überaus wichtigen Dokumenten unserer Epoche, unter Deklarationen und Verträgen. 15 000 Außenhandelsabkommen bleiben in Kraft. Dies alles einfach zu streichen, würde bedeuten, das internationale Ansehen der Gemeinschaft und ihre realen Interessen von Beginn an aufs Spiel zu setzen.

Ebenso wie sich alle Mitglieder der Gemeinschaft offenbar zu den Prinzipien der modernen Demokratie bekennen werden (freie Wahlen, Gewaltenteilung, politischer, ideologischer und religiöser Pluralismus, Rechtsstaatlichkeit, bürgerliche Gesellschaft, Menschenrechte), müssen sie auch den außenpolitischen Kurs übernehmen, der auf dem neuen Denken beruht. Er hat in der ganzen zivilisierten Welt Anerkennung gefunden.

Sechstens: Der geistigen Entwicklung aller unserer Völker wird ein irreparabler Schaden zugefügt werden, wenn sich die Mitglieder der Gemeinschaft nicht schon jetzt über die Koordinierung (und ihre Gremien) auf den Gebieten der Wissenschaft und Kultur, Sprache des zwischennationalen Kontakts und Denkmalschutz sowie über die Quellen zur Finanzierung von Museen, Theatern von Weltrang, Bibliotheken, Archiven, bedeutenden Instituten, Laboratorien, Observatorien und dergleichen mehr verständigen.

Siebtens: Zum Verfahren der Rechtsnachfolge. Eine neue Epoche in der Geschichte unseres Landes muß man mit Würde, unter Beachtung der Legitimitätsnormen beginnen. Eine Ursache für die historischen Verhängnisse unserer Völker sind gerade rigorose Brüche, verheerende Umstürze und Eroberungsmethoden im Verlauf der gesellschaftlichen Entwicklung.

Sowohl die Voraussetzungen wie die Erfahrung sind gegeben, um im Rahmen demokratischer Regeln zu handeln.

Deshalb lautet mein Vorschlag, nach der Ratifizierung des Dokumentes über die Gemeinschaft und dem Austausch der Ratifizierungsurkunden eine Abschlußsitzung des Obersten Sowjets der UdSSR einzuberufen, der über das Ende des Bestehens der Sowjetunion und die Übergabe aller seiner gesetzlichen Rechte und Pflichten an die Gemeinschaft Europäischer und Asiatischer Staaten zu beschließen hätte.

Dies sind meine ganz allgemeinen Überlegungen. Sie sind diktiert von der Verantwortung für den Erfolg des großen Werks, das 1985 begonnen wurde.»

Am 21. Dezember 1991 fand in Alma-Ata die geplante Zusammenkunft der Staatschefs unabhängiger Staaten statt. Sie unterzeichneten eine Erklärung, die das Minsker Abkommen bestätigte. Ganz ähnlich heißt es dort: «Mit der Gründung der Gemeinschaft Unabhängiger Staaten hört die Union der Sozialistischen Sowjetrepubliken auf zu existieren.» Die Überlegungen, die ich in dem Schreiben an die Teilnehmer der Zusammenkunft geäußert hatte, zeigten keine Wirkung. Aber in Alma-Ata kümmerte sich ja auch niemand um das Schicksal des Landes, dort teilten sie nur das Erbe auf. Alle befanden sich in einem Zustand der Euphorie: Gestern kannte kaum jemand die Teilnehmer, und morgen sind sie Regierungschefs unabhängiger Staaten. Was spielte es für eine Rolle, welches Los sie den Völkern beschieden hatten. Das wird sich erst später zeigen, und dann werden sie einen Sündenbock suchen.

Am 25. Dezember, um 19 Uhr, trat ich im Fernsehen auf und gab meine letzte Erklärung als Präsident ab:

«Aufgrund der entstandenen Situation – durch die Bildung der Gemeinschaft der Unabhängigen Staaten – beende ich meine Tätigkeit als Präsident der UdSSR. Ich habe diese Entscheidung aus prinzipiellen Überlegungen heraus getroffen.

Ich bin immer für die Selbständigkeit und Unabhängigkeit der Völker sowie für die Souveränität der Republiken eingetreten, zugleich aber auch für die Erhaltung des Unionsstaates und der Integrität des Landes.

Aber die Entwicklung hat eine andere Richtung genommen. Die Richtung hin zu einer Zerstückelung des Landes und Aufteilung des Staates hat sich durchgesetzt, was ich nicht gutheißen kann.

... Dennoch werde ich alles in meinen Möglichkeiten stehende tun, damit die dort verabschiedeten Vereinbarungen zu einer wirklichen Eintracht in der Gesellschaft führen, den Weg aus der Krise und den Reformprozeß erleichtern.»

Die Union hörte damit zu existieren auf. Die Perestroika wurde abgebrochen. Vom Beginn des Jahres 1992 an konnte von einer Perestroika schon keine Rede mehr sein, das war bereits eine ganz andere Politik. An die Stelle der Erhaltung der Union in einer neuen Form und mit neuen Zielen trat der beschleunigte Zerfall des Landes. An die Stelle schrittweiser, evolutionärer Reformen trat eine «Schocktherapie» mit der Folge des Einbruchs der Produktion und damit des Lebensstandards der Menschen. Statt konsequenter demokratischer Politik ohne Gewaltanwendung kam die Gewalt wieder ins Spiel, bis hin zum Beschuß des Parlamentsgebäudes im Oktober 1993, und der Gebrauch von Gewalt wurde zu einem Prinzip staatlichen Handelns erhoben. Das alles war keine Perestroika mehr.

Es stellt sich jedoch die Frage: Wäre die Union zu retten gewesen? Ja, unbedingt. Die Unterzeichnung eines Unionsvertrages wurde vom Notstandskomitee verhindert. Aber auch nach dem Putschversuch, das sagte ich bereits, hätte die Reformierung des Staates fortgesetzt werden können. Nach dem August-Putsch versetzte das Minsker Abkommen, das Komplott im Wald von Belowesha, der Sowjetunion den Todesstoß.

Heute ist häufig zu hören, daß der bis zum August vorbereitete Unionsvertrag gewissermaßen die Abschaffung der Union bedeutet hätte. Das ist falsch! Der Abschluß dieses Vertrages war eine echte Alternative zum Zerfall der Union. Seine Unterzeichnung hätte die Erhaltung der einheitlichen, unionsweiten Staatsbürgerschaft bedeutet, was in dem Vertrag in einem eigenen Abschnitt festgehalten worden war. Der Bürger eines Staates, der der Union beitrat, wurde laut Artikel 2 des Vertrages gleichzeitig Bürger der Union. Der neue Vertrag hätte die Erhaltung und die Entwicklung des unionsweiten, gemeinsamen Marktes bedeutet. Streitkräfte unter einem einheitlichen (nicht «vereinigten») Kommando wären erhalten geblieben. Die innere Sicherheit der Union und eine einheitliche Außenpolitik wären garantiert gewesen.

Die Erhaltung, Erneuerung und Reform der Union war meine politische und moralische Hauptaufgabe als Präsident der UdSSR. Die Tatsache, daß es mir nicht gelang, das Land zusammenzuhalten, war meiner Ansicht nach mein größtes Unglück und bereitet mir größten Kummer. Auf die Erhaltung der Einheit waren alle meine Bemühungen ausgerichtet.

Es häufen sich inzwischen Äußerungen, selbst seitens einiger Teilnehmer an der Verschwörung von Belowesha, wonach die «von Gorbatschow vorgeschlagene weiche Union» genau das gewesen wäre, was den Völkern schweres Leid erspart hätte. Aber der Zug ist abgefahren, wie man sagt.

Eine der wichtigsten Fragen ist allerdings bis heute ungeklärt: Warum unterstützten die Obersten Sowjets das Abkommen von Minsk? Ich habe viel darüber nachgedacht. So paradox das auch erscheinen mag, ich habe den Eindruck, daß die Obersten Sowjets sich ebenfalls von dem Wunsch leiten ließen, das Land zu erhalten, in Wirklichkeit aber halfen, es zu zerstören. Sie haben sich im wahrsten Sinne des Wortes verrechnet: Sie meinten, dem von mir vorgelegten Vertrag würden höchstens sieben oder acht Republiken beitreten, dem Minsker Abkommen wollten hingegen auf Anhieb elf beitreten. Also stimmten sie «Dafür».

Außerdem waren in der damaligen Situation auch andere Kräfte am Werk. Im Obersten Sowjet Rußlands stimmten die Abgeordneten fast einstimmig für das Minsker Abkommen, nur sechs dagegen, und im Obersten Sowjet Weißrußlands sprach sich sogar nur ein Abgeordneter (Alexander Lukaschenko, der heutige Präsident Weißrußlands) gegen das Abkommen aus. Was hatte das zu bedeuten? Dieselbe Nomenklatura der Partei, die im August die Putschisten unterstützt hatte, um die Unterzeichnung des Unionsvertrages zu verhindern, stimmte dieses Mal für den Zerfall der Union – angeblich um die Union zu erhalten!

Es gab noch ein weiteres Motiv. Der Kommunist Sewastjanow, der für seine fundamentalistischen Ansichten bekannt ist, brachte in der Debatte über das Minsker Abkommen folgendes Argument vor: «Ich stimme für das Minsker Abkommen und rufe alle auf, ebenfalls dafür zu stimmen, weil wir damit Gorbatschow loswerden.» Auch hierin waren sich die extremen Rechten und die extremen Linken einig.

Häufig werde ich gefragt: Sind Sie sicher, daß Sie nach dem Minsker Abkommen alle Vollmachten des Präsidenten ausgeschöpft haben, um die Union zu erhalten?

Ja, ich habe entschlossen alle politischen Mittel genutzt. Ich werde auch gefragt, warum ich nicht Gewalt angewandt und die Teilnehmer des Minsker Abkommens nicht verhaftet hätte. Aber das hätte ja bedeutet, einen Weg zu betreten, der zu Blutvergießen hätte führen können. Für mich war dieser Weg nicht beschreitbar. Allerdings verrechnete ich mich, als ich meine Hoffnungen auf die Haltung der Obersten Sowjets der Republiken setzte.

Die Beschlüsse der Sowjets, mit denen sie die Erwartungen der Bürger der Sowjetunion betrogen, beraubten mich im Grunde der Legitimation, harte Maßnahmen zu ergreifen, um das Minsker Abkommen aufzuheben. Es ist sonderbar und befremdlich, daß es im Dezember 1991 den Anschein hatte, als wolle nur der Präsident der UdSSR die Union, während sich heute herausstellt, daß die Mehrheit der Menschen den Zerfall der UdSSR bedauert. Vermutlich weil inzwischen allen klar geworden ist, welchen Fehler sie begangen haben. Mir war das schon damals klar, und ich habe den Bürgern der UdSSR mehrfach die Folgen vor Augen geführt.

Die Initiatoren des Zerfalls der Union haben vor allem behauptet, daß alle auf getrennten Wegen besser leben werden. Doch die vergangenen Jahre haben dies widerlegt. Im gesamten «postsowjetischen Gebiet» sind die Wirtschaft und das kulturelle Leben zurückgegangen, und die Mehrheit der Bevölkerung ist in Armut geraten. In der Praxis hat sich bestätigt, daß beim Zerfall eines einheitlichen Systems – im Transportwesen, im Gesundheitswesen, in der Energieversorgung, der Kommunikation, der Wissenschaft, der Volksbildung und der sozialen Sicherheit – keine wirtschaftliche Methode Wirkung zeigt. Selbst Rußland, das über das größte wirtschaftliche Potential und die größten natürlichen Ressourcen verfügt, blieb nicht von einem in Friedenszeiten beispiellosen Einbruch der Produktion und von einem Rückgang auf buchstäblich allen Gebieten von Bedeutung verschont.

Überdies war zu dem Zeitpunkt der geplanten Unterzeichnung des neuen Unionsvertrages im Land das Fundament für die Demokratie bereits gelegt worden. Eine Gesellschaft mündiger Staatsbürger und ein Rechtsstaat bildeten sich allmählich heraus. Der Zerfall der Union beendete nicht nur diesen Prozeß, sondern hatte die Beschneidung der demokratischen Institutionen zur Folge. Sie werden immer mehr als Deckmantel für die Herrschaft des Kapitals der Nomenklatura und der Bürokratie benutzt. Rußland, das einst bei der Demokratisierung der sowjetischen Gesellschaft den Ton angegeben hatte, ist nunmehr ein schlechtes Beispiel für die Gemeinschaft. Die Auflösung des Obersten Sowjets und der Beschuß des Parlamentsgebäudes, die gewaltsam dem Land aufgezwungene antidemokratische Verfassung von 1993, die Beeinträchtigung der gesetzgebenden Gewalt, der Freiheit der Presse und des Gewissens, die Willkür der Bürokratie – all das sind untrügliche Anzeichen dafür, daß Rußland auf eine autoritäre Herrschaft zutreibt.

In den vergangenen Jahren wurden alle Hoffnungen zunichte gemacht, daß Rußland ein würdiger Nachfolger der Union werden kann und ihr internationales Ansehen erbt. Das von der Wirtschaftskrise und der politischen Instabilität geschwächte Rußland hat nach und nach einen Großteil seiner Aktivposten auf dem internationalen Parkett verspielt. Seine Haltung hat immer weniger Gewicht. Man kann auch nicht gerade behaupten, daß die übrigen ehemaligen Unionsrepubliken durch ihr jetziges souveränes Dasein viel gewonnen hätten. Vielmehr laufen einige Gefahr, zum Gegenstand geopolitischer Spiele und neokolonialer Plünderung zu werden.

Der Zerfall der Sowjetunion hat die Gestaltung eines neuen internationalen Klimas, das nach dem «Kalten Krieg» herrschen sollte, außerordentlich erschwert. Die UdSSR hielt einen gewaltigen eurasiatischen Raum zusammen. Rußland ist nicht imstande, diese Aufgabe zu übernehmen. Der «postsowjetische Raum» ist schon mehrfach Schauplatz bewaffneter Konflikte, terroristischer Anschläge und der Auswüchse von Kriminalität und Drogenmafia geworden.

Nach außen hin funktioniert die Gemeinschaft allem Anschein nach. Treffen auf höchster Ebene und auf Ministerebene finden statt, das Parlament hält Sitzungen ab (und ist vermutlich noch am aktivsten). Zollabkommen und verschiedene andere Abkommen wurden abgeschlossen. Insgesamt wurden im Rahmen der Gemeinschaft bereits einige Hundert bindender Dokumente verabschiedet, aber in der überwältigenden Mehrzahl der Fälle sind sie nicht oder nur formell in Kraft. Eine Infrastruktur auf Gemeinschaftsebene existiert entweder überhaupt nicht oder funktioniert nur schlecht. Die GUS ist bislang nicht zur Lokomotive der Integration geworden.

Dabei wurden in dem Abkommen von Minsk, daran sei hier erinnert, weitreichende Ziele verkündet. Dort ist die Erhaltung eines gemeinsamen militär-strategischen Raumes unter einem vereinigten Oberkommando vorgesehen. Dort ist die Rede von einer Koordination der außenpolitischen Aktivitäten, von einer Zusammenarbeit bei der Ausbildung eines gemeinsamen Wirtschaftsraumes, von einer koordinierten Finanzpolitik, von dem Ausbau des Transport- und Kommunikationssystems, von der Bewahrung der Umwelt und von einer Migrationspolitik. In der ergänzenden Erklärung versprachen die Regierungen dreier Staaten (Rußland, Ukraine, Weißrußland) unter anderem, die Wirtschaftspolitik zu koordinieren, aufeinander abgestimmte radikale Wirtschaftsreformen durchzuführen, zwischen den Staatsbanken Abkommen zu schließen, die eine Begrenzung der Geldemission zum Ziel haben. Wo ist das alles? Papier ist bekanntlich geduldig.

Was vor uns liegt

Jetzt, da ich besser weiß, was sich damals alles zugetragen hat, möchte ich behaupten: Die Unterzeichner des Minsker Abkommens hatten von Anfang an nicht die Absicht, die sich selbst auferlegten Pflichten wahrzunehmen. Sie haben ihre Völker bewußt getäuscht, denn es war ihnen klar, daß sie nur dann auf Unterstützung rechnen konnten, wenn sie den Anschein erweckten, ihnen gehe es um die Erhaltung der Union, wenigstens in der Form einer Gemeinschaft, und sie würden die Entscheidung nicht ignorieren, welche die Bürger im März 1991 getroffen hatten.

Die öffentliche Meinung zu täuschen, sie in die Irre zu führen, um einen möglichen Widerstand gegen die begonnene Operation zu lähmen, das war das eigentliche Ziel. Als wollten sie sagen: Seht her, wir bewahren alles, was Gorbatschow mit seinem Vertrag anstrebt, vereinigen dabei aber fast alle Republiken außer dem Baltikum. Auf Gorbatschows Grundlage hingegen sind nur sechs bis acht Republiken bereit, sich zu vereinigen, noch dazu ohne die Ukraine.

Überhaupt haben die russischen Führer und ihre Partner in der «Troika» offenbar von Anfang an alles nur zum Schein getan. Vor dem Land und vor der Weltgemeinschaft verkündeten sie großartige Dinge, taten in Wahrheit aber etwas ganz anderes.

Ihrer Idee der Gemeinschaft fehlte der Impuls zu echter Zusammenarbeit. Daher rühren auch alle heutigen Probleme. Natürlich sind auch subjektive Faktoren wie die Politiker in den Mitgliedsstaaten der GUS dafür verantwortlich (ich möchte den Präsidenten Kasachstans Nursultan Nasarbajew hier ausdrücklich ausnehmen, weil er immer noch hartnäckig auf einer Ausweitung des Integrationsprozesses beharrt). Die Herrschenden in den Ländern der GUS spielen auf der Klaviatur der Souveränität und wollen auch nicht einen Bruchteil ihrer Macht abgeben. Anders ist eine Vereinigung aber nicht möglich. Mit einem Wort, die Interessen der politischen Eliten stehen im Vordergrund, nicht die der Bürger.

Die Verantwortung der russischen Führung verdient eine eingehendere Betrachtung. Übrigens ist es durchaus kein Zufall, daß alle Teilnehmer des turnusmäßigen «Gipfels» der GUS, der im Herbst 1997 in Chisinau stattfand, gerade Rußland und seine Führung wegen des Zustands der Lähmung kritisierten, in dem sich die Gemeinschaft befindet. Selbst Präsident Jelzin räumte damals ein, daß die Kritik berechtigt sei. Immerhin hat er schon seit Jahren den Vorsitz im Rat der Staatschefs inne, aber die Gemeinschaft tritt immer noch auf der Stelle. Gewiß waren in letzter Zeit erste kleine Schritte zu einer intensiven Zusammenarbeit zwischen den Mitgliedern der GUS zu beobachten. Die Euphorie über die gewonnene Unabhängigkeit ist verflogen, Ernüchterung macht sich breit, und parallel dazu vollzieht sich in der öffentlichen Meinung und selbst bei einem Teil der politischen Eliten ein Umschwung.

Unter diesen Bedingungen tritt erneut die Frage hervor, wie die Beziehungen innerhalb der GUS, in erster Linie zwischen Rußland und den übrigen Mitgliedsstaaten, zu gestalten sind. Hier stoßen unterschiedliche Interessen aufeinander, und es werden die unterschiedlichsten Karten gespielt, und zwar sowohl von Rußland wie auch von den neuen Staaten auf dem Gebiet der ehemaligen UdSSR, von ihren Nachbarstaaten, von Westeuropa und von den Vereinigten Staaten. All dies verdient eine eingehende Betrachtung. Ich will aber nur auf einige Aspekte näher eingehen.

In erster Linie geht es um die Stärkung der natürlichen Integrationsprozesse, die sich weltweit verstärken. Für den postsowjetischen Raum stellt sich dieses Problem in aller Schärfe. Jeder kann die schwerwiegenden Folgen sehen, zu denen die Unterbrechung der historisch gewachsenen Bindungen in allen Lebensbereichen geführt hat. Wenn das aber allgemein wahrgenommen wird, wäre es dann nicht logisch, neue Formen der Zusammenarbeit und der Integration zu suchen? Dennoch herrscht weder in Rußland noch im sogenannten «nahen Ausland» die erforderliche Klarheit in dieser Frage.

In Rußland werden alle Vorschläge zu einer engeren Zusammenarbeit mit den Ländern des nahen Auslands von vielen mit Argwohn aufgenommen. Dabei spielen politische Motive eine Rolle, wie zum Beispiel die Frage nach der Verantwortung für die Zerstörung der ehemaligen Union, aber auch wirtschaftliche Motive, die mit den Schwierigkeiten zusammenhängen, die Rußland zur Zeit durchmacht.

Ein weiteres Moment wird zwar nicht offen ausgesprochen, läßt sich aber aus der Haltung der russischen Behörden ablesen. Sie halten die gegenwärtige Lage der Dinge nämlich für vorteilhaft für Rußland. Auf bilateraler Ebene läßt sich leichter eine ungleiche Politik verfolgen, als im Rahmen multilateraler Mechanismen der Integration. Deshalb glauben sie, auf diese Weise leichter ihre Interessen auf Kosten anderer verfolgen und diesen ihren Willen aufzwingen können. So zu handeln, bedeutet aber, nicht weiter als bis zur eigenen Nasenspitze zu sehen. Sie begreifen nicht, welche Vorteile eine neue Integration uns verheißt.

Die öffentliche Meinung, die Meinung des gewöhnlichen Russen, bietet ein ganz anderes Bild. Die letzten Untersuchungen haben gezeigt, daß die Menschen immer klarer erkennen, daß man sie betrogen hat. Aber bislang können oder wollen sie ihre Regierungen nicht zwingen, sich ernsthaft mit den Fragen der Integration im Rahmen der GUS zu befassen.

Freilich geben sich die Presse und das Fernsehen in Rußland alle Mühe, den Leuten einzurichten, jetzt müsse man daran denken, «wie man in Rußland lebe», und alles andere sei angeblich bedeutungslos. In Wirklichkeit berührt die Frage «Wie lebt man in Rußland» aber unter anderem auch das Problem der Integration: Welche Beziehungen sollen zu den Staaten der GUS unterhalten werden? Im Grunde sind das zwei Seiten ein und derselben Medaille, natürlich nur wenn man sich nicht mit irgendwelchen Gedankenspielen befaßt, sondern den Mut hat, die Lage, die Stimmung der Menschen und ihren Wunsch nach mehr Zusammenarbeit ernstzunehmen.

Dasselbe gilt auch für die anderen ehemaligen Sowjetrepubliken. Natürlich haben alle neuen unabhängigen Staaten in den letzten Jahren bereits einen beträchtlichen Weg zurückgelegt und ihre Souveränität gefestigt. Aber in den Völkern ist das Interesse an der historischen Gemeinschaft, die einmal existiert hat, an wirtschaftlichen, kulturellen und wissenschaftlichen Beziehungen geblieben – an der Tatsache, daß wir alle jahrhundertelang im gleichen Schmelztiegel waren. *Einen Unionsstaat gibt es nicht mehr, aber das gemeinsame Land ist immer noch lebendig.* Sein Körper ist zerteilt, doch diese Glieder trachten gewissermaßen danach, sich neu zu verbinden, damit der Blutkreislauf nicht völlig unterbrochen wird. So ist es, ich wiederhole es, auf der Ebene der Völker.

Ein anderer Aspekt ist die Haltung des Westens. Die westlichen Regierungen beurteilen höchst voreingenommen den Integrationsprozeß des postsowjetischen Raumes. Sie sehen darin nur einen Versuch, das russische oder sowjetische Reich wiederaufzuerstehen zu lassen. Nicht nur, daß sie aus ihrer negativen Haltung kein Hehl machen, sie widersetzen sich auch aktiv einer Annäherung der neuen unabhängigen Staaten. Vor allem die Vereinigten Staaten reagieren sehr empfindlich. Sie tun alles, um eine Integration, insbesondere Rußlands, Kasachstans und der Ukraine, zu verhindern, und nutzen dabei die schwierige Lage aus. Eine solche Politik ist aber, milde ausgedrückt, kurzsichtig und hat genau das Gegenteil von dem zur Folge, was beabsichtigt wird, weil sie Rußland zu Handlungen im Geist einer imperialen Politik ermuntert.

Eine Integration, die im Rahmen bestimmter Regeln, auf einer klar festgelegten rechtlichen Grundlage, nach

dem Grundsatz der Gleichheit und bei voller Freiwillig-
keit verwirklicht wird und die Gründung effektiver multilateraler Mechanismen vorsieht, um das Auftreten irgendwelcher imperialer Ambitionen zu verhindern – eine
solche Integration, von der hier die Rede ist, würde hingegen im besten Sinn den richtig verstandenen Interessen
Rußlands, des Westens und der ganzen Weltgemeinschaft
entsprechen. Um sie zu ermöglichen, muß allerdings vieles verändert werden: die Politik Rußlands selbst, die
Haltung der Länder der GUS sowie die Einstellung und
das Vorgehen des Westens.

Die Integration der GUS ist meiner Ansicht nach nicht
nur möglich, sondern unumgänglich. Dafür sprechen,
wie gesagt, strategische, wirtschaftliche und kulturelle
Faktoren. Heute wirken sich in erster Linie zwischen-
menschliche Faktoren zugunsten einer neuerlichen Integration aus. Aber wenn wir das Problem lösen wollen,
dann müssen wir einige wichtige, konzeptionelle Fragen
beantworten.

Erstens: Ist eine Bewegung für eine neue Union möglich? Wenn man bedenkt, daß an der Spitze der Länder
der GUS in der Mehrzahl Politiker stehen, die das Abkommen von Minsk beziehungsweise das Abkommen
von Alma-Ata unterzeichnet haben, wenn man ihre bis-
herige Handlungsweise im Rahmen der GUS eingehend
prüft, so bin ich wenig optimistisch. Ich glaube nicht
daran, daß sie den Willen und die Initiative für einen
solchen Prozeß zeigen werden.

Ich meine, daß die Parlamente, die ihr Mandat vom
Volk erteilt bekommen haben, zur Lokomotive der Wiederauferstehung, zum Motor des Integrationsprozesses
werden müssen.

Zweitens: Was kommt dann? Eine Rückkehr zur
UdSSR? Die Rückkehr zur UdSSR wäre heute eine reak-
tionäre Idee. Natürlich fühlen wir alle den Verlust des
Landes, in dem wir einst lebten und für das wir die

Verantwortung trugen. Aber heute haben wir, ob es uns gefällt oder nicht, *unabhängige Staaten*. Das ist eine Realität, die wir nicht einfach ignorieren können. Deshalb ist meiner Ansicht nach eine Rückkehr zur UdSSR unmöglich. Wenn solche Losungen wieder auftauchen und damit eine entsprechende Politik verfolgt wird, dann werden wir unweigerlich eine Niederlage erleiden.

Man muß die Beziehungen Rußlands zu den inzwischen unabhängigen Republiken auf eine bessere Basis stellen. Ich denke, *die ehemaligen Republiken werden Beziehungen auf gleichberechtigter Ebene akzeptieren und auf diesem Weg können wir in eine neue Etappe der internationalen Zusammenarbeit eintreten.*

In Rußland fordern auch einige Stimmen, daß man das Rußland wiederauferstehen lassen solle, das vor der Oktoberrevolution und vor der Gründung der Sowjetunion existierte. Ich frage dagegen: Was soll das bedeuten? Wollt ihr die fast siebzig Jahre der Existenz der Union ignorieren, in denen es Unionsrepubliken gab? Unter welch schwierigen Bedingungen sie sich auch entwickelt haben mögen, das war Realität, für uns alle. Und heute soll das alles weder für die Ukraine, noch für Kasachstan, noch für irgend jemanden eine Bedeutung haben? Heißt das, wir sollten uns in alle Himmelsrichtungen ausdehnen und mit diesen Ländern wiedervereinigen? Wenn wir das täten, dann würden wir die Russen und nicht nur sie in neues Blutvergießen hineintreiben. Wie oft kann man einem Volk so etwas zumuten? Genau davor habe ich immer gewarnt. Davon habe ich mich von jeher leiten lassen, und davon bin ich auch jetzt absolut überzeugt.

Also stellt sich die Frage: *Was für eine neue Union wird das?* Eine Föderation, eine Konföderation oder eine Wirtschaftsunion nach dem Muster der Europäischen Union? Wer gehört ihr an? Wird es eine Union der slawischen Staaten, der slawischen Staaten plus Kasachstan? Und so weiter. Auf diese Fragen müssen wir eine Antwort geben, wenn wir uns um eine seriöse Politik bemühen.

Ich persönlich bin der Meinung, daß heute eine enge Union aus vier Staaten realistisch ist und vorangetrieben werden sollte: den drei slawischen Staaten und Kasachstan. Die GUS mag nach ihren eigenen Regeln und Gesetzen weiter fortbestehen, aber die vier sollten sofort entschlossen erklären: «Hier ist eine echte Union, eine moderne Form enger Zusammenarbeit.»

Allen politischen Spekulationen zu diesem Thema müssen wir entschlossen entgegentreten. Wenn wir in den Gleisen des alten Denkens und der alten Philosophie bleiben, dann werden wir bei der Suche nach einer Politik, die der Zeit angemessen ist, keinen Schritt weiterkommen.

Es besteht durchaus kein Grund zur Euphorie. Ich habe viele Regionen aufgesucht. Die Stimmung der Politiker auf regionaler Ebene läßt sich mit einem Satz beschreiben: Kein Grund zur Eile bei der Union. Sie sagen, es sei auch so schon schwer genug und sie wüßten nicht, wie sie die vorhandenen wirtschaftlichen und sozialen Probleme lösen sollen. Die ganze Verantwortung sei den Regionen übertragen worden, und jetzt laste alles auf ihren Schultern. Sie fürchten, daß sie bei einer neuen Union die finanziellen Mittel und Ressourcen wieder mit den anderen Republiken teilen müssen.

Politologen, mit denen ich mich monatlich einmal treffe, Menschen verschiedener ideologischer Strömungen, heben immer wieder folgendes hervor: Auf die Frage, ob der Befragte bereit wäre, sich mit einer gewissen Senkung des Lebensstandards abzufinden, um sich von neuem mit den Republiken zu vereinigen und jenen zu helfen, die eine noch schwerere Krise durchmachen, lautet die Antwort mehrheitlich (fast zwei Drittel): «Nein, das wollen wir nicht.» Doch seit einiger Zeit werden in vier ehemaligen Republiken, in den drei slawischen und in Kasachstan, Umfragen durchgeführt. Hier sprechen sich 72 bis 75 Prozent für die Wiederauferstehung der Union in neuer Form aus.

Ich sage es nochmals, es besteht kein Grund zur Euphorie. Dadurch würden wir die ohnehin schlechte Lage nur verschlimmern und die Idee der Reintegration diskreditieren. Dann wird es noch schwieriger sein, den Prozeß zu beginnen, der heute an einem Tiefpunkt angekommen ist.

Zunächst ist eine politische Erklärung notwendig, in der das Ziel definiert wird: die Gründung einer Union aus vier Staaten. Bis zu ihrer Verwirklichung muß noch vieles getan werden. Die Gründung einer Wirtschaftsunion, die Abstimmung von Verteidigungsproblemen und die Zusammenarbeit auf humanitärer Ebene müssen erreicht werden. Eine solche Erklärung wird auf einen Schlag viele Probleme in den Beziehungen zur Ukraine aus dem Weg räumen. Auch in Kasachstan wird es ruhiger werden. Und auch Rußland wird zur Ruhe kommen. Der Prozeß wird in geregelte Bahnen gelenkt werden.

Dies ist meine Konzeption. Ich möchte nur auf eines noch hinweisen: Ohne eine Gesamtkonzeption wird die noch offene Kernfrage, auf die wir ständig stoßen, ungelöst bleiben.

Es geht also nicht um die Wiederrichtung eines Einheitsstaates. Die Völker der Gemeinschaft werden auf ihre Selbständigkeit nicht verzichten. Die russischen Völker werden ihrerseits nichts gewinnen, wenn sie eine politische Vorherrschaft anstreben. Wir brauchen ein vernünftiges Gleichgewicht zwischen der Unabhängigkeit der Mitglieder der Union und den Kompetenzen ihrer gemeinsamen Institutionen.

Die Union wäre zu retten gewesen. Die Gründung einer neuen Union ist möglich.

NACHBEMERKUNG

Leider haben die Ereignisse vom Frühjahr 1999 gezeigt, daß die NATO zur Zeit einen ganz anderen Kurs verfolgt als den des Friedens und der Sicherheit. Der Krieg, den sie im März 1999 gegen Jugoslawien begann, bedeutet vor allen Dingen, daß diese als *Verteidigungsorganisation* zum Schutz ihrer Mitglieder gegründete Allianz, wie es in dem 1949 in Washington unterzeichneten Vertrag heißt, offensive Operationen durchführte, welche die von der Gründungsurkunde gesteckten Grenzen überschritten.

Zum zweiten zeigt dieser Krieg deutlich, daß die Vereinigten Staaten, die eine führende Rolle in der NATO spielen, nicht nur bereit sind, die Normen des Völkerrechts zu mißachten, sondern auch der Welt in den internationalen Beziehungen ihre eigene Agenda aufzuzwingen, und daß sie sich bei diesen Beziehungen in Wirklichkeit nur von ihren eigenen «nationalen Interessen» leiten lassen. Die Vereinten Nationen werden nur dann geachtet, wenn die UN-Resolutionen und Handlungen den US-Interessen dienen.

Zum dritten ist die Politik der NATO, genau wie in den Jahren des Kalten Krieges, auf militärische Überlegenheit ausgerichtet – einschließlich der Drohung, diese überlegene Militärmacht einzusetzen, und der Bereitschaft, das auch tatsächlich zu tun.

Im April 1999 hat die NATO eine neue strategische Konzeption verabschiedet. Freilich ist dort von der Rolle der Vereinten Nationen die Rede, neben anderen internationalen Organisationen. Gleichzeitig wurde aber auf höchster Ebene mehrfach erklärt, daß die NATO, wenn sie es für nötig halte, bereit sei, auch ohne UN-Resolutionen einzugreifen, wo immer und wie immer es ihr beliebe.

Die neue strategische Konzeption der NATO, die auf dem NATO-Gipfel in Washington gebilligt wurde, sowie ihr tatsächliches Verhalten in der Krise auf dem Balkan haben gezeigt, daß nicht die Organisation für Sicherheit und Zusammenarbeit in Europa (OSZE), sondern die NATO künftig über das Schicksal des europäischen Kontinents entscheiden wird.

Der Krieg gegen Jugoslawien – der erste internationale Krieg in Europa seit dem Zweiten Weltkrieg – schafft einen bemerkenswerten Präzedenzfall und deutet die Richtung der neuen amerikanischen Strategie an. Vor der Intervention gab es eine großangelegte Kampagne, eine humanitäre Katastrophe im Kosovo müsse verhindert werden. Es ist überhaupt keine Frage, daß die Politik und die Aktionen von Präsident Milošević gegenüber der albanischen Minderheit in Jugoslawien scharf verurteilt werden mußten und eine Antwort seitens der internationalen Gemeinschaften erforderten. Doch das sollte nur mit Wissen und mit der Billigung der Vereinten Nationen sowie unter deren Aufsicht geschehen. Mit ihrem Verstoß gegen diesen allgemein anerkannten Grundsatz des Völkerrechtes begann die NATO einen massiven bewaffneten Überfall auf ein souveränes Land. Die schwere Bombardierung Serbiens schuf zusätzlich zu der Katastrophe im Kosovo eine humanitäre, ökologische und soziale Katastrophe in ganz Jugoslawien, einem europäischen Land mit einer langen Geschichte. Nachbarländer wie Albanien und Mazedonien sind in den Umkreis der Tragödie hineingezogen worden. Die Lage in der Region insgesamt ist äußerst explosiv.

Es wird kaum möglich sein, Europa und die Welt in den Status quo zurückzuversetzen, der vor dem 23. März

1999 bestand. Die Handlungen der Vereinigten Staaten und der NATO sollten alle – und die Europäer an erster Stelle – veranlassen, am Vorabend des neuen Jahrhunderts gründlich über die amerikanische Politik nachzudenken. Es hat sich gezeigt, daß Washington nicht imstande gewesen ist, eine Strategie auszuarbeiten, die den Anforderungen unserer Zeit oder der Stellung der Vereinigten Staaten in einer erneuerten Weltgemeinschaft entspricht.

Die Lebensfähigkeit und die Zukunft der nordatlantischen Allianz selbst sind in Frage gestellt worden. Ohne die NATO als Instrument hätten die Vereinigten Staaten kaum ihren gefährlichen und destruktiven neuen Kurs durchführen können. Die NATO besteht vor allem aus europäischen Ländern mit einer zutiefst demokratischen und humanistischen Kultur. Diese Kultur, mitsamt der jahrhundertelangen Erfahrung einer dramatischen und blutigen Geschichte, vor allem im 20. Jahrhundert, läßt sich nicht mit einer Politik vereinbaren, die den brutalen Einsatz von Gewalt billigt. Das Murren gegen die Aktionen der Vereinigten Staaten und die Zeichen der Mißbilligung, die in den verschiedensten europäischen Kreisen und auch in Ländern des amerikanischen Kontinents zu hören waren, sind Hinweise dafür, daß das Weiße Haus gut daran täte, sich ernste Gedanken zu machen.

Der Krieg in Jugoslawien wird unweigerlich die Europäer zwingen, eine eigene europaweite Strategie für das 21. Jahrhundert zu entwickeln. Schon vor einiger Zeit hat sich gezeigt, daß eine solche Strategie notwendig ist. Auf dieser Grundlage ist die Charta von Paris der Konferenz für Sicherheit und Zusammenarbeit in Europa entstanden. Leichtfertig wurde sie mit Geringschätzung bedacht, aber niemand hat seither bessere Vorschläge vorgelegt als die Grundsätze, die in dieses Dokument aufgenommen worden sind. Die gegenwärtige Tragödie in Jugoslawien ist zum Teil eine Folge der Tatsache, daß die Charta von den Regierungen, die sich ihr anschlossen, nicht als Basis für ihre reale Politik übernommen worden ist.

Inzwischen werden dazu neue Überlegungen angestellt. Beispielsweise äußerte der Ex-Bundeskanzler Helmut Schmidt sinngemäß: Die Allianz zwischen Europa und Nordamerika bleibe unverändert wünschenswert. Aber Europa dürfe kein strategischer Satellit Washingtons werden. Die NATO könne nicht den Frieden auf dem gesamten Planeten garantieren, ganz zu schweigen von den gewaltigen Problemen nichtmilitärischen Charakters, welche die Menschheit im 21. Jahrhundert erwarten.

Als Präsident von Green Cross International, einer regierungsunabhängigen Umweltschutzorganisation, die als eine der ersten wegen der Umweltfolgen der NATO-Militäraktion Alarm schlug, fühle ich mich verpflichtet, die Diskussion fortzusetzen. Eine Umweltkatastrophe für die ganze Region ist vielleicht noch einmal vermieden worden, allerdings wird sich das erst nach einiger Zeit und einer unvoreingenommenen Prüfung endgültig zeigen. Einige könnten jetzt fragen: «Wurde die Gefahr für die Umwelt möglicherweise übertrieben? Ist die Natur vielleicht viel widerstandsfähiger gegen die Auswirkungen eines Krieges, als wir dachten?» Eine solche Selbstzufriedenheit ist gefährlich.

Rufen wir uns die Auswirkungen der Feindseligkeiten in Erinnerung, die auf Saddam Husseins Besetzung von Kuwait folgten. Daten, die im Juni 1998 bei einer internationalen Konferenz in Washington über die Umweltfolgen von Kriegen vorgelegt worden sind, lassen vermuten, daß diese Folgen sich erst langfristig zeigen. Experten des Green Cross schätzen, daß 40 Prozent von Kuwaits strategischen Wasserressourcen irreversibel mit Öl verschmutzt worden sind. Die Meldungen über gesundheitliche Probleme unter amerikanischen und britischen Soldaten, die in diesem Krieg gekämpft hatten – inzwischen auch Probleme von deren Kindern –, sind alarmierend. Über die Umweltschäden und die medizinischen Folgen des Krieges im Irak selbst wird, aus bekannten Gründen, in den Medien kaum berichtet, und nur wenige Wissenschaftler befassen sich damit.

Bei der Militäraktion gegen Jugoslawien wurden auch Waffen eingesetzt, die abgereichertes Uran (abgekürzt DU für depleted Uranium) enthielten. Derartige Waffen verbrennen unter sehr hohen Temperaturen und produzieren giftige Wolken aus Uranoxyd, die sich in der Lunge und in den Bronchien lösen. Jedes Wesen in einem Umkreis von 300 Metern vom Epizentrum der Explosion inhaliert große Mengen solcher Partikel. Gewiß war die Strahlung, die von externen Quellen ausging, relativ gering, aber die innere Strahlungsquelle beschädigt verschiedene Zellarten im menschlichen Körper, zerstört Chromosomen und wirkt sich auf das Fortpflanzungssystem aus.

Uns wurde mitgeteilt, daß Komponenten mit abgereichertem Uran harmlos und DU-Waffen deshalb ein legitimes Mittel der Kriegführung seien. Viele militärischen und politischen Führer glaubten – und einige glauben es anscheinend immer noch –, daß Atomwaffen ebenfalls eine ganz «konventionelle», wenn auch viel stärkere Waffengattung seien.

Ich fordere eine umfassende Analyse der Umweltdaten in Jugoslawien und in anderen Ländern der Region und im Donaubecken. Das sollte höchste Priorität haben, aber wir müssen mehr als das tun. Aufgrund der Tatsache, daß militärische Konflikte heutzutage eine Katastrophe für Mensch und Umwelt heraufbeschwören können, erhält die Vermeidung von Kriegen zusätzliches Gewicht. Die Kriegsverhütung muß in unserem Denken und Handeln an erster Stelle stehen. Wenn es aber trotz aller Bemühungen zu Feindseligkeiten kommt, dann müssen ihnen bestimmte gesetzliche Grenzen gesteckt werden. Solche Beschränkungen sind in den Genfer Konventionen und ihren Protokollen niedergelegt worden. Sie sollten durch einige Bestimmungen ergänzt werden, die den Schaden, der durch einen Krieg der Umwelt entsteht, in Grenzen halten.

Insbesondere bin ich der Ansicht, daß Luftangriffe gegen bestimmte Industriezweige und die Infrastruktur wie Kraftwerke und bestimmte chemische und petrochemische Fabrikanlagen verboten werden müssen. Wir sollten Waffen verbieten, deren Einsatz besonders gefährliche, langfristige Folgen für die Umwelt und die Gesundheit haben kann. In meinen Augen sollten Waffen, die abgereichertes Uran enthalten, als erstes verboten werden.

Es ist an der Zeit, eine zweite Konferenz über die Umweltfolgen von Kriegen einzuberufen, um solche Themen zu diskutieren. Die Konferenz sollte auch die Notwendigkeit erörtern, einen Notfonds zu gründen, mit dem Maßnahmen für die Überwindung der Folgen von Umweltkatastrophen finanziert werden sollen. Die jüngsten Ereignisse unterstreichen, wie dringlich ein solcher Fonds ist.

Umweltschützer, politische Führer und die Bürger selbst sollten nun beweisen, daß wir aus den tragischen Ereignissen des 20. Jahrhunderts die richtigen Lehren ziehen können. Das Schicksal der Menschheit und das Schicksal der Natur sollten uns gleichermaßen am Herzen liegen. Sie sollten einen Appell an alle richten, verantwortungsvoll zu handeln.